MANAGEMENT
ARCHITECT

How to Build
the Management System
of Enterprises

管理架构师

如何构建企业管理体系

施炜 著

中国人民大学出版社
·北 京·

图书在版编目（CIP）数据

管理架构师：如何构建企业管理体系/施炜著.—北京：中国人民大学出版社，2019.1
ISBN 978-7-300-26259-8

Ⅰ.①管… Ⅱ.①施… Ⅲ.①企业管理 Ⅳ.①F272

中国版本图书馆 CIP 数据核字（2018）第 216227 号

管理架构师：如何构建企业管理体系

施炜　著

Guanli Jiagoushi：Ruhe Goujian Qiye Guanli Tixi

出版发行	中国人民大学出版社		
社　　址	北京中关村大街 31 号	**邮政编码**	100080
电　　话	010-62511242（总编室）		010-62511770（质管部）
	010-82501766（邮购部）		010-62514148（门市部）
	010-62515195（发行公司）		010-62515275（盗版举报）
网　　址	http://www.crup.com.cn		
经　　销	新华书店		
印　　刷	北京联兴盛业印刷股份有限公司		
规　　格	158mm×230mm　16 开本	**版　　次**	2019 年 1 月第 1 版
印　　张	19.25 插页 2	**印　　次**	2023 年 5 月第 12 次印刷
字　　数	218 000	**定　　价**	69.00 元

前言

为什么提出管理架构师的概念?

架构师是信息技术、互联网、软件等领域企业里常见的职位或角色名称。笔者将其与管理嫁接起来——似乎是首创——不是"为赋新词强说愁",而是对中国大部分企业现实问题的回应,可以说是"为伊消得人憔悴"的产物。

我国大部分企业尤其是中小企业缺乏核心能力及核心技术,这是不争的事实。但比技术问题更严重的是管理问题。目前,制约我国企业健康发展和持续成长的主要内在因素是管理薄弱、滞后和迷乱。许多企业以往的增长,主要依赖外部的市场机会,自然不会重视管理。互联网浪潮兴起,一些企业又为"风口"所吸引,致力于商业模式的颠覆,注意力也不在管理方面。当外部环境发生变化、企业需从机会成长转向体系成长时,提升管理的重要性和迫切性就显现出来了。任正非曾经指出:"所有公司都是管理第一,技术第二。没有一流的管理,领先的技术就会退化;有一流的管理,即使技术二流也会进步。"①

解决企业管理问题,主要有两种路径:一是各级管理者提升管理

① 黄卫伟. 等. 以奋斗者为本. 北京:中信出版社,2014:25.

能力、改进管理行为；二是从整体角度构建企业管理体系，形成基础性的管理平台。这两种路径是相互关联、相辅相成的：平台需要人来搭建；有了好的平台，人可以创造更多的价值。而构建企业管理体系的主体则是管理架构师。他们是体系的规划者和设计者，也是体系落地实施的推动者和监督者。

谁是企业中的管理架构师？

企业中的管理架构师不是正式的职位，而是一种角色。由于企业管理体系具有全面性、整体性特点，因此所有的企业管理者都需扮演这一角色。企业领导者及高层管理者，站在高处“一览众山小”，结构化的体系蓝图主要由其描绘。企业基层管理者更能理解价值活动的细节和奥秘，体系的可行性主要由其保证。基于管理为经营服务的理念，业务主线的管理者既是体系的需求者，也是体系理念、方向以及问题解决方法的制定者、提供者；而专业职能部门的管理者则是体系建设的专业支持以及技术性方案的实现者。在专业职能管理者中，管理架构师角色责任比较重的，无疑是人力资源管理人员、组织发展管理人员、运营管理人员、财务管理人员、流程以及信息系统管理人员等。

作为管理架构师，首先需既懂经营，又懂管理，将两者打通；既能理解价值创造的机理、过程和特点，又能认知、体察组织内部的运行规则和深层因素。其次需既有宏观大视野，又有微观洞悉力；能够将自上而下和自下而上两种思维方式结合起来。最后需既有前瞻性和原则性，又有现实性和灵活性；既有理想情怀，又能解决实际问题。

什么是企业管理体系？

企业管理体系，如果用一句话来概括，就是企业规则的集成。企业规则包括组织结构设计、责权利机制设计、运行流程设计以及其他各类制度规范、管理方法、技术工具等。之所以称为集成，是因为体系是一个整体，内部存在结构性联系。许多企业这个制度也有，那个制度也有，但彼此不相容、不衔接，是割裂和冲突的。它们不是一个整体，也就谈不上体系。

除了整体性、结构性特征，企业管理体系还有一个特征是“无人化”。首先，体系是企业管理方法、经验的沉淀和凝聚，是普遍规律的应用，属于格式化的、可传递的显性知识。因此它是独立于个人的。其次，组织规则是对人情化管理方式的替代，不因企业领导者及其他管理者的个人态度、情感偏好而改变，是理性和刚性的。规则面前人人平等，意味着没有个人化的例外。最后，企业组织内部存在诸多权力、利益冲突，管理实践中也常常遇到各种矛盾（例如长期目标与短期目标、分权与集权、服从与自主、规范与弹性、严肃与活泼、变化与坚守、宏观与微观……），依靠企业领导者以及有关管理者个人，往往难以协调和平衡。既因为具体情况太复杂，超越了个人能力，也因为个人难以摆脱身份、利益、偏好、情感等的限定，不可能事事做到客观、公正和智慧，因此，解决这类问题只能依赖体系及机制。换句话说，体系及机制体现了超越个人的原则和方法。

任正非认为，摆脱对技术的依赖、对人才的依赖和对资金的依赖，从必然王国走向自由王国，关键是管理以及机制、流程。[①] 从功能和作用角度看，企业管理体系是竞争能力的载体和应对不确定性

① 黄卫伟．等．以奋斗者为本．北京：中信出版社，2014：29-30.

的基石；是价值创造的系统机制，可以源源不断地输出价值，成就事业和人才，就像培育茂密森林的肥沃土壤；是可以起降多种飞机的跑道，即企业多元化发展的基础。

如何构建企业管理体系？

把企业管理体系比作一个大厦，构建它需要基本的结构框架（方法论和模型）。笔者希望建立这样一个模型：既有宽阔的横向解释力——适合不同行业、不同规模的众多企业，又有大跨度的纵向解释力——适用于企业的高层、中层以及基层管理者；既能容纳基础性管理知识和方法，又能涵盖新的管理思想和组织理念，解释许多新老管理现象；同时，有足够大的空间和容量，可以说明企业几乎全部经营管理活动。

基于这样的考虑，笔者将企业管理体系构建分解为三个步骤：第一，梳理价值创造活动，完善流程体系。这一环节遵循战略导向和顾客导向原则。换言之，所有的价值创造活动以及相关流程，都包含战略思想和“端对端”理念。第二，依据流程体系设计组织结构，安排组织分工，实现活动（流程）与组织单元（职位及机构）的对接和匹配。这一环节体现战略决定组织的原则；同时在方法上注重自下而上，即先依据细分的流程确定与之对应的细微组织单元，再向上合拢为大的组织单元。第三，在流程活动组织化的基础上，设计组织运行（协同）的机制（即责任权力关系和结构）。根据互联网时代的组织演变，笔者把组织协同及连接机制概括为权力机制、流程机制和交易机制。将交易机制纳入组织机制当中，意味着市场和组织两者边界的消失。

上述三个步骤，体现了以顾客价值为导向，以经营活动为出发点，流程（processes）、组织（organizations）、协同（cooperating）一体化的理念和逻辑。流程、组织、协同这三个变量的组合，构成了企业管理体系的 POC 模型。

企业管理体系的建设需遵循五个理念：第一，万丈高楼平地起。既有远大的目标，又有坚定、持续的动作；脚踏实地，打好基础，动态迭代和提升。第二，结构产生能量。应将体系的各个模块和部分，结构化地组成整体，使之产生系统功能。第三，既见森林，又见树木。既有整体的框架，又有关键问题的解决方法。第四，让一切流动起来。体系内部的结构、流程并不固化，而是开放和弹性的；各部分、各模块可以灵活组合以及多方面连接。第五，消灭复杂性。不能将体系和复杂联系在一起。在某种程度上体系的构建恰恰是为了减少组织内部复杂性，简化管理关系，廓清低效行为，使组织运行更加顺畅、快捷。好的体系，可以让管理者更轻松，可以提增组织能量且使之作用于外部市场。

本书的特点是什么？

本书说明了企业管理体系的整体结构、主要组成部分以及构建逻辑。它是对企业管理体系大厦的宏观扫描以及组件之间关系（结构）的描绘。对读者来说，本书是理解、设计企业管理体系大厦的路线图和方案参照，为进一步探究大厦中的细微部分提供了基础。它包含一些基础层面的原理和方法论，内容则以操作性方法和策略性建议为主。

本书以实体经济中全价值流（研产销齐全）企业为原型，适合这类企业——经营规模或大或小——的各级、各类管理人员阅读。还有一类目标读者是管理咨询人员。本书内容整合性强、信息量大，读懂它几乎可以理解整个企业。

笔者从事管理咨询工作 20 多年，长期跟踪研究华为、美的等优秀企业。这些企业的最佳实践，是本书模型及方法创新的源泉。华为的流程、美的的机制，构成了中国企业管理的两道风景线；它们的经验，本书有所借鉴和体现。互联网时代背景下，组织正在演进变化；与之相关，新的组织理念不断涌现。本书吸纳了一些新概念，更注重其现实意义及可操作性。

呈现在读者面前的作品，既是作者的孩子，又不是作者的孩子。它有自身独立的命运。笔者希望，以本书为平台和纽带，读者作者相互交流和讨论，共同致力于中国企业的管理进步。

目录

第二篇 流程体系

第一篇

价值创造活动

第1章

01 价值链和价值流

价值链的含义

企业管理体系构建的第一个步骤，是设计企业的流程体系。流程体系设计的基本逻辑，则是企业价值创造活动的层层解析和细化。

任何企业都是以为顾客创造价值为宗旨和存在理由的。顾客价值的来源是企业价值创造的活动。在特定的业务范围内，这些活动彼此关联、相互衔接，源源不断地生成、供给产品和服务（它们是顾客价值的载体）；它们的组合、结构以及连接方式，则是企业系统价值创造的内在机制。美国哈佛大学教授迈克尔·波特（Michael Porter）将这种机制和运行过程命名为价值链（见图1-1）[①]——他是这一全世界通用战略分析工具的发明者。

图1-1　价值链：创造顾客价值的活动组织

① 琼·玛格丽特. 竞争战略论：一本书读懂迈克尔·波特. 北京：中信出版社，2012：60.

图 1-1 是一个向顾客提供产品的制造型企业的价值链。向顾客提供非实物产品的服务型企业，服务业务的价值链与此类似，只不过部分活动——我们也可以称之为价值链上的某个 / 某些环节——与图 1-1 有所差别。例如，零售服务价值链没有生产环节，但包括顾客体验环节以及顾客购买（交易）环节。

显然，价值链本身就是企业业务运作的主要流程。如果将图 1-1 中多种活动、多个环节进一步概括，“研、产、销”三字足矣。从动态角度看，价值链——顾客价值创造的流程——是一条向前流淌的价值之河（即价值流）。不断有支流（外部供给的要素、资源等）汇合进来，原有的价值形态在这条河中转化为新的价值形态，河水也变得越来越浩大（价值增值）。价值流的理念笔者最早从丰田生产方式中获得实际感知：“一条流”（可以理解为一条从头至尾的生产线，或者生产产品的全流程）上，产品按一定节奏依次流出；“一条流”上能流出多个品种以及规格型号的产品；“支流”（原料、配件等）与“主流”动态咬合，供应链实现敏捷、精准配送；“一条流”的驱动方式是市场销售订单的拉动……在本书中，价值流是经常出现的重要概念，也是我们设计、构建企业管理体系的理念和原则。这一理念包括三个方面内容：

第一，价值创造活动（流程）是一个连续的过程，节奏要快，停顿要少。

第二，价值创造活动（流程）是一个增值的过程，各环节需找到增值的理由和依据。

第三，价值创造活动（流程）是一个企业内外部各种活动、环节相互协同的过程，需要顺畅连接和精准配合。

“端对端”的价值链

图 1-1 所描绘的价值链是带状的。如果将它首尾相连，则变成“端对端”的圆圈（闭环）。从价值链的目的、功能和运行特点看，将其描绘为圆形更为合适（见图 1-2）。

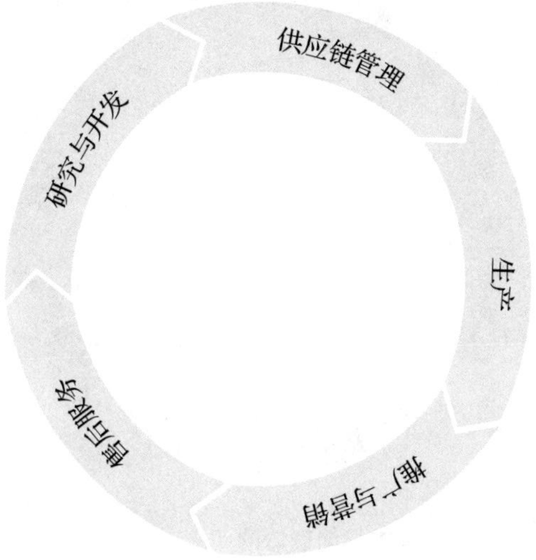

图 1-2 “端对端”的价值链

圆形价值链的含义在于，企业全部的价值创造活动，应以结果为导向；其起点在于对顾客需求的理解和辨识，归宿在于为顾客提供价值，使顾客需求得到满足。按照我们熟悉的句式说就是“从需求中来，到需求中去”。如果我们对图 1-2 进一步细化，“端对端”的含义就更加清晰（见图 1-3）。

“端对端”价值链循环运动，是企业业务运作的图景，是产品（服务）附加值以及企业利润的来源。“端对端”的理念应成为我们设计所有流程的指导思想：

第一，明确流程所面对、所服务的顾客（既包括外部顾客，也包括内部顾客）。

第二，定义流程的目的、目标，定义流程为顾客提供的价值。

第三，将每一次“端对端”流程循环作为顾客价值关系优化的一次迭代。

图 1-3　需求导向理念的“端对端”价值链

在此，对顾客的定义做补充说明。本书中的顾客既包括企业交易的对象——客户，也包括企业产品的使用者——用户。在大多数情形下，客户与用户是统一的。

内部价值链和外部价值链

迈克尔·波特在分析价值链概念时指出：“在特定产业中，企业的价值链深藏在一个更大的活动群中，我们称之为‘价值系统’。”[①] 换句话说，某个企业某项业务的价值链，是更大的产业及社会价值创

① 迈克尔·波特．竞争论．北京：中信出版社，2009：67．

造体系或价值网络的组成部分。基于这样的视野，企业可以界定价值链的长度，即从上游至下游全产业链中企业价值链的边界或经营活动的范围。任何一个实物产品行业，通常都由上游资源 / 原料开发、中游加工制造、下游分销使用 / 消费三部分组成，真正封闭全产业链、实现上中下游一体化的企业少之又少。典型的例证大多发生在矿产和农牧产品领域。例如，与大多数消费者密切相关的鸡蛋产业，正大集团基本上实现了产业一体化（见图 1-4）。

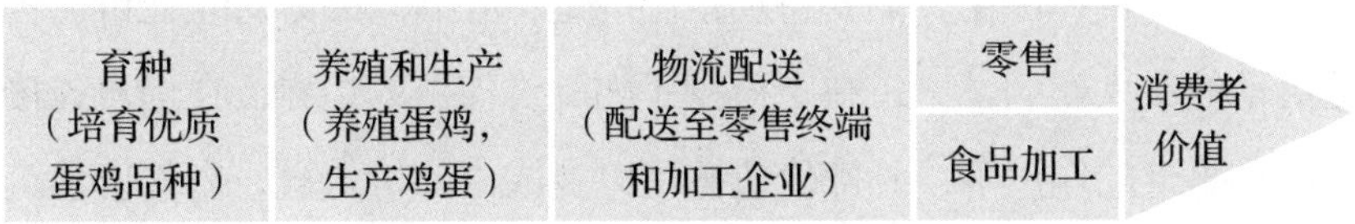

图 1-4　鸡蛋产品全产业链模式

正大集团从事图 1-4 前三项活动是比较容易理解的。近年来，正大集团开始进行战略转型，将经营重心后移至食品加工环节，同时为解决现实中的社会渠道壁垒问题，开始尝试自办食品零售商店（另一个农牧巨头温氏集团也开始进行自有零售渠道建设）。

对大多数企业而言，其业务职能定位于产业全价值链的一个或几个环节。许多产业由于技术进步较快、内部竞争激烈，其分工法则是水平分工；每个企业的业务边界都很狭窄，只能聚焦于扁平的空间、依赖核心能力生存和发展。

从企业角度看，将自身价值链置于更大的产业及社会价值创造体系或价值网络之下，可以设计、安排顾客价值实现的外部价值链——主要包括外部要素、资源的供给链和下游分销、零售（或直销）的渠道链（见图 1-5）。[①]

① 迈克尔·波特. 竞争论. 北京：中信出版社，2009：68.

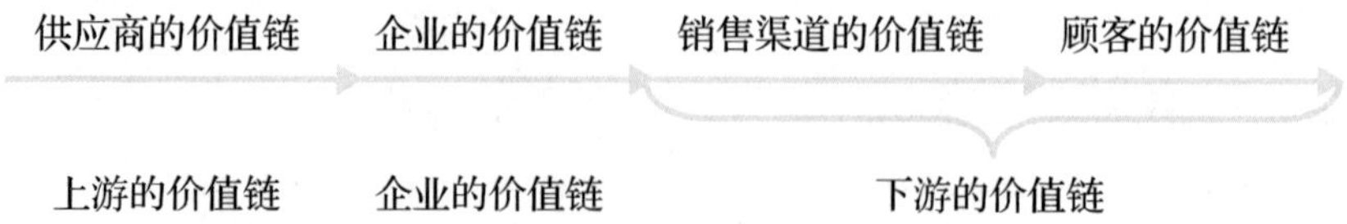

图 1-5　企业价值链和价值系统

我们设计企业价值活动的流程时，需依循企业内外部价值链一体化的原则。注重内外价值链的衔接，同时融入上下游价值链，对内外价值链进行整体优化。需要特别指出的是：互联网因素对企业价值创造活动的最大影响之一，在于模糊了内外价值链的边界。在信息连接机制和平台的作用下，外部价值链可以变成内部价值链，内部价值链亦可变成外部价值链。或者更准确地说，在互联网背景下，外部价值链具有了内部价值链的属性，反之亦然。小米手机之所以受到年轻消费者的喜爱，一个很重要的原因在于内部价值链的开放：让消费者参与价值创造；根据消费者使用、体验过程提出的各种问题，进行系统软件的迭代和产品功能的改进。内外部价值链边界的模糊，是企业价值创造活动组合时需要考量的变量，更是一种优化、完善价值链的方向和途径。

02

第 2 章

价值创造活动的分类

核心活动和辅助活动

第 1 章中的图 1-1 是企业主要价值创造活动（价值链）的简单图示。迈克尔 · 波特的价值链理论中还有一个重要模型（见图 2-1），将企业价值创造活动分为主要活动（流程）、辅助活动（流程）。① 也有人将它们分别称为基本活动（流程）和支持活动（流程）。

图 2-1　企业价值链中的主要活动和辅助活动

按照迈克尔 · 波特的说法，“主要活动是那些涉及产品实体的创造、分销、配送，以及售后的支援与服务性活动；辅助性活动则是那

① 迈克尔 · 波特. 竞争论. 北京：中信出版社，2009：67.

些能让主要活动顺利进行，如进料（采购）和基础设施等活动。”[①]他所定义的企业的基础设施，主要包括一般管理、法律事务、会计等功能。按照今天的定义，就是公共的管理和服务职能。迈克尔·波特认为，每一项主要活动都会涉及采购、人力资源和技术发展的组合。由此可见，这三项辅助活动是嵌入主要活动（流程）之中的；技术发展中的技术，主要指各项主要活动涉及的基础性、平台性技术，以及工艺技术、设备技术等。

主要活动（流程）、辅助活动（流程）分类模型的意义，并不在于各种活动的定义（尤其是主要活动的定义）——它们距离今天企业的实践似乎已有些遥远，而在于分类本身——企业各种价值创造活动的目的、属性和特征是不同的，必须区别对待。但是，将全部活动分为主要活动（流程）和辅助活动（流程）存在两方面的缺陷：第一，人力资源管理活动（流程）被归入辅助活动（流程），降低了人力资源要素的战略意义。第二，不同行业、不同企业具体情况不同，主辅活动很难界定。有些企业的主要活动（流程），在其他企业可能属于辅助活动（流程）；反过来，有些企业的辅助活动（流程），在其他企业则可能属于主要活动（流程）。例如，一般企业的合规管理活动属于辅助性活动；但是在制药行业，却是与产品开发、制造以及品质控制交融在一起的重要活动。

四类价值创造活动

实际上，我们不必拘泥于迈克尔·波特价值链模型中的主辅活动分类，而是需要根据中国企业的实际情况对企业价值创造活动提出新

① 迈克尔·波特. 竞争论. 北京：中信出版社，2009：66.

的分类，同时揭示各类活动之间的逻辑关系，并且结构化地表达出来。图 2-2 是笔者的一个尝试，它是对迈克尔·波特价值链的改进。

图 2-2　四类价值创造活动

图 2-2 中，我们在对四类活动命名时，有些称作“流”，如价值流、人力资本流、技术流、资金流、信息流等；有些称作“管理”，如战略管理、年度计划与预算管理、财务管理等。这里隐含了一个界定：凡是称作“流”的，大多属于业务活动；凡是称作“管理”的，主要属于管理活动。

很多读者不太理解业务活动和管理活动的区别，在此稍做说明。从理论上说，业务活动是指直接为顾客创造价值的活动，管理活动则是对业务活动进行计划、协调、组织、控制及领导的活动。举个例子，某剧团为顾客提供演出服务，从编剧、排练、舞美设计，到卖票、收票、搭台，再到演出、音响照明控制等，都属于业务活动；而编制演出规划、编写排练流程、安排人员分工、监督演员表现等，则属于管理活动。有些活动既属于业务活动，也属于管理活动，如业务领域选择、投资项目决策等。打个比喻，业务活动是河的径流，管理活动则是筑修河岸、疏通河床。需要指出的是：没有单纯的业务活动，它和管理活动交融、交织在一起；换句话说，管理活动嵌入业务活动之中，主要为业务活动提供保障服务，同时也有控制、监督功能。

各类活动的解释

图 2-2 中，牵引性活动是指引导企业业务运行、发展方向，控制业务过程的管理活动。战略管理活动通常以 3 ～ 5 年为循环周期，而年度计划与预算管理活动是战略管理活动在时间维度上的细化和分解。

增值性活动（价值流）是企业特定业务价值创造的主流程和最重要的业务活动。就制造类企业而言，其主要内容是“研、产、销”；就服务类企业而言，则是服务项目（产品）设计、服务运行等。

要素性活动是打造人才、资金、技术三大要素供应链的活动。这三大要素是顾客价值创造所必需的，也是企业能力基础中最重要的构件。三大要素的开发、供给和配置，是对增值性活动（价值流）起支撑作用的最重要的业务活动。有些人或许会问：增值性活动和要素性活动究竟哪个更重要？离开了要素性活动，增值性活动无法进行，因此两者至少同等重要。从长远角度看，要素性活动作为核心竞争力的来源可能更为重要。我国许多企业从短期利益出发，在投机主义理念作祟下，并不重视要素性活动尤其是人才流和技术流。在此我们将其定义为和价值流同等重要的业务活动，既有逻辑上的拨正，也有现实问题的针对性。

支持性活动是支持增值性活动和要素性活动的公共性、服务性活动。它们大多属于管理类活动，也有一部分属于业务类活动。其中的信息流，既是管理的工具和企业运行的依托，同时也是智能化、信息化时代价值流的内在因素。财务管理活动中，基于财务核算的财务分析以及对价值流、要素流活动的决策支持，也具有一定的业务活动属性。其他支持性管理活动中，包括与风险控制相关的管理活动，如审计管理、法务管理、监察管理等，也包括处理与政府及社会各界关系、塑造品牌形象的公共关系管理，还包括基础性的管理活动，如文秘管理、后勤管理、日常运行管理调度等，即我们通常所说的行政事务管理。

很多人可能会有疑惑：在四类价值创造活动中，怎么没有看到企业文化管理和变革管理？作为顶层设计的企业文化管理——愿景、使命、核心价值观等理念的提炼、宣传和贯彻——可归入战略管理，因为这些理念本身就是战略思想的内核和源泉。而团队建设层面的企业文化管理（与团队氛围、员工习惯等相关），可归入人力资源开发与管理（人力资本流）。变革管理范围较广：全局性变革管理，本身就是战略管理的应有之义；局部性管理变革，则分属于战略管理以外其他各类价值创造活动。某些管理变革活动可能贯穿几类活动，但又达不到全局性程度，可以归入运营管理。

价值创造活动的指向

以上四类价值创造活动，共同指向三重价值目标：

第一重价值是顾客价值，以顾客的价值盈余（顾客获得的价值与顾客付出的代价之差）来衡量。美国西北大学教授菲利普·科特勒（Philip Kotler）将顾客的价值盈余称作顾客认知价值或顾客转移价值。①

第二重价值是企业价值，通常以资本市场上的市值来衡量（即使不是上市公司，基本上也能估值，有多种方法和模型）。

第三重价值是人力资本价值，主要以员工的平均总收入（月度/年度）等来衡量。

这三重价值中，顾客价值是前提性、首要性价值。偏离了顾客价值，企业价值和员工价值都不可能坚实和持久。而企业价值和员工价值的优先级是相同的，不能将员工仅仅作为工具和手段。随着员工持股计划以及各种分享模式的实施，企业价值与员工价值的交集将越来越大。未来，顾客成为股东、分享企业经营成果的现象会出现，顾客价值和股东价值将开始合二为一。

① 菲利普·科特勒. 营销管理：第11版. 上海：上海人民出版社，2003：66.

03

第3章

价值链与商业模式

商业模式的含义

我们对企业价值创造活动的分析，以价值链为基本框架和基础模型。价值链是价值创造活动的组合，也是一种商业模式。有些读者可能会有疑问：如果企业的商业模式不属于价值链类型，那么分析价值创造活动还能不能采用价值链模型？

所谓商业模式，是指企业为顾客创造价值以及获取收益的逻辑和方式。笔者曾将其概括为“价值与收益的对称”(见图3-1)。[①]

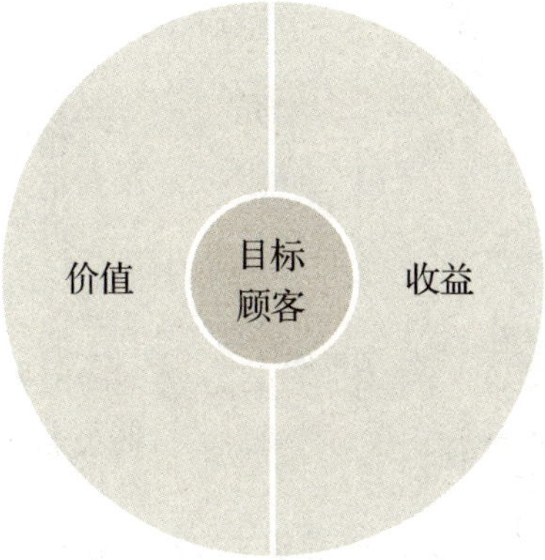

图3-1 商业模式的结构

① 施炜．重生：中国企业的战略转型．北京：东方出版社，2016：111．

在图 3-1 的左侧价值板块中，包括目标市场选择、顾客价值定位（主张）、价值生成机制、价值流以及价值网络等要素；在右侧的收益板块中，包括收入模式、定价方式、现金流途径、成本结构、资源投入等要素。显然，左侧的内容就是价值链的内容。

综观当下企业的实践，商业模式基本上有三种类型：价值链型、用户资源型和平台型。下面我们分别说明它们与价值链的关系。

价值链型商业模式

这种商业模式类型主要适用于制造型企业。基本特征是：通过价值链运动，为目标顾客提供价值；在此基础上获取收益（见图 3-2）。[①] 在此类型下，制造型企业又有大规模制造 – 分销、规模化定制、“快时尚”、个性化定制、长尾模式（范围经济）等多种具体的商业模式形态。

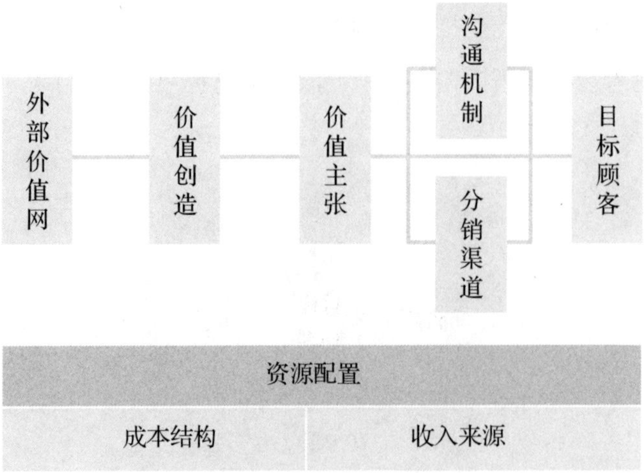

图 3-2　商业模式的九个模块

① 亚历山大·奥斯特瓦德，伊夫·皮尼厄. 商业模式新生代. 北京：机械工业出版社，2011：23.

图 3-2 中的价值创造是指内部价值流，外部价值网则是指外部供应网络。

用户资源型商业模式

互联网背景下，亦可称作用户流量型商业模式。基本特征是：通过产品或服务所提供的价值，积累用户资源；在此基础上延伸产品服务种类、扩大价值范围，从而获取多元收益（见图 3-3）。为吸引用户流量，起初为用户提供价值时常常采取免费或超低价格策略。

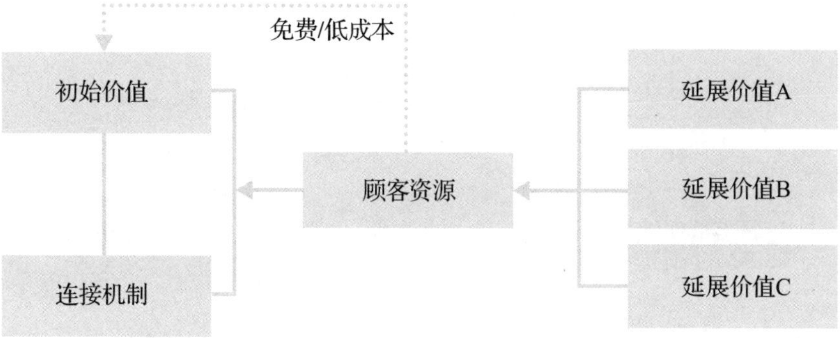

图 3-3　用户资源（流量）型商业模式结构

图 3-3 中，初始价值通过一定的连接机制（网络、社群、线下现场等）提供给用户；连接机制则是用户流量的入口和途径。目前，银行信用卡业务、腾讯微信服务业务等，都属于这种商业模式类型。图 3-3 左右基本对称的结构中，含有多条价值链。以初始价值吸纳用户流量、积累用户资源是一条价值链（第一次价值链或前段价值链）；而为用户提供延展服务是若干条价值链（第二次价值链或后段价值链）的集合。由此可见，以价值链为价值创造活动分析的基本框架，也适合于用户资源型商业模式。

平台型商业模式

这种商业模式具有服务属性。基本特征是：通过服务平台，向多类顾客提供服务。多类顾客即多边市场；因此，平台型又可称为多边市场型（见图 3-4）。[①] 有形或无形的基础设施（高速公路、机场、通信管道），平台型商业服务设施（集成各类商店的购物中心），互联网和移动互联网电子商务服务平台（软件商店、网络购物平台），以及互联网和移动互联网多种功能性平台（操作系统、浏览器、流量分发、社交网络、门户网站等），是这类商业模式中的常见平台。

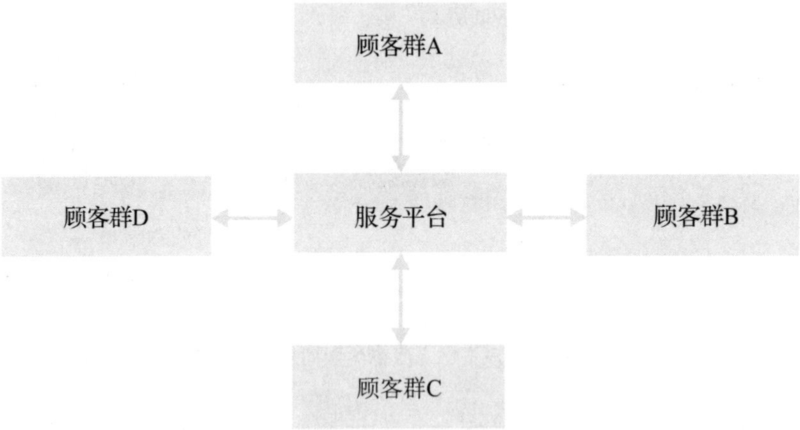

图 3-4　服务多边市场的平台型商业模式

图 3-4 只画出了上下左右四个顾客群。其实，在复杂的平台型商业模式下，平台上聚集并相互发生联系的顾客群远远不止四个，可能达到数十个。顾客群种类越多，平台模式就越接近于生态模式。不管多边市场多到何种程度，服务平台和任何一个顾客群之间的关系依然

① 陈威如，余卓轩．平台战略：正在席卷全球的商业模式革命．北京：中信出版社，2013．

是价值关系，都是以价值链方式为顾客创造价值。以机场平台为例，有一条价值链为乘客服务，有一条价值链为航空公司服务，有一条价值链为进场商家服务，有一条价值链为发布广告的广告主及广告公司服务……换句话说，多边市场型商业模式是多条价值链的集合。因此，分析平台型商业模式下价值创造活动时，同样可以将价值链作为基础模型。

需要指出的是，真正的生态型商业模式中，各个顾客群之间也会发生连接和交互，彼此之间也有可能相互创造价值。因此，平台上的价值链呈网络状，交错复杂。

04 第4章 战略导向下的价值创造活动

战略思想："赢"的逻辑

对于战略导向型企业来说，所有的价值创造活动和过程都在战略的指导、影响之下。换句话说，任何价值创造活动中都有战略的意味。现在，我们看看战略是如何与价值创造活动发生关联的。

在谈论具体的战略内容之前，需要先对战略所指向的层次和范围进行界定。战略通常可以分为两个层次：一是公司战略，即中国读者所说的集团战略，内容主要涉及集团的业务组合、资源平台、结构转换等；二是企业战略，即业务战略，内容涉及特定业务（某些产品或服务）的发展。我们这里所谈及的战略，是指特定业务的战略。

战略在内容上包括两个要素：首先是目标——业务发展的愿景、意图以及具体的业绩（收入、利润、投资回报等）预期；其次是实现目标的方式、举措和途径。战略的内核是战略思想，它是对业务发展逻辑的揭示以及行动纲领的概括。通俗地说，战略思想告诉我们做什么、怎么做才能在竞争中取得优势。图 4-1 是笔者对华为通信管道业务"赢"的逻辑的概括。

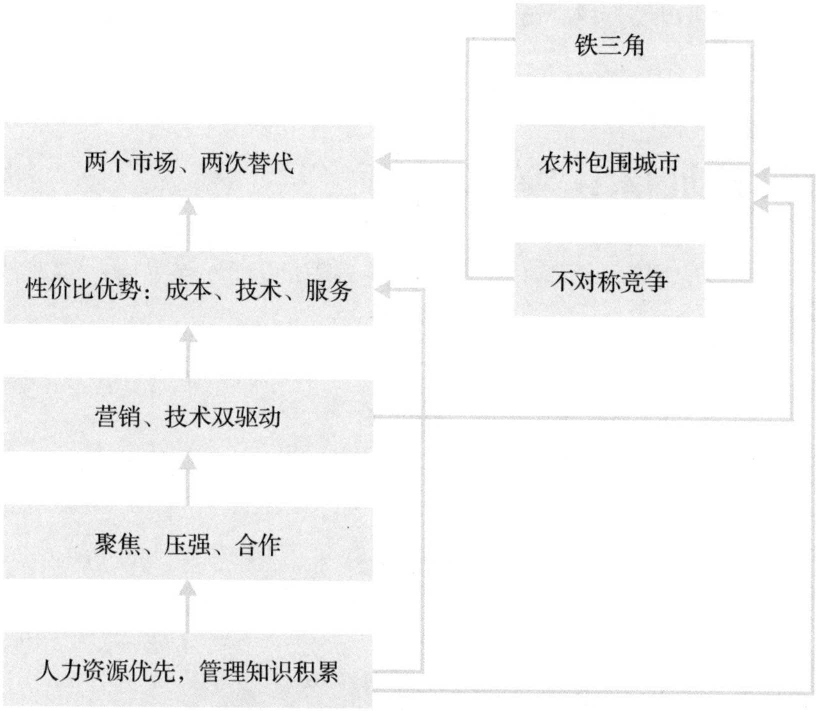

图 4-1　华为通信管道业务战略框架

有些读者可能对华为不太熟悉，对图 4-1 简单解释一下。所谓“两个市场、两次替代”，是指先在国内市场、后在国外市场，对国外产品进行替代。在后发赶超型经济体下，对进口产品进行替代是创新型企业的必由之路。华为真正令人尊敬的地方，在于到国外市场实现了对国外产品的替代。依靠什么替代？性价比优势：成本、技术和服务（在缺少核心技术的情况下，先从满足顾客需求的应用技术入手）。优势来源于何处？年轻、优质、具有“奋斗者”特征的人才队伍以及坚实的管理体系（管理知识、技术的集成）。优势如何形成？营销、技术双轮驱动。在技术上强调聚焦、压强以及合作；在营销上采用一线呼唤炮火的“铁三角”运作模式和协同机制，以及“农村包围城市”(从次级市场到核心市场)和“不对称竞争”(集中优势兵力)的有效策略。

关键驱动因素:“赢”的原因

“赢”的逻辑中包含价值创造的关键驱动因素,它们是“赢”的原因(见图 4-2)。

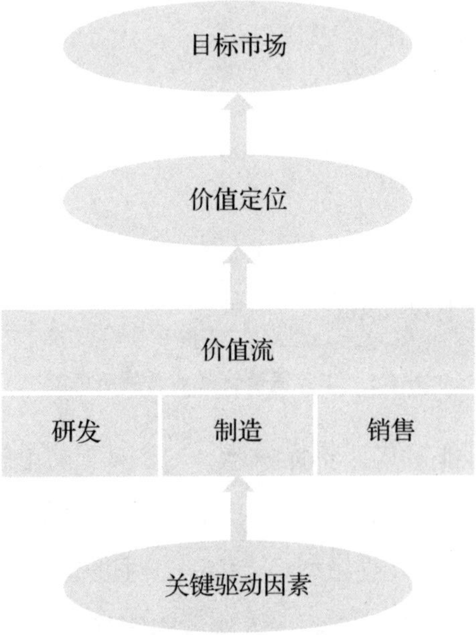

图 4-2 价值创造的关键驱动因素

图 4-2 的关键驱动因素是对整体价值流以及分解部分(研产销某一部分)实现价值定位的重要因素的设定,是战略意图达成的依据。在图 4-1 所示的华为通信管道业务战略框架中,“营销、技术双驱动”以及更具体层级的“聚焦、压强、合作”“农村包围城市”“不对称竞争”“铁三角”等,都属于围绕性价比竞争优势的价值流驱动

因素。

下面我们以“快时尚”的休闲服装企业为例，进一步说明关键驱动因素的内涵（见图 4-3）。

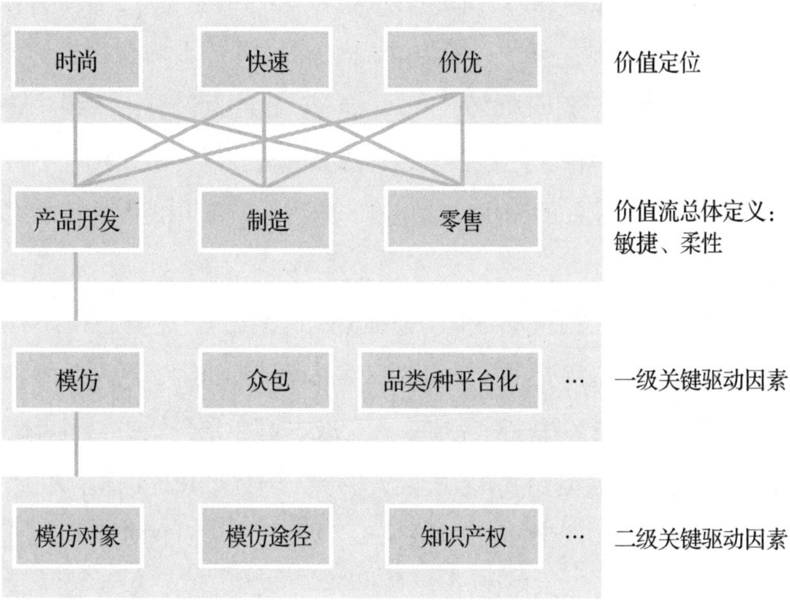

图 4-3　某休闲服装企业产品开发环节关键驱动因素

从图 4-3 可知，这家企业面向特定的顾客群，价值定位为：时尚——产品款式新颖，引领时尚潮流；快速——品种更新速度快，产品生命周期短，新产品数量多；价优——产品价格实惠（超值定位），总成本具有优势。按迈克尔·波特的话说，这些都是这家企业的战略主题。所有的价值流活动都需围绕这三个战略主题。这样的价值定位向价值流提出了总体要求；换句话说，给价值流做出了总体定义：小批量、多频次、多品种，即敏捷、柔性。在此前提下，价值流中的三个环节（板块）均需设定与时尚、快速、价优三个价值定位相关的驱动因素，即实现目的、解决问题的途径和方法。

以产品开发为例，欲同时实现这三种价值，一个重要的策略是模仿：唯有模仿才能“多”(品种)，唯有模仿才能“快”(变化)，唯有模仿才能“好”(效果)，唯有模仿才能“省”(成本)。笔者当然不提倡模仿，但这的确是某些休闲品牌的策略选择。当模仿成为关键驱动因素时，后续的问题又来了：模仿谁（模仿对象）？到哪里去模仿（模仿途径）？知识产权问题如何处理？等等。这些问题需由二级关键驱动因素来回答。理论上还存在三级、四级关键驱动因素，粒度不断细化，体现了战略认知的深化。细化到一定程度，就和具体的战术层面相接了。

除了模仿，产品开发环节的关键驱动因素还有众包和品类 / 种平台化等。前者是指用分布式方式组织外部设计师资源，这样做能够承接多品类 / 种的任务并按时完成，人工成本可能也会低些。后者是指针对销量较大的品类 / 种，形成款式平台——标准化的结构。在此基础上，每次创新和迭代都在局部进行。这样款式设计的效率高、成本低，使持续创新有了可操作性。

为便于读者进一步理解关键驱动因素，我们分别举例说明制造、零售两个环节，如图 4-4 和图 4-5 所示。

在制造环节，首先需要自设印染环节（将印染环节内部化），因为外部面料供应链无法满足新产品快速面市的要求；其次需要做到智能裁剪，人力操作无法承担繁多的品种规格；同时，需要采取近距离园区内小型群组（可能是家庭作坊）分布式加工的生产组织方式，否则不可能完成各地专卖店的海量订单。此外，需建设自动化、信息化、智能化的物流体系，配合柔性制造过程。显然，上述每个一级关键驱动因素，都可衍生出二级驱动因素。图 4-4 列举了“自设印染”的例子，不再详细解释。

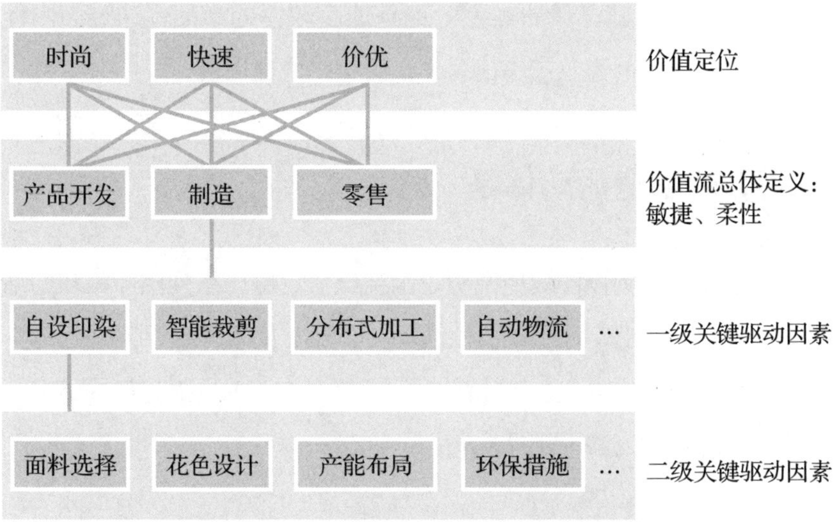

图 4-4　某休闲服装企业制造环节的关键驱动因素

图 4-5 显示了零售环节的关键驱动因素，首先需要创新顾客体验，增强零售店的吸引力；其次需要动态收集顾客需求信息，每天都

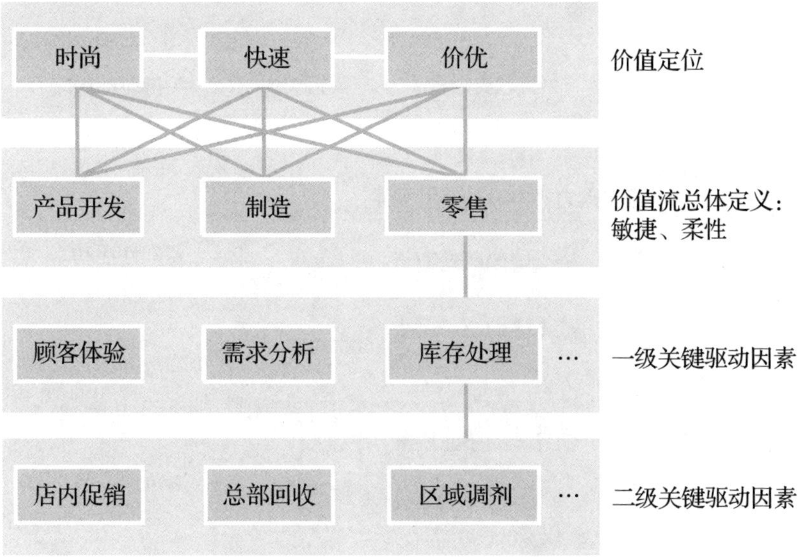

图 4-5　某休闲服装企业零售环节的关键驱动因素

将数据流汇入总部；最后需要对销售速度较慢的产品，通过店内促销、区域之间调剂等方式快速消化，使货物快速周转。

企业价值创造活动体系

上面通过实例较详细地说明了围绕价值定位一系列相互关联的结构性对策。实际上，除了增值性活动（价值流），要素性活动（人力资本流、资金流、技术流）、支持性活动（信息流等）也都有与战略主题有关的关键驱动因素（见图 4-6）。

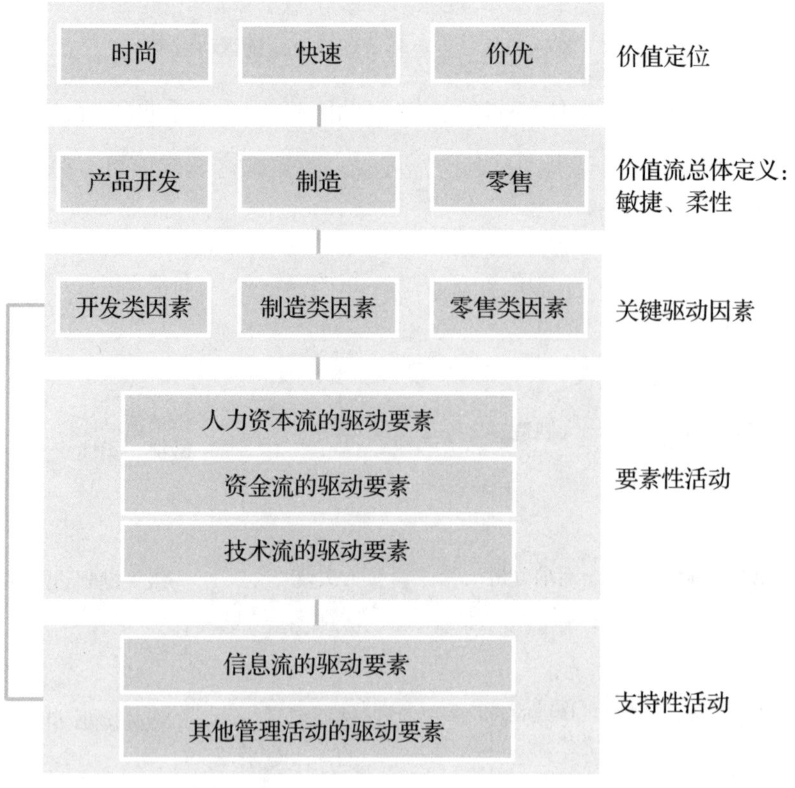

图 4-6　某休闲服装企业价值创造活动体系

产品开发、制造、零售三大环节以及各自的关键驱动因素，与要素性活动、支持性活动均密切关联，前者需要后者提供保障、支持。三大环节的关键驱动因素向这两类活动中的子流（子活动）提出要求，从而引发这些子流（子活动）关键驱动因素的设定。例如，产品设计环节中模仿性开发需在世界主要时装之都设立信息窗口，这就与国际化人力资源配置有关，而这又会引发国际化人力资源的引进和开发。再如，制造环节中，智能裁剪需以信息技术为基础和依托，这会牵引支持性活动中的信息流（信息系统开发、建设、运行、维护等）。而信息流根据智能裁剪的要求，在物联网、操作系统、数据传递、信息界面等方面（这些均可视作信息流的驱动因素）做出相应的安排。零售环节中，顾客体验、需求分析、库存处理等驱动因素，严重依赖于高素质零售店长、店员的思考和实践；因此，人力资本流中，高素质店长、店员的招聘培养则为其关键驱动因素。

根据上面的分析，我们可以得出结论：

企业的全部价值创造活动是一个整体，以目标顾客和价值定位为核心，各类活动相互关联，多层次驱动因素相互关联。各类价值创造活动驱动因素的数目与层次反映了战略思维的广度和深度，驱动因素之间的联系反映了战略思想的复杂性。驱动因素的层次延伸，同时意味着操作方案的层层细化。

多层次“战略目标 - 战略举措”

我们可以将多层次的驱动因素，视作围绕战略目标的多层次战略任务和战略举措。战略任务是战略举措的方向和目标，战略举措是实现战略任务的动作和途径。上一层级的驱动因素相对于下一层级的驱动因素属于战略任务；而下一层级的驱动因素相对于上一层级的驱动因素（战略任务）则是战略举措。我们从图 4-4 中可以看到这种目标 – 手段的递进：为了实现时尚、快速、价优的价值定位，必须在敏捷、柔性价值流总体要求下优化制造系统——相对于价值定位，这是一项重大的战略举措。它同时是统领一系列优化制造系统动作、行为的战略任务。这些动作和举措包括自设印染、智能裁剪等。为了实现自设印染，需在面料选择、花色设计、产能布局、环保措施等方面下功夫，有所作为——这又构成了战略任务 – 战略举措关系……层层类推。这种递进的过程，就是最重要的战略解码（战略执行方案深化）。

王阳明曾云，知中自有行，行中自有知。分析、设定战略驱动因素，属于战略思想（知）的层次和范畴；但是，将它们规划成多层次的目标 – 手段（任务 – 举措），同时又是战略执行的起始。

第二篇

流程体系

05 第5章 流程体系的框架

一级流程目录

根据企业价值创造活动的分类，我们可以确定流程体系的基本框架，即一级流程目录。

一级流程是企业最主要的价值创造活动。它们有相对独立的主题和内容，自身是“端对端”的闭环——这是流程划分的主要依据。在一级流程的基础上，可以解析、衍生出二级流程、三级流程……同类企业（比如都是家电制造企业、纺织制造企业或餐饮服务企业等）一级流程大体上相似，因为它反映了企业价值创造的基本逻辑和普遍规律。越是次级流程，企业之间的差异越大，越是与企业具体的战略动作（举措）相关。

这里，我们以中国实体经济中的支柱制造型企业为一级流程目录以及流程体系设计的依据和原型。这个“企业”不是华为、美的、海尔那样规模巨大的产业领导者，也不是富士康那样的纯代工型企业，而是价值链完整、自主运作品牌、具有营销职能的成长型企业。在中国，这样的企业为数众多，最具典型性。

本章所列的一级流程目录，并不适用于所有企业的标准和规范。

它是笔者基于中国企业实际情况所提出的参考模型，既考虑了通用性，也照顾了特殊性和针对性。和国际通行的美国生产力与质量中心（American Productivity and Quality Center，APQC）编制的跨行业流程分类架构（process classification framework，PCF）[①]一样，笔者的一级流程框架也采用了迈克尔·波特的价值链分析方法，但创新之处在于将企业价值创造活动分成了四类，改变了价值链通用模型把人力资源、资金等要素流置于支持性活动的范式，并强调战略管理、年度计划与预算管理的牵引作用。

华为将全部流程分为主运营流程（operation）、使能流程（enabling）和支持流程（supporting）3 个大类，共计 17 项一级流程。IBM 等公司也开发设计了组件化业务模型。通信行业另有增强型电信运营图（enhanced telecom operations map，eTOM）。笔者之所以设计新的流程目录和架构，意在揭示流程的来源、流程之间的逻辑关系以及流程框架的内在机理。这样读者就不必不明就里地套用流行模板，而是真正从企业价值创造的原点出发，从企业自身价值流的特点出发，从企业战略导向出发，构建适用、前瞻、包容性大、有弹性的流程体系大厦。

牵引性活动

牵引性活动包括战略管理、年度计划与预算管理两类子活动。它们所属的一级流程目录如图 5-1 所示。

① 跨行业流程分类架构是美国生产力与质量中心编制的跨行业流程分类框架；包括 13 个企业级流程类别，诸多流程组以及 1 000 多个流程和相关活动。它是一种开放的标准，能通过流程管理和基准测试来促进流程改善。

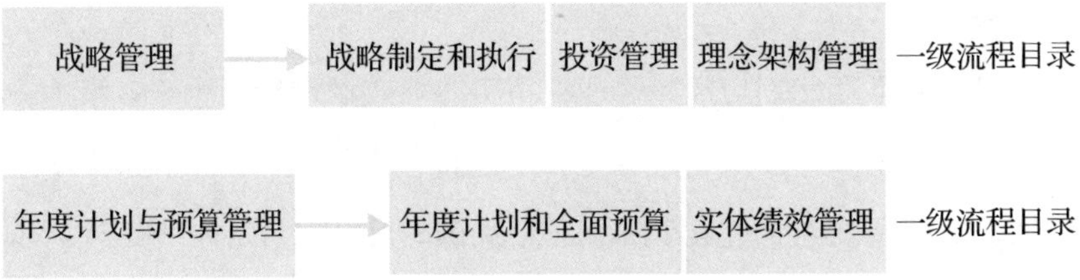

图 5-1　牵引性活动的一级流程

战略管理中，战略制定和执行属于一级流程。考虑到我国许多企业常常热热闹闹地制定战略（通常称作战略规划），实际上并没有真正形成闭环，缺少过程跟踪、评估、反馈、修正等内容，因此在这一流程中把战略执行放到和战略制定同等重要的位置。投资是实现战略目标和任务的重要举措，尤其在许多企业需要战略转型的背景下，投资及并购意义重大。投资管理活动环节多、风险大、难度高，将投资管理列入一级流程理所当然。

前面说过，核心价值观管理是战略管理的组成部分。因此，战略管理中的第三个一级流程是理念架构管理，包括核心价值观体系的设计、提炼、落地、践行全过程。我国许多企业在特定的历史时期，处于复杂多变的环境下，纷纷给自己立法，从文化角度构建企业的底层操作系统。因此，这一流程具有特殊意义。

无论外部市场环境、产业竞争态势如何不确定，年度计划与预算管理都是必不可少的，否则企业的行为就会完全没有依据和边界，资源配置也会没有章法和限制。根据笔者的经验，我国大多数中小民营企业至今仍未开展全面预算，企业领导者决策随意性很大，有时到了资金链断裂才发现大祸临头。之所以将年度计划与预算管理融合为一个流程，主要是因为年度计划的主要内容是预算；它以预算为主线，以财务数据为依据和尺度，影响、牵引、制约全部价值创造活动和经营管理内容。

我们从年度计划与预算管理中将实体绩效管理抽离出来，设为一级流程。所谓实体绩效管理，是指对直接创造价值的经营性机构 / 单位从绩效任务设立、过程跟踪到总结反馈的循环管理。对于这样一项在实践中具有重要意义的管理活动，许多企业很不重视且存在误解（经常与人事绩效混同）。这正是我们将实体绩效管理设为一级流程的背景和原因。

增值性活动

增值性活动是企业价值流运动以及直接创造价值的过程。在这一过程中，价值生成了，价值增值了。

许多企业将价值流区隔为三个跨度较大的子流，似乎这已成为一种标准（见图 5-2）。

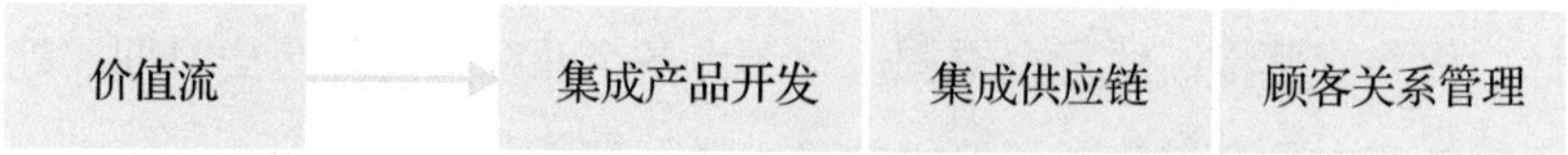

图 5-2　价值流的三段区隔

集成产品开发是以产品和技术开发为主题、主线的流程。它从顾客需求辨识开始，至产品和技术开发完成为止。就制造型企业来说，新产品投入批量生产之前的直接创造价值的活动属于这一流程。集成供应链则是产品的生产、交付阶段，包括采购、加工、物流、安装（成套产品 / 设备）等环节。顾客关系管理以开发顾客、服务顾客、深化顾客关系为宗旨，包括顾客资源积累、市场机会发现、顾客沟通、合约达成、订单流转、客情维护等环节。以上是笔者对三个价值流流程的理解，未必完全符合有关企业流程文件中的规范定义。有些制造型企业，将集成产品开发置换成产品生命周期管理（product life-cycle management，PLM）。在我看来，前者更具技术驱动的战略意味，后者更适合产品生命周期较短、产品更新较快的消费品等行业。

图 5-3 是笔者根据互联网时代企业的管理实践以及新的管理理论设计的价值流一级流程目录（适用于制造型企业）。

图 5-3　价值流的一级流程

需求分析是价值流的起始环节，包括需求信息的收集、流转、整理、分析等内容。鉴于我国许多企业需求管理极为薄弱的现状，同时为了体现顾客需求导向理念和需求链管理思想，我们将需求分析作为一级流程。产品开发和产品生命周期管理基本相同。集成供应链包括供应商开发、采购运行、生产制造、产品物流等环节，其要义在于将产品生产出来并交付到顾客手中。顾客连接是基于互联网时代新的顾客连接模式[①]——网络、社群、现场三个空间内认知、交易、关系一体化——设计的新的顾客交互结构。

要素性活动

支持企业价值流的要素主要有人力资本、资金和技术。它们分别对应的一级流程如图 5-4 所示。

① 施炜. 连接：顾客价值时代的营销战略. 北京：中国人民大学出版社，2018：167.

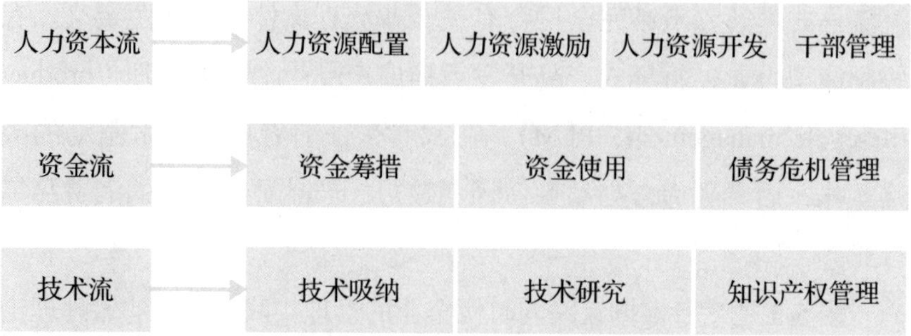

图 5-4　要素流的一级流程

人力资本流的主题是打造人力资源供应链和人力资本增值链。其中，人力资源配置解决人力资源需求和供给之间的衔接问题；人力资源激励——其中包括评价环节——解决人力资源内在动力、活力、能量的激发问题；人力资源开发解决人力资源能力提升问题以及持续性供应问题。这三个人力资源子链（一级流程）隐含着人力资源“价值创造 – 价值评价 – 价值分配”思想[①]，但比人力资源价值模型更加直接、清晰，更利于企业操作。它们也超越了传统的“选、育、用、留”人力资源四大流程的说法，凸显了战略导向、需求导向、人本导向和增值导向。我国企业人力资源开发管理活动中，干部的选拔、任用、培养等环节意义重大但做得不尽如人意。我们把干部管理置入一级流程，目的在于介绍和推广先进企业的经验。

资金流的主旨在于为企业价值链运动和能力打造提供充足的血液。其中包括资金筹措和资金使用两个一级流程。鉴于中国部分企业长期以来负债率偏高，在经济紧缩周期债务问题频出（有的甚至资金链断裂），我们把债务危机管理（危机预警、危机预案、危机应对等）

① 吴春波. 华为没有秘密. 北京：中信出版社，2014：107.

也设为一级流程。

在技术流中我们把技术研究（预研）和产品开发以及与之直接相关的技术开发做了分离，体现技术导向思想和核心能力理念。同时技术研究（预研）时间更长、投入更大，流程和产品开发有所差异。按照技术生成外部化和内部化两条路径，我们设立了技术吸纳和技术研究两个一级流程。同时，基于未来竞争中知识产权要素的重要性，知识产权管理也在一级流程之列。

支持性活动

支持性活动包括多种（项）支持、服务业务发展、价值流的管理活动（少数活动有一定的业务属性）。根据它们的重要程度、内容特点、发生频率（经常发生还是偶尔发生，连续发生还是非连续发生）、内部环节（模块）跨度等因素，属于企业一级流程的如图 5-5 所示。

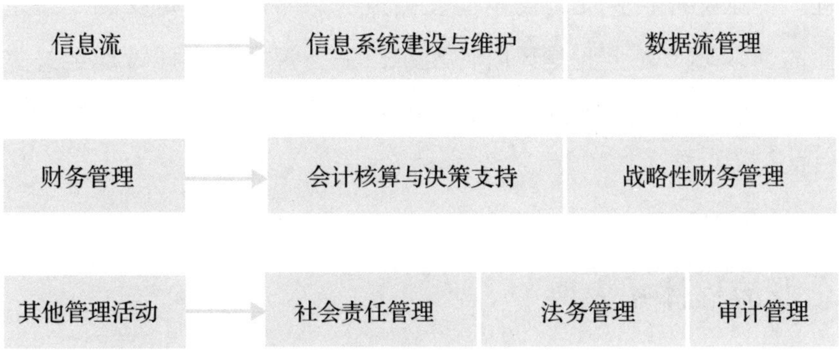

图 5-5　支持性活动的一级流程

在信息流中，信息系统建设与维护是企业信息化、数据化、智能化建设及转型发展的基础流程，包括信息化建设计划、项目准备、项目开发运行、信息系统运行维护等环节。数据流管理是数据驱动时代的新型流程，包括数据管理基础、数据应用和数据运行管理等环节。

在财务管理中，会计核算是基础性职能。按照国家有关财务管理法律法规政策的规定，各个企业这方面的流程都是相同的。但是我国许多企业的财务分析、决策支持工作——属于管理会计和战略会计范畴——却很薄弱。在此背景下，我们把会计核算和决策支持合并，变为一个一级流程会计核算与决策支持。为体现战略性财务管理理念，推动以财务管理为抓手（甚至龙头）的经营绩效改善和提升，我们专门设立了战略性财务管理一级流程。例常性的财会服务（借款、付款、报销、开票等）活动，有些已完全可以实现信息化、自动化、无人化，有些则属于其他活动的组成部分，因此未列入一级流程。

在其他管理活动中，我们选择了三个重点活动作为一级流程。企业是社会企业，需承担社会责任；而这恰恰是我国一些企业的薄弱环节。企业是风险性组织，法务管理和审计管理至关重要。企业例常性的行政管理、后勤管理等，在此未列入一级流程目录。

企业流程体系大厦

我们把上面所列的所有一级流程按照价值链逻辑排列，形成了企业流程体系大厦（见图 5-6）。

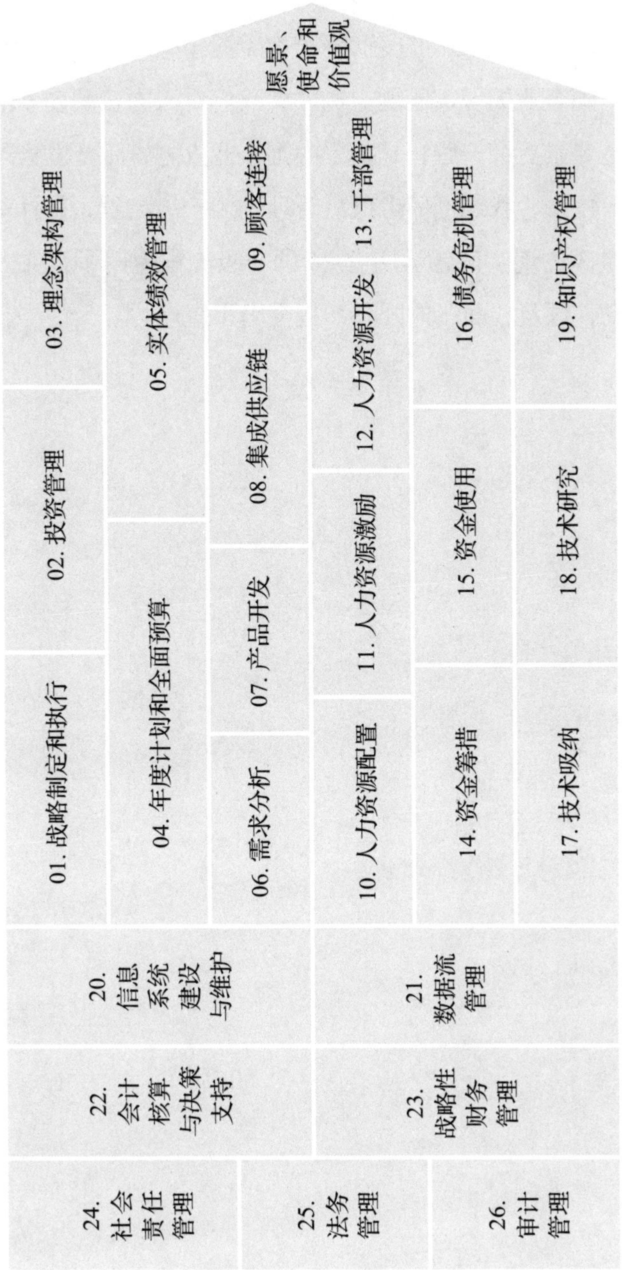

图 5-6 企业一级流程框架

在设计一级流程时，我们考虑了它们的平衡性——基本上处于同一层次；同时考虑了它们的跨度——包含多少个环节和步骤。此外，也考虑了中国企业的现实问题。例如，我们对人力资源要素活动的划分要比资金要素更细一些，是基于中国企业人力资源开发管理普遍薄弱的现状。再如，我们把债务危机管理列为一级流程，是针对部分企业负债率过高的现实问题。所有 26 项一级流程覆盖了企业大部分价值创造活动，顾及“面”的同时，也突出了重点。

06
第6章

好大一棵树：流程的细分

流程分解

在一级流程的基础上，我们可以进行流程的多层次细分，从而形成庞大复杂的流程体系（见图6-1）。如果将该图左转90°，就是一棵从根部生长出众多枝叶的大树。

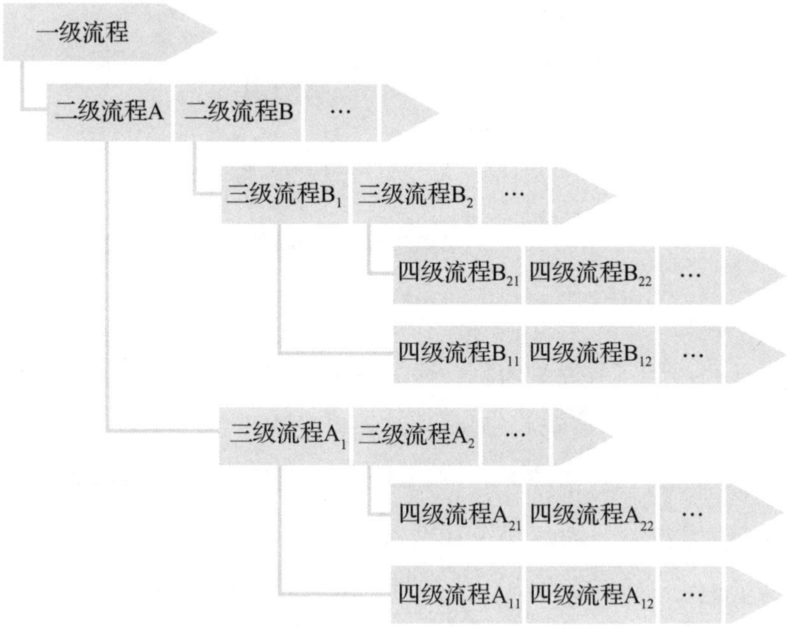

图6-1　多层级流程分解

图 6-1 只分解到四级流程，实际上还可以分解到五级流程、六级流程……每一次分解都是操作过程以及方法的细化。也就是说，上一级流程是下一级流程的任务定义，下一级流程是上一级流程的操作方案。

图 6-1 所示的是串联型流程。其实，企业现实的价值创造活动，既有串联型的，也有并联型的，还有串联并联混合型的（见图 6-2）。因此，我们需要从实际情况出发，描绘出合理、可行的流程图。

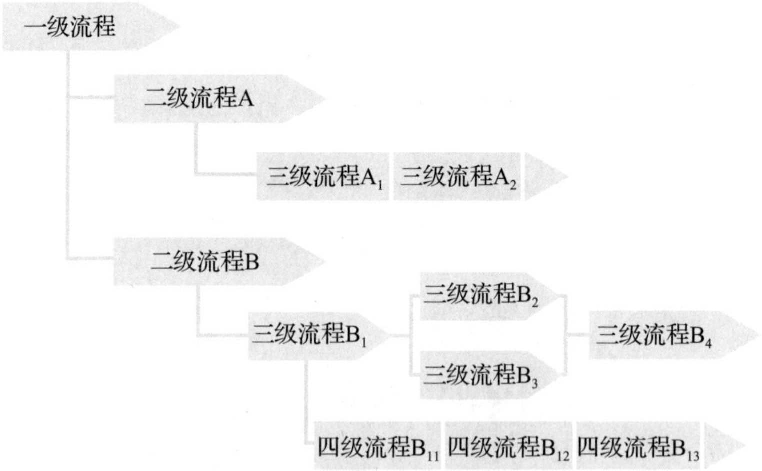

图 6-2　多层级流程中的串联和并联

上面谈到了并联型流程，这里对相关知识再做些说明。为完成某一任务多流程并行时，最长的流程可以称为关键路线——这一概念是由科学管理的前行者之一亨利·劳伦斯·甘特（Henry Laurence Gantt）发明的。比如，某公司准备年末开一场盛大的年会，节目排练、场地（包括舞美音响）准备、服装道具制作、嘉宾邀请几项工作（流程）需分头运作、最终整合。其中，节目排练活动耗时最长，则为关键路线（路径）或关键流程。由于各项流程所需时间不同，因此将它们并联时起始时间是不同的。

由于流程是并联的，部分流程之间存在某些交集。还是以年会为例，当某项工作（流程）准备到一定程度时，会进行连排或彩排。这一活动就是几项流程的交集：既属于节目排练流程，也属于场地准备流程。好比郑州火车站既是京广线上的火车站，也是陇海线上的火车站。

流程优化

流程分解意味着自上而下的流程梳理、优化，有时还会涉及流程再造。应遵循的原则主要有：

第一，深入理解各类价值创造活动的特点和运行规律。设计流程时，不能遗漏、忽略重要流程，体现“做正确的事”的原则。不管哪个层级的哪一项流程，都需解决“把事做对”的问题；要把“做对”体现在流程的结构和运行方向之中。因此，在每项流程中都不能疏忽、省减重要的环节 / 事项；环节的连接需要符合逻辑且相互对称。以战略制定和执行流程为例，初始的环节是战略分析，其后的环节是战略思想；再往后是战略规划、战略分解……不能越过战略思想，直接把战略分析和战略规划对接起来。而这正是不少企业在制定战略时编写了一堆无思想、无逻辑的所谓规划的原因。战略思想和战略规划是对称的，处于同一层次，不能将战略思想连接到战略规划下面的子流程如产能布局上去。

第二，以战略为导向。流程体系需要体现战略意图和战略思想。需将关键任务和关键举措融入流程体系之中，成为某一层级流程的组成部分，或者成为某项流程中的细分子流程。例如，某企业的战略思想之一是开放价值流、让顾客参与价值创造，那就需要在产品企划、产品开发等流程中安排吸取顾客意见、与顾客互动的环节或子流程。再如，某企业价值流中营销 / 销售的关键任务之一是零售终端建设，那么在营销 / 销售流程体系中必须设立这一主题流程，并细分为零售终端规划、零售终端拓展（俗称开店）、零售终端装饰、零售终端开业、零售终端人员配置、零售终端促销、导购人员行为训练等子流程——它们就是围绕战略任务的重要举措。这也意味着将战略任务和举措流程化。只有这样，战略才能真正落到实处。

第三，以闭环为流程的普遍形态。任何流程，不管大与小、高与低、粗与细，都需要有明确的目标、目的和指向；都需要具有顾客（包括内部顾客）意识，体现“从顾客中来，到顾客中去”的理念；都需要形成从起点到终点、从终点又到起点的“端对端”闭环。闭环意味着目标导向和结果导向，也意味着结果和过程的统一。每一次动态的循环，都是在前次循环基础上的改进或迭代。

流程细分的限度

有的读者也许要问：是不是企业所有的价值创造活动都是流程性活动？当然不是。但是企业大多数经营管理活动肯定属于流程性活动，因为它们的运行过程有相对规范的时间顺序和空间（场景）转换逻辑。也可以这样说，流程性活动是相对确定性的活动。而不确定性的活动显然无法流程化：不知道何时、何地会发生什么，不知道何时、何地会面临什么境遇、挑战和任务，不知道下一步往哪里走、向何处去……例如一些技术研发活动，从较宏观的视角可以确定大的流程轮廓以及一些大的步骤——项目选择、项目立项、立项批准、开发准备、开发运作等。但是其中的项目选择、开发运作等环节就很难流程化，它们大部分的工作内容是小组讨论以及开发人员的个人化行为（思考、运算、绘图、统计、计量、测试等）。再如，与顾客交往时，常常需要根据顾客的要求和反应随机应变——在不同的情境和场景下灵活机动地安排行动、处理问题，很难事先规定固定的流程和操作模板。对这些非流程化的活动，我们可以将它们封闭起来，不必胶柱鼓瑟地细分。

有的读者可能还会追问：流程细化究竟要细到什么程度？除了上面讲到的不确定、非规范活动不再细分，还有两个标准决定是否细分：

第一，一项活动，某个职位、某种角色的人可以完成而不需要两个及以上人员接力完成（即不需要在分工的前提下相互协同），那么它就不必再分解了。这种活动的操作指南和训练工具主要是作业指导书。

第二，一项活动虽然需要两个及以上人员接力完成，但由于工作内容过于简单，无须流程细分，相关人员都能准确高效完成，那也就没有必要多此一举。

进入企业流程体系大厦内部

企业流程体系是企业竞争能力的载体，属于基础能力和平台能力的组成部分。所谓平台，是指供各类主体（人）大展身手、建功立业的舞台，是高速列车飞驰前行所依托的轨道，是万木竞生、万花竞开的土壤和生态。平台能力和主体（人）能力的契合、互动是企业能力内在增强的动力和机制。到目前为止，我们对流程的探讨都是就事论事的，分析的是“事 – 事”之间的关系，没有涉及流程的责任主体和执行者——人。后面的章节我们会将人的因素添加进来。读者朋友，企业管理体系大厦的帷幕已经拉开，让我们步随景移耐心欣赏。

为便于读者理解一级流程的具体内容，本书从第 7 章至第 15 章对它们作了分解和细化，但只到三级流程为止。三级流程仍然是框架性的，但已基本显示出一级流程的内部结构（逻辑）、重点环节（事项）以及战略上的关键任务。这样的流程粒度有利于我们整体把握流程体系大厦，认识其轮廓、基本构件以及相互关系。有了三级流程这样一份清单[①]，我们可以在它们的引导下从流程体系大厦的各个门洞走进去，探幽索微，将大厦修整得更加精致、细腻和完善。

本书对二级流程、三级流程的定义及要点解释源于笔者的经验和认知，中间肯定有错漏或不当。读者可以将其看作一个开放系统，不断修改、充实和迭代；可以将其理解为企业方方面面的管理建议。有些二级流程、三级流程模块未必有严格的行动上的串联关系，有的只是在逻辑上存在先后关系。

① 阿图·葛文德. 清单革命：如何持续、正确、安全地把事情做好. 杭州：浙江人民出版社，2012.

07

第7章

战略管理活动：一级流程 1 ~ 3

一级流程 1：战略制定和执行

战略管理是决定企业命运和前途的最重要的管理活动。我们对企业流程体系中一级流程的细化和解释，从战略制定和执行开始（见表 7-1）。

表 7-1　战略制定和执行的三级流程

二级流程	三级流程	要点解释
战略制定	战略分析	分析形势、环境，把握变化趋势；找出影响企业成长的重要因素；发现和定义战略性问题。它是战略思想提炼和战略规划的前提。
	战略思想	提炼解决战略问题的基本框架和行动纲领；得出“赢”的逻辑：要求清晰、结构化、可操作，具有超越性和创新性。必要时提出战略变革转型新主张。在形成战略思想的过程中，需要组织讨论和辩论。
	战略规划	将战略思想具体化，完成战略解码；并将战略思想转化为战略执行方案：围绕战略目标的主要任务、举措、步骤及其时间空间安排，资源配置及投资计划等。

续前表

二级流程	三级流程	要点解释
战略执行	战略分解	对战略目标、任务和举措进行分解，落实到各个机构、部门、职位/岗位，以及跨部门任务小组和个人；将战略规划细化为年度以及更小时间跨度的工作计划和行动方案。
	战略过程	对战略执行过程进行追踪分析；发现偏差及时改进；在确保战略方向的前提下，对战略举措和步骤进行优化和调整。
	战略评估	战略管理周期结束后，对目标实现以及目标实现的举措、路径等进行总结复盘，发现成功的原因和真正的问题；为下一周期的战略制定打好基础。

从笔者接触过的企业战略管理实践看，普遍存在的问题是有战略管理之“形”，而无战略管理之“魂”。在战略制定阶段，缺乏深入、广泛的讨论和真正的“慢思考”[1]、深思考，提炼不出穿透力强、逻辑严密的战略思想；而战略规划则集合了一堆愿望和谁也不知能不能实现的目标，缺少切实可行的路径、措施。这样的战略规划自然无法真正执行、付诸实施，后面的战略过程、战略评估也就无从谈起了。

一级流程 2：投资管理

投资是实现企业战略最重要的手段。投资管理是高度流程性的活动，主要环节如表 7-2 所示。

① 丹尼尔・卡尼曼．思考：快与慢．北京：中信出版社，2012．

表 7-2　投资管理的三级流程

二级流程	三级流程	要点解释
投资准备	投资项目规划	根据企业战略规划，制定投资项目规划和计划，明确资源配置的方向、结构以及用途；对拟投资项目做出预先筹划。
	投资意向确定	对内部投资项目进行初步调研设计；对外寻找投资机会，选择投资标的，并与相关主体达成投资意向。
	投资可行性研究	对投资项目的预期效益、资源投入、投资回报、技术条件、人力保证、政策规定、环保要求、社会舆论反应等方面进行可行性研究；编制项目可行性报告。对外投资中的购并项目，做多轮次尽职调查。
	投资项目立项和预算	经反复论证之后，提交报决策层批准的报告；编制项目预算（亦可包含在项目可行性报告之中）。
	投资项目批准	企业决策层按照决策权限规定和决策程序批准（或否定）投资项目；在决策过程中，对重要、重点项目设立辩驳机制（红军、蓝军机制）。
投资运作	投资项目实施	投资项目经批准后进入实施环节，按计划运作；跟踪管理投资项目实施过程，把握资金投入节奏，控制风险，按项目计划分阶段检讨总结，提出改进意见并对落实情况进行监督。
	投资项目中止	对遭遇不可抗力或其他原因无法继续运作的投资项目，决策层做出中止决定，并妥善处理后续问题，减少损失。
投资总结	投资项目评估总结	投资项目结束之后，对项目成效、进度、效率、品质、资金使用等做出全面准确评价，总结得失。需要财务决算的项目完成决算。基建类投资项目按国家政策法规进行验收等。
	投资后管理	对收购兼并类投资项目，主动、积极参与其治理；加强投资后管理，做好管理输出、风险监控等工作。
	投资项目审计	这是和审计流程的交集。按审计规定，对已完成投资项目进行审计。

我国企业投资管理中的主要问题是调研、论证和决策过于草率、简单——既体现在相关流程上，也体现在行为习惯上。部分投资项目决策质量不高，酿成较大的风险。例如，一些上市公司用业绩对赌和高溢价的方式进行并购，事后因对赌业绩未能完成而造成商誉减值。对长期信奉机会导向的企业领导者来说，面对新的经营环境，务必改变随意性大、凭感觉决策的习性，切实尊重流程，依靠机制，相信组织智慧。

一级流程 3：理念架构管理

这里所讲的“理念”，是企业的核心价值理念，是对使命、愿景、基本价值主张（狭义的核心价值观）、企业哲学、组织规则、组织氛围以及团队精神、行为准则等企业文化元素和精神构造的定义和表达。而“架构”则意味着这些理念是一个结构化的整体。笔者在讲授企业文化课程时，将其描绘成由“命”“道”“理”“气”组成的同心圆。

理念架构管理流程（见表 7-3）是企业文化管理最核心、最重要的组成部分。重视理念建设，既顺应了价值观领导与管理的时代趋势，也符合我国企业现阶段文化选择的历史性要求。

表 7-3　理念架构管理的三级流程

二级流程	三级流程	要点解释
理念设计	理念梳理	总结以往成功经验，研究企业家思想，提炼优秀企业文化元素，对比分析外部先进企业文化，对现实中的问题进行文化归因等。

续前表

二级流程	三级流程	要点解释
理念设计	理念内涵	研究理念结构和内容，推导关键概念，探讨文化调性；在理念内容中体现文化传承，导入创新文化，并对现实文化问题进行矫正；反映企业共同体的文化诉求，表明未来的文化选择。
	理念表达	研讨理念大纲；征集理念提案和意见；组织写作团队撰写理念大纲，进行多轮反馈修改。进行理念表达时注重普遍规律、通用提法和企业个性化语言的结合。
理念落地	理念共识	发布理念大纲；通过对理念大纲的宣传、培训和讨论，以及配套的企业文化程序和活动，使各级管理者和员工认知、理解企业核心价值观。这属于文化认知管理。
	理念认同	构建价值观评价和激励机制，将核心价值观转化为各类引导性政策，牵引员工自觉遵循、践行核心价值观；同时对违背核心价值观的现象进行约束。使理念弘扬、业绩上升、个人成长三者形成相互增强的循环机制。
	文化行动	将核心价值观转化为各类各层人员的行为标准，将价值观管理渗透落实到行为层面；培养符合核心价值观的行为习惯；同时开展基层团队的文化建设活动，构建价值观网络，营造组织文化之场（氛围）。

自从《华为基本法》[①] 问世，不少企业借鉴华为的做法，撰写企业文化大纲，提炼理念架构。我国企业在理念建设上比较容易出现的

① 黄卫伟，等. 走出混沌. 北京：人民邮电出版社，2002.

问题主要有：

第一，理念设计环节的理念内涵和理念表达过于空泛，喜欢用一些大词，缺乏针对性和企业特色。

第二，某些企业的核心价值观未真正体现企业共同体的价值观共识，未能兼顾相关利益主体的共同诉求，有过于强烈的“老板文化”色彩——这主要指民营企业。

第三，理念落地环节工作薄弱，未能按照“知－信－行”的内在逻辑制定系统、整体的落地方案，没有扎扎实实、循序渐进地推行，使核心价值观长期“贴在墙上，挂在嘴上”。

第四，核心价值观的考核评价缺少合适方法，难以操作。

08

第8章

年度管理循环：一级流程 4 ~ 5

一级流程 4：年度计划和全面预算

年度计划和全面预算是一项涉及企业所有部门、机构的综合性、例常性流程（见表 8-1）。相对于中长期战略大循环，它是年度运营小循环；相对于季度、月度等更小的运营循环，它又是具有指导意义的较大循环。正所谓“大环套中环，中环套小环”。反过来，“小环”“中环”也会影响“大环”——短中期的实际运营情况会影响、促成战略调整和修正。这里所讲的循环，其内容就是 PDCA——计划（plan），执行（do），检查（check），行动（action）。它有两个特点：一是起点和终点的连接；二是结果和过程的统一。

全面预算是年度计划的组成部分。换言之，年度计划的主要内容就是全面预算。后者围绕企业的核心绩效指标（收入、利润），对反映企业经营结果和过程的会计及财务变量（销售收入、生产成本、费用、损益、现金流、资产负债等）进行统筹安排和限定。可以这样说：无预算，则无经营；无预算，亦无管理。有的学者将预算管理职能概括为规划职能、协调职能、控制职能和业绩考评职能。①

① 苏寿堂．以目标利润为导向的企业预算管理．北京：经济科学出版社，2001．

表 8-1　年度计划和全面预算的三级流程

二级流程	三级流程	要点解释
计划和预算准备	资料准备	对上一年度计划完成、预算执行情况进行分析总结，发现问题，思考解决方法；收集外部相关资料，为预算和计划提供依据，树立比照标杆。
	工作动员	计划和预算工作主导部门在准备资料以及基础工具（表格等）的基础上，动员、布置年度计划和预算工作；下级预算主体（未必独立核算）领取任务，开始本部门/机构的计划和预算准备工作。
计划和预算制定	初步测算	总部和下级预算主体同步匡算、拟合和预测主要指标并相互沟通。
	目标确定	在多轮沟通的基础上，确定企业整体以及分级计划和预算目标，并在一定范围内公布；举办经营计划（绩效责任）承诺仪式。
计划和预算执行	跟踪对比	在计划和预算执行过程中，各级预算主体将阶段性结果与目标进行比对，发现问题，找出原因，及时改进；上对下跟踪，下对上汇报求助；保持执行过程的透明化和小闭环的动态优化。
	计划和预算调整	在计划和预算执行过程中，若遇内外部因素发生重大变化，可调整计划和预算，使之更具可行性和指导性。整体重大计划和预算调整的流程，和本流程有一致之处，或者说是本流程的简化、缩小版。
计划和预算总结	计划完成和预算执行情况报告	年度计划期结束，全面总结计划完成和预算执行情况，分析目标达成或未达成的原因，提出调整、改进、变革建议。
	政策兑现	兑现事先确定的目标达成激励政策，为再次启程增添动力。

年度计划和全面预算工作常常会陷入一个矛盾：用确定的框架应对动态、不确定系统和变化中的事物。因此，也有人提出预算无用论和超越预算论。但是，企业完全没有计划和预算框架肯定是不可取的，只会助长盲目、随意和冲动，放大风险。计划和预算可以使企业核算、统计变得更加准确、精细（没有数字便没有预算；反过来，没有预算也不会有数字），有助于企业设计多种激励和约束机制，有利于企业数据驱动下的流程化运行、自主化运行以及运营效率提升。

读者或许会问：如何提高年度计划和预算的适用性？如何解决计划和预算执行过程中的不确定问题（市场环境变化、竞争格局变化、供给资源变化等）？首先，需要提高年度计划和预算的弹性，扩大主要经营指标可接受的变化范围；必要时制定几套方案；事先准备、储备一定的灵活资源，应对不测之需。其次，多采取比例预算和系数预算，将预算和机制管理、自律管控结合起来，例如，生产工人薪酬总额在生产总值中的比例、单位产品中的薪酬系数、单位产品中的材料消耗系数等。最后，实施滚动式计划和预算；在执行过程中根据情况变化对原定计划和预算进行动态调整。

一级流程 5：实体绩效管理

严格地说，实体绩效管理流程（见表 8-2）是年度计划和全面预算流程的组成部分。它是企业运营管理的主要内容，其内部逻辑也是 PDCA 循环。这里所说的实体，通常是指企业直接创造价值的、有清晰绩效责任边界和绩效目标的机构：可以是车间、分厂、研发部门、区域营销管理中心；也可以是集团平台上的事业部及分支公司。由于实体绩效管理流程通常包含实体领导团队利益分享（利润分享或超额利润分享）环节，因此它的实施往往属于企业机制变革的组成部分，而且这种变革见效快、杠杆效应大、简单易行。

表 8-2　实体绩效管理的三级流程

二级流程	三级流程	要点解释
责任承诺	经营责任书准备	实体绩效管理部门准备经营责任书模板；与实体负责人和团队协商绩效指标目录、目标值以及实体奖励政策，并报上级批准。
	指标承诺	实体负责人及团队公开承诺完成目标任务；必要时举办经营责任书签约会议，由实体负责人和企业领导者共同签字，双向承诺。
过程跟踪	经营检讨	在实体完成绩效任务过程中，总部跟踪分析各实体经营状况；总部及实体均定期进行经营检讨，发现差距和问题，探讨解决方法。
	指标调整	当情况发生变化时，对绩效指标值做出调整：向上向下均有可能。基本原则是：实体负责人及团队经过努力可以达成目标。
评价激励	绩效评价	实体绩效管理周期（通常为一年）结束时，实体及总部均对绩效指标完成情况进行总结评价。总部实体绩效管理部门提出奖励方案。
	实体激励	根据事先确定的奖励政策，经企业决策层批准，向实体负责人及团队兑现激励政策。根据事先制定的分配规则，将奖励落实到实体负责人和团队个人。

有些企业在实体绩效管理实践中出现了两个问题：

第一，实体领导团队在激励政策导向下，过于关注短期绩效目标，忽视长期性、基础性、战略性要素，有可能出现投入不足、寅吃卯粮现象，更有可能导致品质下降、产品及服务价值减损。因此，企业在设计实体领导团队分享机制的同时，需要注重对其战略行为的指导和矫正，注重对基础性、长期性要素的掌控和资源平台的建设。在选择实体团队领导者时，不能一味看候选者的短期指标完成情况，还要考察、评估他们的大局观、战略视野和价值观理念。

第二，对实体绩效考核和人事考核的关系理解不清，要么相互替代，要么彼此隔离。实体绩效考核的对象是实体领导团队，而人事考核的对象是个人。实体领导团队考核的指标（如收入、盈利等）有些是和人事考核指标叠合的，因此实体领导团队的考核结果可以在人事考核中共享。对实体领导团队进行考核的同时，人事考核则对团队中每个人做出评价——指标范围通常大于与实体绩效考核相叠合的指标，包括价值观指标、能力指标等。实体绩效考核关注的是企业直接创造价值的机构的经营成果，而人事考核关注的是人的发展、人力资本的增值。从管理关系上说，实体绩效考核主要由企业运营管理部门或财务管理部门提出评价建议，最终评价意见由实体的上级（直接报告人或企业决策层）定夺。人事考核主要发生在上下级之间，通过多层次纵向结构将管理触角延伸至企业组织的最基层个体。实体绩效管理往往具有分权的意味，以责权利边界划分为前提，重视机制的作用，使企业的管理轮廓更加分明。而人事考核是更加细化的“横到边，竖到底”（一个也不能少）网状管理，是每个管理者的职责。尽管从人力资源管理趋势看，人事考核会越来越弹性，越来越注重人的自主性（激活个体），越来越强调向个人赋能，但无论如何，企业中的每个人都是无法摆脱考核评价的。

实体绩效管理与年度计划和全面预算两个流程，有一些环节和活动内容存在交叉。其实，实体绩效管理流程是年度计划和全面预算流程的组成部分。为了凸显其重要性，我们将其独立出来了。

09
第9章

从需求到产品：一级流程 6 ~ 7

一级流程 6：需求分析

需求分析是企业价值流活动的起点。读者都知道，辨识、理解、把握顾客需求是企业最大的经营难题之一。实现产品（服务）价值定位与顾客需求之间的衔接，是企业价值链运动中最惊险的一跃；换个角度看，这两者之间存在缺口，意味着“端对端”价值链不能闭合，顾客价值难以实现。“子非鱼，安知鱼之乐？”尽管主客之间存在天然鸿沟，我们还是要铺设一条通往顾客心理的轨道，将顾客隐性的愿景、要求记录、映射下来。当面临顾客需求黑箱时，我们还要像乔布斯那样，大胆提出顾客需求假说。需求分析流程如表 9-1 所示。

需求分析或需求管理是我国许多企业价值流管理中的薄弱环节，既缺少流程和方法，也缺少人员（组织）和资源。有些中小企业在产品开发上长期以模仿为主，对需求分析没有强烈的要求；有些企业的成长主要依赖市场机会，也意识不到需求分析和需求管理的作用。随着许多领域需求增速递减、市场进一步细分，以及竞争加剧，需求分析将越来越重要。而互联网、大数据、社交网络和人工智能等技术的发展，则为需求信息的获取、计算创造了条件，需求分析将会越来越可行，其结果也会越发真切和可信。

表 9-1　需求分析的三级流程

二级流程	三级流程	要点解释
需求调研准备	需求分析对象	确定需求调研的对象。事先设定调研哪些目标人群以及顾客需求发生的场景。即调研谁。
	需求信息来源	设计接触调研对象的途径和方法；规划需求信息的来源和管道：互联网社区、社交网络（顾客社群）、零售终端，及其顾客所在的现场。即到哪里调研。
	需求调研方法	根据需求分析对象和信息来源，确定需求调研的技术方法，如大数据法、实验法、抽样调查法、焦点小组访谈法等。
	需求调研计划	制定具体的需求调研工作计划，明确调研的目的、任务、时间、地点、人员、进程以及资源投入等。
需求调研过程	需求调研运作	根据调研工作计划，进入实际操作阶段。这个环节本身是一个子流程，包括运作准备、调研过程展开及控制、调研信息流转和归集等。
	需求信息整理	在调研运作结束后或调研运作的同时，整理、运算和分析已归集的需求信息和数据。
需求分析成果	目标市场定位	在数据整理、运算和分析的基础上，选择细分顾客群以及细分需求场景。
	顾客需求描绘	基于需求信息、数据整理、运算和分析的结果，对目标顾客人群的心理、行为以及需求发生场景等做出描绘和勾勒。即顾客画像。
	需求模型提炼	在顾客画像的基础上，深入剖析顾客需求价值结构；对顾客若干种（类）需求进行排列、排序，发现顾客的核心需求。
	需求模型验证	对于通过调研、分析得出的顾客需求模型，置于另选的顾客样本或扩大的顾客范围以及新的场景下再做验证。

以上需求分析流程，目的在于辨识、提炼顾客群体或需求发生场景的需求共性。但是，当需求细分到极致，群的需求就会变成个体的需求，即真正的个性化需求，即所谓“一人一市场，一花一世界”。在满足真正个性化需求的商业模式之中，对个体需求的把握不能采用上面的流程，而是需要介入顾客需求链，在与顾客互动、为顾客服务的过程中，帮助顾客决策，直接把顾客需求转变为产品（服务）订单。比如定制家具行业，每个顾客对产品结构、样式、功能、材质等都有不同的要求，任何工厂都不可能准确预测顾客需求，事先准备成千上万的样品供顾客选择。可行的做法是，根据对不同类别顾客以及不同场景需求特征的理解和预判，设计出基本的产品模型（平台）；同时帮助顾客进行产品（模型）选择和个性化的产品设计，确定可以个性化的变量参数（比如体积、长宽、高低、尺寸、收纳空间结构以及在目录范围内的材料、配件等）。这实际上是将顾客需求导向和顾客需求引导（乃至于顾客需求创造）结合起来了（见图 9-1）。

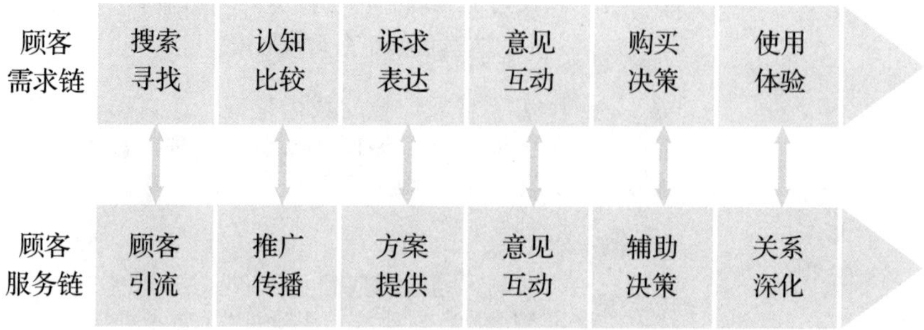

图 9-1　顾客需求链和顾客服务链的互动

互联网时代，供给方介入其中的各种顾客社区、社群，为顾客服务链和顾客需求链的交融创造了条件。以互联网为纽带的社区、社群，使顾客需求链和顾客服务链之间的连接更加宽阔、立体、直接和快捷。

一级流程 7：产品开发

产品是顾客价值的主要载体，产品开发是顾客价值生成的最主要环节。企业战略升级转型的重要内涵就是产品价值的递进、延伸和创新。随着集成产品开发（integrated product development，IPD）和产品生命周期管理——它们既是流程，也是与流程相关的系统软件——在国内的传播和普及，产品开发流程已基本标准化和规范化了，同时也信息化和软件化了。这里，笔者结合这两种方法和技术，提出一个产品开发的逻辑框架（见表 9-2）。

表 9-2　产品开发的三级流程

二级流程	三级流程	要点解释
产品规划	产品企划	根据目标市场定位和目标顾客需求分析，编制产品企划书。产品企划包括产品线企划（描绘产品矩阵及产品地图）和品种企划（对产品价值做出定义）。
	产品开发规划	基于产品企划，对一定时间（如一年或数年）内的产品开发项目进行统筹，安排人员和资金等资源。
产品开发准备	项目立项	在产品开发规划的基础上，编制项目可行性研究或项目建议书，对项目的目的、内容、成果、进度、人员、资源等提出计划和建议。
	项目论证批准	论证项目前景、可行性等，并做出决策。对有较大不确定性的产品开发项目，可进行产品预研。
	项目开发计划	对已批准的开发项目，制定具体的工作计划；事先设定项目目标、时间、进程，对资源使用、人员组合等做出预先安排。

续前表

二级流程	三级流程	要点解释
产品开发过程	产品开发运作	进入产品开发实际操作阶段。主要以跨部门项目开发组的方式运作。
	产品概念测试	提出产品价值组合及核心价值概念；将产品价值定位（概念）交由顾客代表、渠道代表以及内部采购、制造、技术等环节代表评价，预测产品概念的市场接受度和供应链可行性。
	产品模型测试	制作产品模型（实物形态或虚拟形态），在较大范围内进行市场测试、供应链测试以及技术测试，提高产品市场成功概率；提升产品开发与供应链衔接效率和顺畅度。
	产品试制	产品量产前安排试验生产，发现技术、工艺、材料、零部件等方面的不足和问题；通过试制不断完善产品开发方案，使之满足批量生产及连续生产的要求。
	结构化评审	这一环节实际上贯穿产品开发全过程，针对产品概念、产品试制等多个环节，进行决策评审；分析决策预期和实际效果的差距及原因，动态矫正和调整行动方案。
	产品发布	将相关产品开发文件交付给制造（供应链）环节；向制造（供应链）环节提供指导和服务；与制造（供应链）环节共同进行量产准备，提高新产品的标准化程度和可制造性。与营销环节衔接，为市场推广策划及市场策略制定提供相关资料和支持。
产品二次开发	产品迭代	产品生产、销售之后，根据顾客意见和市场反应，改进、迭代产品；改善、提升产品价值，保持及延长产品的生命力。
	产品退出	产品进入衰退期后，确定产品退出时间和退出方式。

产品开发是一个环节较多的复杂流程。下面我们针对该流程以及某些企业的产品开发特点再做一些解释和分析。

第一，有些企业将产品规划（二级流程）及其所属产品企划、产品开发规划（三级流程）归入市场管理或需求管理流程，作为后者的输出。我们借鉴丰田汽车等企业的经验，将产品规划作为产品开发的起点，注重产品企划和产品开发的关联。

第二，表 9-2 所显示的是单方向的流程。实际上，无论在产品开发准备阶段还是产品开发阶段，都存在逆方向的回路。有时是相邻环节的回路，有时可能是跨若干个环节的大回路。例如，某开发项目在论证批准环节被否定了，则有可能回到立项环节（重做项目建议书），也有可能回到开发规划环节（重做开发规划），还有可能回到产品企划环节（重做产品企划书）。当然还有最坏的结果：项目中止，流程结束。再如，产品开发已至模型测试阶段，但测试结果不理想，那么有可能回到最初的产品企划环节（同样可能回到其他相关环节乃至流程结束）。

第三，很多企业的产品开发属于闭门造车。产品企划时，缺少对顾客需求的洞见和对顾客价值的深度思考、大胆假设；产品开发运作时，概念测试和模型测试非常不充分，常常用制造完成的产品到市场上去试错，不仅代价巨大，而且贻误市场机会。有些企业整个产品开发过程都鲜见顾客参与。小米手机之所以快速崛起，很重要的原因在于：产品开发及迭代时，顾客融入流程，介入其中，发表意见，提出设想乃至解决方法。互联网时代，价值链开放是价值创造和生成的重要途径，也是产品开发流程设计的基本原则。

第四，为提高产品开发的速度和效率，可以采取产品族（平台）策略和模块化策略。前者是指在产品（类 / 族）基础架构（平台）之上，通过个性化部品 / 部件模块的组合，形成多种产品。后者是指将产品系统分解为相互兼容但又半自律（相对独立）的子系统。[①]

产品开发中的技术开发

按照集成产品开发理念，技术开发是产品开发的关键乃至核心。这里的技术是指能够在产品上应用的技术，而技术开发的目的是支持产品开发。

在产品开发流程设计上，技术开发与产品开发是平行运行的。在时间和节奏上协同协调，在资源计划上统一运筹，在某些环节和阶段相互嵌合（见图 9-2）。这样可以提升高技术含量产品的开发效率，有利于技术模块的积累和演进。

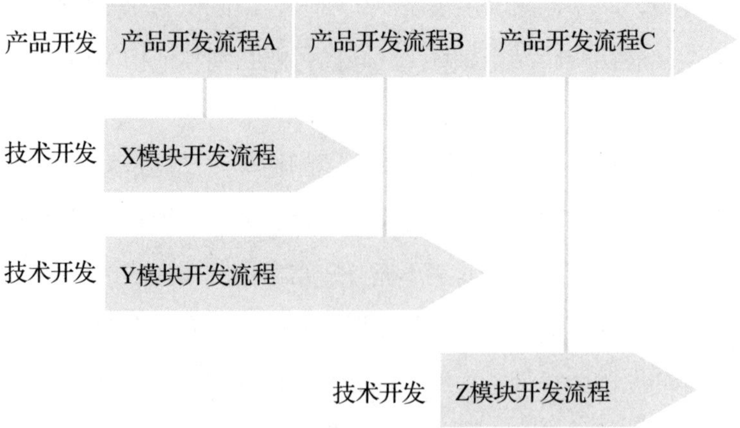

图 9-2　产品开发和技术开发并行流程的衔接

图 9-2 中，假设产品开发分为 A，B，C 三个子流程，技术开发

① 青木昌彦，安藤晴彦. 模块时代：新产业结构的本质. 上海：上海远东出版社，2003.

分成三个模块（代表三种不同的平台技术）的开发。X，Y，Z 三个技术模块平行开发。技术模块具有平台属性，是同类产品不同品种所共同需要的。比如空调产品中的变频技术、电控技术等，手机产品中的摄像头技术、存储芯片技术等。在产品开发的同时，几个技术模块的开发同步或异步进行——起始时间由产品开发进程而定。在产品开发的不同阶段，不同的技术模块分别嵌入产品。如果某项核心技术模块开发时间较长，也有可能产品开发的时间长度和节奏由前者限定。也就是说，两类流程的主河流，可以是产品，也可以是技术——这是我依据一些企业的研发实践得出的结论。

前沿性的、基础性的、有很大不确定性的、与现有产品无直接关系的技术，其开发流程将在后面介绍。

10

第10章

从生产到交付：一级流程8

一级流程8：集成供应链

集成供应链（integrated supply chain，ISC）是产品开发之后实物形态的生成和交付的全过程。它整合企业内外部价值链（上游供应链和下游渠道、物流链），使产品价值真正得以体现。从上游往下游看，集成供应链是价值转移、转换（原材料、零部件等支流汇入干流，融合成为新的河水）的过程；从下游往上游看，则是点点滴滴的顾客需求汇聚成拉力，拉动上游水流进入顾客价值链的过程。

供应链之所以冠以"集成"，是为了强调供应链的整体性和一体化。集成体现在供应链的构建、运行管理的多个方面：

第一，整合供应商，和重点供应商形成重复博弈的战略伙伴关系。

第二，提高外部供应材料、部品部件等的集成度和模块化程度，提高本企业生产制造效率和品质水平。

第三，实现柔性敏捷供应，外部供应链和内部生产链在流程上无缝对接，在时间、空间上精准配合。

第四，整合分销、物流、配送等环节，使流通结构扁平化，将产品快速、安全交付给顾客。

第五，构建全供应链（包括外部价值链）共用、共享的信息系统和数据流平台，为供应链集成（一体化）提供依托和支持。

第六，以顾客需求和顾客订单为龙头，牵引供应链及时、快速、准确地回应，提供高品质产品，使供应链真正成为“端对端”的闭环。

作为一项流程，集成供应链的内部结构如表 10-1 所示。

表 10-1　集成供应链的三级流程

<table>
<tr><th>二级流程</th><th>三级流程</th><th>要点解释</th></tr>
<tr><td rowspan="4">供应链管理</td><td>供应链模式选择</td><td>确定供应链整体功能和结构，如批量生产分销、规模化定制、个性化定制等。</td></tr>
<tr><td>供应商评估开发</td><td>确定供应商标准；根据标准对候选供应商进行评估；按规范程序（如招标投标）开发选择供应商，制定供应商目录。</td></tr>
<tr><td>采购运行</td><td rowspan="2">这是两个并行的流程。供应商名单确定后，即开始采购运行，包括制定采购计划、签订合同、付款等环节。同时向供应商提供辅导、支持和服务，发现问题则要求整改。</td></tr>
<tr><td>供应商服务</td></tr>
<tr><td rowspan="4">产品生产</td><td>需求订单</td><td rowspan="2">根据下游（前端）汇集及传递过来的订单，制定生产计划，组织安排生产；对供应商的物流协同提出要求。</td></tr>
<tr><td>生产计划和组织</td></tr>
<tr><td>生产过程</td><td rowspan="2">这又是两个并行的流程。生产计划以及生产组织方案、生产工艺方案等制定后，即开始生产过程，源源不断地产出合格产品。而内外部供应链与生产系统在品种、时间、位置等方面精准衔接。</td></tr>
<tr><td>生产物流</td></tr>
<tr><td rowspan="2">物流配送</td><td>产品物流</td><td>将生产出来的商品，根据订单运输配送至代理商 / 经销商 / 分货商等处。</td></tr>
<tr><td>产品交付</td><td>根据顾客需要以及产品特征，提供到门配送以及安装、调试服务。</td></tr>
</table>

表 10-1 中有三处需做进一步说明：

第一，需求订单是渠道及销售管理流程的组成部分，同时也是集成供应链流程中产品生产环节的开始。这意味着集成供应链和渠道价值链存在交集。同样，产品交付也可归入渠道价值链以及顾客服务流程之中，它是几个流程的交集（见图 10-1）。

图 10-1　集成供应链和渠道价值链

通常情况下，（1）+（2）+（5）+（6）+（7）+（8）为集成供应链，（3）+（4）+（5）+（6）+（8）为渠道价值链。

第二，供应链管理中的供应商服务将贯穿产品生产、物流配送全过程。外部供应链的问题往往在生产过程和物流交付过程中才能发现；因此，供应商服务（包括整改管理）与产品生产、物流配送改进是交织在一起的。

第三，与集成供应链相关的还有两个重要流程。一是产能建设流程，它和集成供应链流程是并行的；二是安全环保流程，它是嵌入在集成供应链流程之中的。

生产模式的转变

在整个集成供应链中，产品生产无疑是最重要的环节。外部供应是为生产服务的，物流配送则是生产的延伸。自工业革命以来，现代生产模式（或生产方式）一直在变化，背后的动因是顾客需求和功用。曾有学者描绘了主要竞争因素与生产方式、管理模式之间的关系（见图 10-2）。①

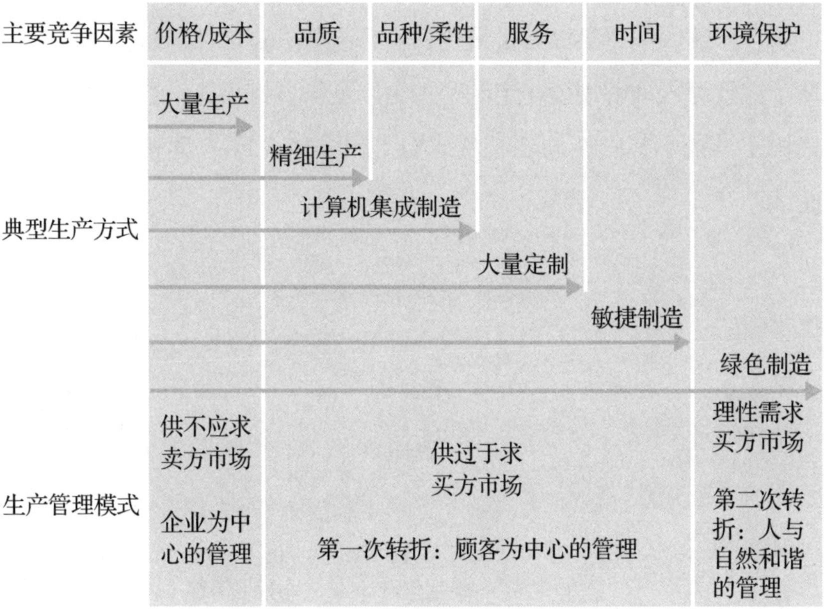

图 10-2　生产模式和管理模式的转折

现在到了人工智能和工业 4.0 时代，图 10-2 中的某些概念必然有所变化。从我国企业的实际情况看，很多企业尚未迈进精细生产阶段，仍处在计划驱动的大量生产状态；一旦遭遇市场寒潮，只能低价推销。极少数优秀企业开始尝试有一些物联网、智能制造和数据驱动属性的个性化定制模式。

① 陈荣秋，周水银. 生产运作管理的理论与实践. 北京：中国人民大学出版社，2002：71.

规模化定制

目前，具有代表性的生产模式是规模化定制：按顾客需求订单组织生产，品种较多，且有一定的数量规模；品种切换速度不太快也不太慢（各个行业经验标准不同）。这种模式适用于汽车、手机、家电、家居、服装、消费品以及批量化材料、装备、零部件等众多领域。为便于读者深入理解规模化定制这种生产及供应链模式，下面用生产模式树工具揭示其内部的要素及结构（见图 10-3）。[①] 读者请从下往上阅读。

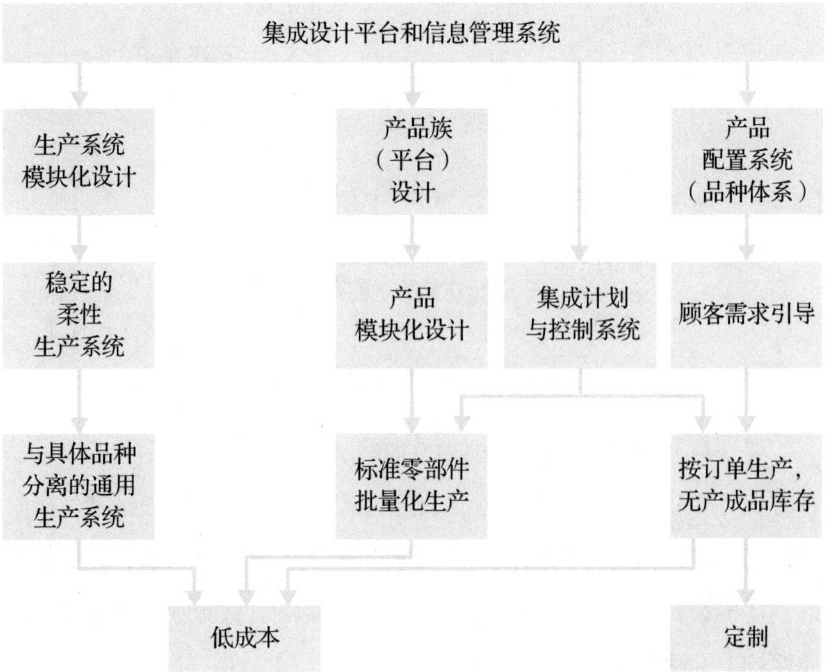

图 10-3　规模化定制生产模式树

① 唐中君. 个性化需求预测. 北京：经济管理出版社，2011：15-17.

有些读者可能不太熟悉图 10-3 中的相关术语，感兴趣的话可以上网查一查，这里不再赘述。

个性化定制

个性化定制生产模式和图 10-3 的基本结构相同，部分方框中的内容有所变化（见图 10-4）。这是笔者依据图 10-3，结合酷特、尚品宅配等企业的实践改写的。

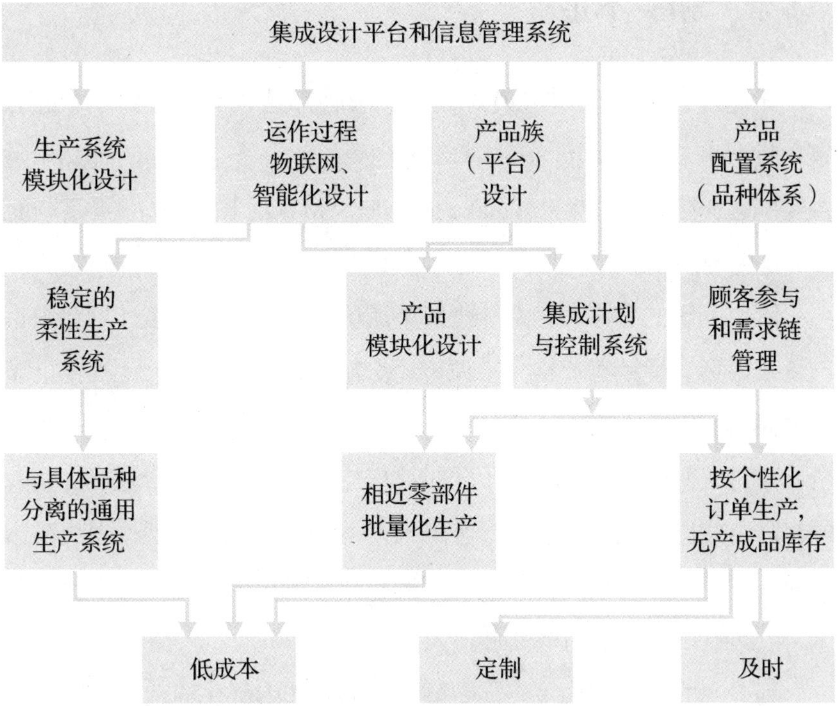

图 10-4　个性化定制生产模式树

个性化定制模式下，个性化订单意味着一个顾客的单位产品（如一件衣服、一部手机等）一个订单，每个订单都存在不同程度的差异。这一生产模式不同于规模化定制的主要特征在于：在产品平台化、模块化（即产品族设计）的基础上，开放运作流程，让顾客参与产品设计等价值创造活动；通过与顾客互动，介入顾客需求链，帮助顾客形成确切、清晰的需求订单（详见第9章）。为保证生产过程价值流的顺畅运行，需用物流网技术将生产过程所有物料、设备、生产线等连接起来；通过数据流和智能化技术，实现各环节、各要素无缝对接、精准咬合和动态协同。

“多余”和“不足”

无论什么样的供应链模式，基本矛盾都是“多余”和“不足”。在备货型生产（make to stock，MTS）模式下，“多余”（库存过大）是主要问题；在订单型生产（make to order，MTO）模式下，“不足”（断货）是主要问题。

解决问题的思路，一是加强对渠道价值链的控制，按计划组织生产，按目标实现销售。格力空调市场份额一路上升，在一定程度上靠的就是这种“大量生产－压货－动销”机制。二是缩短顾客订单和企业交付之间的时滞，趋向于即时反应。供需之间的时滞越短，获取顾客需求的能力也就越强，顾客需求得不到满足的情形就越少。在这种模式下，产品架构、外部供应架构和内部流程架构需相互嵌合和协调。[1] 其中，产品架构是核心。

制造商的产品架构策略需要解决外部化和内部化的选择和平衡问题。简单说，产品的材料、部件是外部采购还是自己制造？两者的比

① 马玉波. RBTO模式下产品、流程与供应链设计决策协调研究 // 陈荣秋，胡蓓. 即时顾客化定制. 北京：科学出版社，2008：111.

例如何？不同行业、不同技术能力、不同成长周期、不同商业模式、不同规模的企业，做出的选择可能有所差异。以服务行业为例，韩都衣舍以分布式组织方式（众多小组）直接和顾客对接，其价值流较短（主要是网络营销和产品设计），商业模式本质上是顾客的购物顾问。在供应链安排上，它相应地以外部化（向加工工厂采购产品）为主。而 ZARA 为了实现新品快速上市，将面料印染环节内部化。因为纯粹从外部采购，既不能满足时间要求（面料厂家供货时存在时滞），又不能满足独特花色要求。目前，有些服装企业采用半内部化（半外部化）模式：由外部面料厂家生产和提供专用面料，既解决了独特花色问题，又能通过集成供应链管理减少面料供给时滞。

第 11 章

11 多重空间内的顾客连接：一级流程 9

一级流程 9：顾客连接

产品生产出来之后，需要借助连接供需双方的桥梁将其传递给顾客。这里的传递，不仅是简单的物的传递，而且是信息的传递、利益的传递和情感的传递。概言之，是价值的传递。只有顾客获得并使用了产品，产品价值才能真正实现。

一般来说，顾客（需求侧）和企业（供给侧）之间应该有两座桥梁（中介）：一是顾客关系和沟通之桥，也可以称作传播链，站在顾客角度就是认知之桥；二是渠道之桥，也可以称作交易（流通）链，站在顾客角度就是购买之桥。传统的营销 4P 理论中，产品（product）和价格（price）代表价值，而地点（place）和推广（promotion）则意味着两座桥梁。

互联网时代，情况发生了变化：在很多情况下，沟通之链和交易之链发生了整合。也就是说，媒体成了通路，通路成了媒体：互联网网站和手机微信、APP 等既是与顾客互动、沟通的途径，也是顾客购买的场所。同样，零售终端也是两座桥梁的交集。由此也形成了新的营销法则：认知、交易、关系一体化。更为困难的是，以往连接桥梁只需要在物理空间里搭建，现在则同时需在三个空间里搭建。除了物理空间，还有线上网络空间和既在线上又在线下的社群空间。顾客流量分布在这三个空间，因此媒体是全域（全场景）的，渠道则是立体的。这就使得顾客连接流程并联较多、结构复杂（见表 11-1）。

表 11-1　连接顾客的并联流程

二级流程	品牌认知	渠道价值链	线上线下网络		顾客关系	
三级流程	品牌定位	渠道模式	电子商务规划	零售终端规划	社群模式	营销活动策划
	品牌传播	渠道评估开发	引流安排	零售终端建设	社群运作	营销活动实施
	品牌评估	渠道管理	线上交易服务	终端顾客体验	顾客服务	营销活动评估
	品牌更新	需求订单				

表 11-1 中的二级流程品牌认知、渠道价值链、线上线下网络、顾客关系在理论上或许有一定的递进关系，但在实践中往往并不存在时间上的先后。因此，我们将其视作并联流程。线上线下网络流程中，线上网络部分和线下网络部分同样是并联。顾客关系流程中的社群部分和营销活动部分也是如此。

在企业营销实践中，三级流程中的部分模块常常是组合运行的，叠加和交织在一起。比如“社群运作”+“终端顾客体验”+“营销活动实施”，“线上交易服务”+“零售终端规划”+“社群模式”，等等。在全域媒体和立体渠道背景下，营销活动需要统一协调，解决各流程之间因目标不同、导向不同而出现的矛盾和冲突。例如，品牌类的流程目标指向品牌增值，营销活动策划、实施、评估等流程往往以促销为目的，而促销往往与品牌价值相背离。再如，电子商务规划和零售终端规划两个流程很可能因各自追求绩效最大化而导致线上线下渠道冲突。

品牌之桥和渠道之桥

品牌认知和渠道价值链这两个流程（见表 11-2 和表 11-3）是企业营销及销售管理活动中重要的组成部分。对大多数企业来说，不管出现怎样的营销创新，这两个支柱都是不能动摇的。

表 11-2 品牌认知的三级流程

二级流程	三级流程	要点解释
品牌认知	品牌定位	设计品牌形象，确定品牌属性（核心概念）、价值、个性（风格），以及品牌主张等。
	品牌传播	制定品牌传播策略，确定传播途径和媒体组合；进行传播操作，管理传播过程。
	品牌评估	对品牌塑造和传播效果等做出评价，监测品牌知名度、品牌美誉度、流行性要素等指标。
	品牌更新	为解决品牌老化问题，在品牌测度的基础上更新品牌要素和策略，既传承又创新。

表 11-3 渠道价值链的三级流程

二级流程	三级流程	要点解释
渠道价值链	渠道模式	对线上线下渠道结构进行统一安排；设计从分销到零售的流通价值链。
	渠道评估开发	收集线上线下渠道资源；对目标顾客（经销商 / 代理商等）进行多维度评价；确定选择目标并与之建立合作关系。

续前表

二级流程	三级流程	要点解释
渠道价值链	渠道管理	合作关系建立后，服务、管理渠道伙伴，主要方式和手段有目标政策、管理输出、信息共享、合约优化、客情深化、风险控制等。
	需求订单	协助各级各类渠道汇集需求信息，按时间约定向企业提交需求订单。本二级流程与集成供应链二级流程产品生产有交集。

线上、线下、社群三个空间的顾客引流和顾客体验设计

线上线下网络和顾客关系这两个流程（见表 11-4 和表 11-5）是以顾客为中心，涉及顾客体验，深化顾客关系，挖掘顾客流量的整体运作框架。

表 11-4　线上线下网络的三级流程

二级流程	三级流程	要点解释	三级流程	要点解释
线上线下网络	电子商务规划	确定线上销售模式（自营 / 与平台合作等）；选择平台伙伴和线上业态，布局线上网点。	零售终端规划	根据区域市场商圈、商业形态及零售渠道状况，对零售终端做出布局，确定零售终端组合和结构。
	引流安排	根据顾客流量分布、引流成本等因素，制定线上线下统合的引流方案并据此操作。	零售终端建设	根据零售终端的市场定位，确定并实施终端建设方案。
	线上交易服务	设计、安排顾客交易流程，监控物流配送。	终端顾客体验	设计顾客体验场景和要素；为顾客提供导购和设计服务；举办多类现场营销活动，保持终端温度。

表 11-5　顾客关系的三级流程

二级流程	三级流程	要点解释	三级流程	要点解释
顾客关系	社群模式	确定社群形态和连接机制；确定社群引流方式和入口；建立顾客档案和会员制。	营销活动策划	开展主动营销活动；策划、准备多种主题的营销活动；丰富创意，关注销售和品牌双重目的。
	社群运作	为提高社群黏度，在社群内设计话题持续和顾客互动，举办社群活动。	营销活动实施	组织活动实施，控制运作过程，防范运作风险，提高执行效率和活动有效性。
	顾客服务	持续为顾客服务；完善服务流程和操作规范；构建售前、售中、售后服务体系；及时、高效、高质量地解决顾客抱怨问题。	营销活动评估	活动结束后，对活动效果以及实施过程进行评价；发现问题，提出改进意见，总结经验，吸取教训，培养活动策划和组织能力。

价值流流程小结

从需求分析流程到顾客连接流程，一个典型的制造型、品牌型、长价值链型企业的主价值流描绘完成。这是一条敏捷反应之流、快速变化之流、循环上升之流、价值增值之流……我们对这四个一级流程中的二级流程以及三级流程进行整合、简化，凸显业务运作的主要环节，得出下面的“端对端”闭环（见图 11-1）。

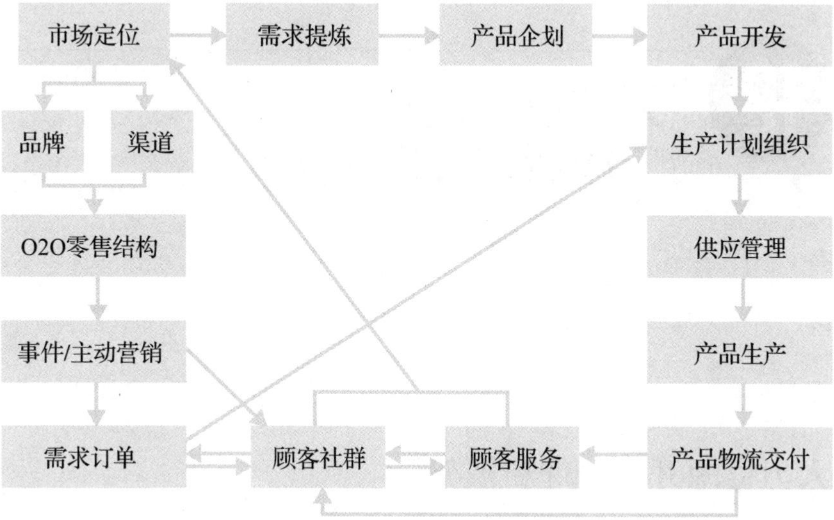
市场定位
需求提炼
产品企划
产品开发
品牌
渠道
生产计划组织
O2O零售结构
供应管理
事件/主动营销
产品生产
需求订单
顾客社群
顾客服务
产品物流交付

图 11-1 “端对端”价值流

12 第12章 人才供应链：一级流程10～13

人力资源开发管理新框架

人力资源是企业经营和发展最核心的要素。多年以前，华为就提出“要让人力资本增值大于财务资本增值”。我国许多企业尤其是民营企业，人力资源支撑不足，管理基础薄弱，严重制约了企业的转型升级。因此，打造人力资源供应链，有效开发、积累、增值人力资本，是这些企业的头等大事和首要任务。

传统的人力资源供应链常常被概括为“选、育、用、留”，内部主要模块架构如图12-1所示。

“选、育、用、留”简明易懂，具有内在的逻辑关系，与人们的经验相一致，广为流行。但这个模型有一个明显缺陷，就是缺少人力资源需求分析和长期规划环节，不能体现战略性人力资源开发管理的高度和全局性，也不能体现市场导向原则。从我国企业人力资源管理的实际情况看，历史悠久、管理规范、人才济济的大型国有企业，重心在于能力开发和考核激励；对大部分凭借机会成长、体系能力不足、技术含量较低的民营企业来说，人力资源的引进、任用（配置）是当下的战略性重点。鉴于此，我们提出新的人力资源开发、管理

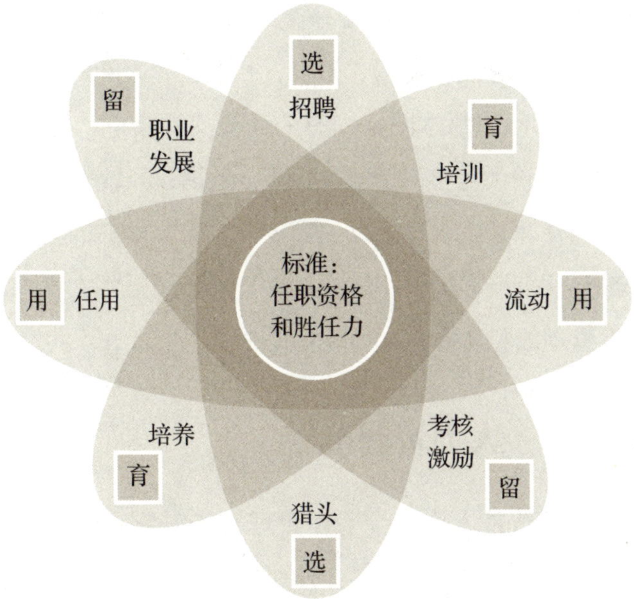

图 12-1　人力资源“选、育、用、留”模块架构

模块架构（见图 12-2），它充分体现了战略导向、需求导向和价值创造导向。

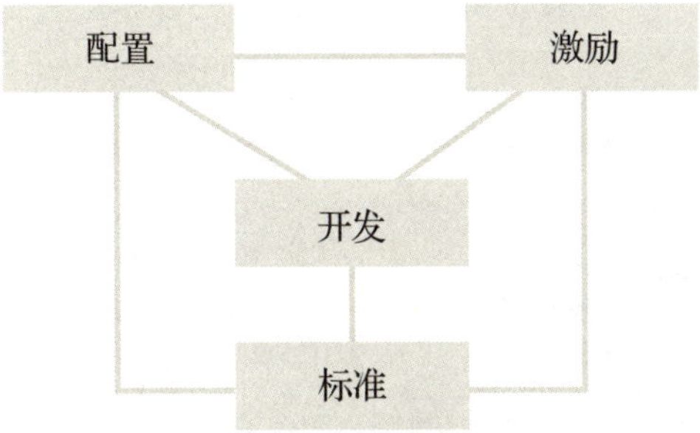

图 12-2　人力资源开发、管理体系的四模块

图中，标准是前提和基础。从标准出发，可以形成若干条人力资源开发、管理运行闭环（标准→配置→激励→开发；标准→配置→开发→激励；标准→开发→配置→激励；标准→开发→激励→配置；

标准→激励→开发→配置；标准→激励→配置→开发），它们都具有逻辑和实践的双重意义。配置、激励、开发三者之间的互动，构成了人力资源体系运行的基本图景。有的读者或许会问：怎么没有评价（考核）模块？评价（考核）包含在配置、激励、开发之中。

鉴于人力资源开发管理活动的重要性，以及本书的读者特点，我们对这一部分几个流程的说明较为详细。读者可以将本章内容视作人力资源开发管理的整体方案和行动指南。

一级流程 10：人力资源配置

人力资源配置是人力资源开发管理首先需要完成的任务。它把“选、育、用、留”中的“选”和“用”结合起来，使人才需求和人才供给相互衔接。配置的主要内容是人才的引进和选用。人们常说选对人比培养人更重要，这从一个侧面说明了配置的重要意义。本流程的内部结构如表 12-1 所示。

表 12-1　人力资源配置的三级流程

二级流程	三级流程	要点解释
人才标准	职位族群	依据职位职责内容的相似性、相关性，对职位进行归类。结合企业内部复杂性和分工粒度，职位可分为三级或四级结构：职位大类；职位大类以下分为职位族群；职位族群以下分为职位序列；再往下分为职位角色。
	任职资格	根据业务发展需要以及职位职责定位，对人才外在、显性能力标准做出定义和描绘。主要包括知识、技能、经验 / 关键经历等。知识一般包含专业知识、公司知识以及行业知识等。技能一般包含专业技能、管理技能等。经验一般包含专业经验、管理经验、行业经验等。任职资格标准制定的细分程度通常为职位序列，即同一类职位形成一套任职资格标准。它根据企业和业务的变化而动态调整。

续前表

二级流程	三级流程	要点解释
人才标准	素质模型	根据业务发展需要以及职位职责定位，对人才内在、隐性及底层能力的标准做出定义和描绘。主要包含价值观、动机、角色定位等。这些能力不易觉察和评价，比如顾客导向能力、创新能力等。素质模型的构建方法有多种，有简易方法，也有复杂方法。前者在别人的基础上再加工，可以称为快速建模；后者根据企业的战略需要和职位要求总结提炼。一般来说，素质模型分为领导力素质模型、基于职位序列的专业素质模型以及全员核心能力素质模型。
人才规划	人才盘点	按照事先设计的方法和步骤，对内部人才存量进行梳理、清点和分析。一是宏观层面的组织能力盘点，即人才的结构、数量、质量整体情况分析和归纳；二是微观层面的个体能力盘点，即人才个体层面的绩效、能力、潜力和价值观方面的评价和归类。通常情况下，一年小盘点，两三年大盘点。
	人才需求分析	从企业战略和业务发展规划出发，结合人才存量的盘点情况，对未来所需人才增量进行分析，得出企业未来人才缺口，即各类人才数量、结构、能力等方面的差距等。这项工作一般与人才盘点同时进行。
	人才规划与计划	在对人才存量和需求进行分析的基础上，结合战略及业务发展规划，对未来 3 ～ 5 年的人才供给做出规划安排，以及对下一年的人才供给做出计划统筹。分析外部人才市场的变化以及行业人才地图，制定人才策略和关键行动举措，并分解成具体工作计划，落实到部门、职位和人员。
人才引进	普通员工招聘	依据人才需求计划和用人节奏，开展人才招聘工作。普通员工招聘分为社会招聘和校园招聘。招聘工作有三项主要任务：一是招聘平台搭建；二是招聘渠道建设和维护；三是招聘能力提升。招聘时需使用专业工具和方法，努力提高人才评价的准确性。
	高级人才获取	根据业务发展需要和人才需求规划，开展高级人才引进工作。这是企业的一项战略性任务，不单单是人力资源管理部门的工作，还是公司高管甚至一把手的事。这件工作需要有前瞻性，做到未雨绸缪。高级人才引进和招聘周期比较长，需要多次、多回合、深入地沟通交流，才有可能找到双方的契合点。需要深入、准确了解拟引进对象的职业背景和过往业绩。

续前表

二级流程	三级流程	要点解释
人才任用	人岗匹配	按照职位的任职资格和素质模型，对任职人员的责任贡献、绩效、能力、价值观、行为、潜力等进行综合评价。既是对人才盘点结果的一次深入应用，也是人员任用的前期准备。企业可结合人岗匹配结果，启动人员调整工作。原则上一年安排一次，处于快速发展期的企业也可半年安排一次。
	人才评鉴	根据用人需要，对人才开展全面的评价。在人才招聘、人员盘点、人岗匹配、人员竞聘等环节，均需使用人才评鉴这一管理手段。人才评鉴方法比较复杂，是一整套对人才各项能力评价方法的组合，包括心理测评、公文筐处理、无领导小组讨论、真实工作场景模拟等。开展这项工作，需要整套的工具和训练有素的测评师队伍。
	非管理人员晋升	根据用人需要，结合员工能力提升状况及职业发展的诉求，企业定期开展非管理人员职位晋升工作。如果企业设有专业和技术人员发展通道，则按任职资格管理程序运作。
	干部任用	详见“一级流程 13：干部管理”。
	后备梯队人才计划	从企业长远发展角度，建立合理的人才梯队。每个重要职位均储备后备人员。按照一定标准挑选后备人才形成人才池，并对他们进行训练和培养。人才池包括后备干部池和储备专业技术人才池。
人才流动	内部流动	为激发内部活力，安排内部人才横向流动。一是强制性流动，对某些敏感性职位任职者和重要业务部门一把手以及关键人才，安排必要的职位轮换。二是自愿流动，通过内部人才招聘和竞聘等，让愿意流动的人才在企业内部流动起来。企业建立相关的规章制度来鼓励和保障内部人才流动。
	关键职位替补	为保障关键职位人才的及时补充，根据职责的相似性，考虑人才培养和职业发展，形成关键职位人才横向、纵向替补路线。
	员工退出	根据企业发展现状和要求，安排员工合理退出，保证企业的新陈代谢。退出分三种情况：一是员工自愿离职；二是合理淘汰；三是退休员工退出。

我国许多企业尤其是中小民营企业普遍感到人才不足，现有人才不能满足企业未来发展的要求。解决这一矛盾，首先要在思想上重视人才的引进和使用，将其作为最重要的战略任务，舍得投入资源。其次要确定人才生成的途径。如果以内生培养为主，则多招大学生；如果以成熟人才移植为主，则以社会招聘及猎头为主。从我国领先企业的最佳实践看，内生培养可能是一条合适的路径。最后要提升招聘、引进工作的策略含量、智慧含量和专业含量，比较、鉴别人才来源，优化招聘、引进、任用流程，尽可能准确评价人才素质，提高人力资源配置工作的效能。

一级流程 11：人力资源激励

评价和激励是人力资源开发管理的核心环节。“目标 – 评价 – 激励”的循环是组织管理的基本内容，也是组织动能生生不息的内在机制。在所有人力资源开发管理活动中，评价和激励最具挑战性，也最具技术含量。人力资源激励流程如表 12-2 所示。

表 12-2　人力资源激励的三级流程

二级流程	三级流程	要点解释
考核机制	绩效计划	被考核者和考核者双方通过自上而下、自下而上的沟通，就被考核者期望实现的绩效目标达成共识。考核指标可分为关键业绩指标、关键任务、加减分项（针对偶发事件）等类型。
	考核程序	考核程序主要涉及以下几个方面：一是考核对象，即什么人接受考核；二是考核内容，除了考核指标，是否需要增加考核项；三是考核周期，是月度、季度、半年还是年度；四是考核关系，即谁来考核，主要有上下垂直考核（包含矩阵考核）和周边评价两种方式；五是考核过程中的辅导以及考核后的反馈。

续前表

二级流程	三级流程	要点解释
考核机制	绩效辅导与评价	绩效计划执行过程中，考核者向被考核者提供辅导和帮助，必要时调整实现目标的路径、方法，解决相关问题，确保绩效目标达成。考核周期结束时，考核者对被考核者的目标完成情况进行评价，双方确认考核结果。考核者和被考核者再度沟通，新的考核循环开始。
	考核结果运用	考核结果主要运用在以下几个方面：一是最直接的奖金发放；二是员工提拔、调级或淘汰的依据；三是调薪；四是作为员工接受培训、获得成长的重要输入和参照。
激励机制	职位价值评估	衡量职位在组织中的相对价值或地位。它是薪酬制度建立的基础和前提。职位价值评估的方法主要有：要素计点法，如合益集团（HayGroup）的海氏评估法、韬睿惠悦的全球职位评估系统（GGS）、美世的国际职位评估法（IPE）等；排序法；配对比较法。
	外部薪酬对标	企业调研同行业同类典型职位的薪酬状况。企业结合自身的战略意图、业务特点等情况制定薪酬策略，确定薪酬水平在行业中的定位。外部薪酬对标主要解决薪酬外部公平性问题和薪酬吸引力问题。
	激励制度制定	薪酬制度主要包括薪酬策略、薪酬模式、薪酬结构等内容。薪酬制度重点解决三大问题：一是薪酬内外公平性问题；二是价值分配导向问题；三是薪酬成本控制问题。
薪酬运行	薪酬预算	薪酬预算是薪酬成本控制的重要环节，确保企业在未来一段时间内的薪酬支付得到一定程度的保证和控制。薪酬总额预算需要综合考虑企业的财务状况、薪酬结构及所处市场环境因素的影响，确保企业的薪酬成本不超出承受能力。
	薪酬发放	依据企业薪酬制度体系，结合考勤、考核等环节定期进行薪酬结算并完成发放，它是人力资源体系运行中最基础的环节。对于集团型企业，一般采用总部建立共享服务中心（SSC）的方式集约、高效处理。

续前表

二级流程	三级流程	要点解释
薪酬运行	薪酬调整	包括企业整体调薪和员工个体调薪。前者是指当企业内外部环境发生较大变化，如企业升级转型、新业务出现等时，主动或被动地进行薪酬政策、制度的调整；后者是指因员工个体晋升或降级、职位变动等情况导致薪酬变动。
长期激励	中长期激励	根据企业性质、成长阶段以及战略意图，针对不同员工形成多种长期激励机制。主要方式有原始股票、股票期权、合伙人计划、项目跟投等。
	员工职业发展	依据企业职位序列和员工发展诉求，结合员工成长规律和路径，设计员工职业发展通道，为员工提供发展机会和平台。一般来说，企业员工职业发展通道分为三种类型：管理通道、专业技术通道和作业技师通道。
文化激励	员工参与	广开言路，集思广益，让员工参与企业决策，有利于提升员工的自我认同、价值感和对企业的归属感，也有利于企业决策贴近实际，兼顾利益相关者的利益。同时，员工参与也是知识型管理的应有之义。员工参与的方式有企业决策研讨会、合理化建议、总经理对话、经理人开放日等。
	团队氛围	氛围是指员工对工作环境的感受。企业要倡导和营造阳光、公正、积极、透明、信任的企业文化氛围，提高员工的敬业度和满意度。具体做法有敬业度调查、满意度调查等。
	员工心理关怀	员工心理关怀又叫企业员工援助计划（EAP），通过专业人员对员工或其家庭成员提供专业指导、培训和咨询，旨在帮助员工及其家庭成员解决各种心理和行为问题，激发生命潜能，疏解工作压力，提升工作效能以及和谐劳动关系。企业可以请外部专业咨询机构或顾问定期在企业开展服务，也可安排资历老、经验丰富的老员工提供帮助。服务方式包括一对一辅导、团体辅导、专题讲座等。
	员工困难救助	企业每年提取一部分资金归集到专项资金池，帮助有困难的员工和家庭渡过难关。在员工遭遇重大疾病、重大事故，以及家庭重大灾难时，予以救助。

目前，大多数企业都已实施绩效考核，只不过范围、深度以及作用的强度、力度不同（华为、美的都是考核力度较大的企业）。根据部分企业在考核过程中出现的问题，这里提几条建议：

第一，企业需要坚持业绩导向、业绩面前人人平等的理性原则，倡导“打粮食”的价值创造文化，利益和机会依据客观、公正的评价向价值创造者倾斜。

第二，重视考核，但不以考核替代管理。不能出现什么问题和矛盾，都试图用考核的方法去解决。

第三，在业绩指标和能力指标、短期指标和长期指标、数量指标和行为（任务）指标之间保持平衡，避免员工及组织行为出现偏差。

第四，重视结果但不忽略过程，注重管理循环（PDCA）过程中考核者对被考核者的辅导和赋能。

第五，不能把考核单纯理解为上对下的压力型管理关系和权力型机制，需倡导自主型目标、承诺型管理，充分激发每一个员工、每一个组织单元的责任意识和内在动力。

第六，考核制度的特征与企业文化的定位相一致，两者之间不发生导向上的冲突。考核制度体现企业文化，受企业文化制约，同时又在塑造企业文化。

在激励机制上也有几点建议：

第一，打破低绩效、低能力、低报酬的低水平经营循环，改变低附加值、高消耗、非环境友好的经营模式，提高员工的整体薪酬水平。

第二，合理安排内部横向的收入差距，增强企业组织的张力，保持组织内部一定程度的竞争性。

第三，设计局部利益与整体利益相一致的激励机制，做到“利出一孔”。避免激励机制设计不当导致的利益多元化和“搭便车”现象。

第四，运用大数据和人工智能技术，细化投入产出核算的粒度，提高分配的透明度，尽可能使员工能事先了解自己应得的报酬。

第五，确定员工静态收入与动态收入、短期收入与长期收入的比例，满足员工的不同动机和期待，使员工具有和企业战略相一致的长期行为。

第六，将机会激励、学习激励、文化激励（参与激励）和利益激励结合起来，提高综合激励水平和员工满意度。

一级流程 12：人力资源开发

人力资源开发是企业长期战略性行为，是打造人才供应链最重要的措施之一，是人力资源增值的主要手段。人力资源开发流程（见表 12-3）与其说是流程，不如说是一份行动指南。

表 12-3　人力资源开发的三级流程

二级流程	三级流程	要点解释
人才开发计划	人才开发需求分析	从企业业务发展所需要的能力出发，考虑员工能力提升需求，开展人才开发需求分析，目的是找到组织能力缺口和员工个体能力短板。方法有高管访谈、中层干部代表面谈和中基层员工问卷调查、能力评测等。
	人才开发方案	在人才开发需求分析报告和人才盘点报告的基础上，结合企业未来发展需要，制定有针对性的人才开发方案。主要内容包括现状和能力分析，未来一段时间（比如 3 ～ 5 年）的人才开发主题、基本任务和原则，各类别、各层次人才能力提升方向、思路和举措，以及短期内的工作计划等。

续前表

二级流程	三级流程	要点解释
人才开发基础设施	人才开发平台	人才开发平台的主要载体为企业大学或培训学院、培训中心等。平台需要构建四大体系：课程体系、师资体系、评估体系和实施体系。内生式的人才策略重视内部培养，必然对这一平台加大投入，使其设施越来越完善，体系越来越健全。
	培训课程体系	根据企业人才开发方案和员工职务图谱（分类分层结构），形成结构化、有针对性的培训课程体系。课程体系主要包括领导力课程、专业课程、通用类课程、新员工课程等。课程来源于原创、外购、二次开发等途径。
	讲师队伍管理	对内部讲师和外部讲师进行有效管理，主要环节和内容包括讲师申报、选拔、资格认证、能力分级评价、激励机制设计、课后反馈评价、培训和能力发展、后备队伍建设等。
	评估体系	为保证人才开发效果以及提升平台能力，需要分别建立课程、讲师、学员学习效果的评估体系。通过合理、客观的评估，对课程、讲师、学员分出等级，比如金牌课程、首席讲师、优秀学员等，分别制定不同的奖励机制。同时，通过评估数据，可以对人才开发的效果开展横向比较，也可以对不同时期的效果进行纵向比较，以掌握人才开发目标的达成情况。
	实施体系	各类人才开发活动的组织实施需要有规范、系统的操作程序和指引。实施体系主要包括人才开发活动的流程和标准。流程主要以人才开发活动实施顺序来设计，如培训教材编写、讲师选择、培训通知下发、培训场地和设备准备、培训学员考勤、培训效果评估、培训后总结等。标准主要是费用标准、场所标准、设备标准、服务标准、教学秩序标准等。国际标准化组织也颁布了通用的人力资源培训专业化标准 ISO 10015，企业可以参照。
人才开发运行	培训交付	根据人才开发计划以及平台相关规定和指引，成功、顺利组织实施并落实培训活动。常规的培训交付是包括培训方案、培训实施、培训后效果评估、反馈报告等环节的闭环。

续前表

二级流程	三级流程	要点解释
人才开发运行	培养交付	根据人才开发计划，形成有针对性的专项人才培养方案，分步骤实施人才培养活动。培养方案的实施周期与培训相比，往往持续时间长，间隔时间长。培养方式主要包括读书分享、导师制、行动学习、体验参观、对外交流、专题研讨、轮岗、职位代理、新职位胜任力评测等。广义的培养包括培训。
团队学习	团队能力开发	针对团队能力缺失和不足，团队成员集体学习、整体提升，或团队成员间互相学习促进。形式主要有学习分享、联合调研、深度交流、内部研讨、团队拓展等。
	领导力开发	领导力开发不仅是个人学习而且是团队学习的重要方式。领导力开发面向企业未来发展要求，从领导他人、领导部门、领导业务、领导组织几个层面着手，阶梯式训练和提升各级管理者的领导力水平。一般来说，企业领导力开发分为三个层面：高层领导力开发、中层领导力开发、基层领导力开发。
	知识积累和共享	知识积累和共享主要通过内部制度文档学习、优秀案例撰写和学习、内部管理复盘、内部经验分享和交流等来实现。企业需要构建共享知识库，以云模式开展知识服务。

目前许多企业在指导思想上很重视人才培训培养，但实际上并不得法，效果不理想。有的企业创始人、负责人参加过许多商业课程、训练班的学习，但在面对经营管理中的诸多问题时，所学的东西似乎于事无补。有的企业领导者今天到这里学来一个概念，明天到那里学来一个说法，反而折腾企业，把事情弄糟。因此，对许多企业来说，学什么、如何学是涉及企业成长的重要问题。在此，我们提出若干建议。

第一，构建分类分层的训练体系（见图 12-3），系统地学习、训练，改变头痛医头、脚痛医脚的局部视野和表层意识。

对象	内容			
	理念	知识	技能	解决问题方法
高层管理者（专业人员）				
中层管理者（专业人员）				
基层管理者（专业人员）				
一线员工				

图 12-3　人力资源开发矩阵图

图 12-3 说明，对于不同的培训、开发对象，都可以从四个方面进行训练。具体的训练方法既取决于内容，也取决于对象。以理念为例，高层管理者的学习形式主要为自学、讨论、撰写心得、与下属分享等；一线员工的学习形式主要为听课、主管言传身教、班组讨论等。总的来说，理念、知识的训练，主要以授课、宣讲为主。技能的训练则可以将授课、宣讲与实地考察、调研、轮岗、实习等方式结合起来。解决问题方法的训练则在学习背景知识的基础上，主要采取针对性强的专题调研和深度学习等方式。

第二，人力资源开发是一个长期的过程，因此在指导思想上不能急于求成以及急功近利，在资源投入上应持续不断，在方法、途径上应精益求精。要摒弃寻捷径、找秘方的投机主义思维。员工训练的成功与否主要取决于三个要素：一是内容的设计是否有针对性和适用性；二是方式、途径是否有效；三是训练者（讲师）是否具有专业能力。这三个问题的解决一方面依赖于企业人力资源开发管理团队的专业化、职业化程度，另一方面依赖于人力资源开发的基础设施（平台和体系）。

第三，企业人力资源开发活动需要坚持实践原则，从现实问题出发。干中学，学中干；学以致用，知行合一。有些企业的管理者（尤其是高层管理者）得了“培训病”（或“MBA病”）：经过一番训练，把过去敏锐的直觉消解了，把过去务实、贴近市场和基层的作风改变了，热衷于概念和理论，思维方式上有了本本主义和教条主义的色彩。这是值得警惕的。对一些新提法、新模式，需要按照立足顾客价值、适合企业实际、着眼长期优势的原则进行检验、消化和选择。

一级流程13：干部管理

干部是企业员工队伍中的特殊群体，是企业价值创造活动的主导者、组织者。企业战略确定之后，干部是决定性因素。干部管理是企业组织建设的首要任务。鉴于此，笔者将干部管理流程（见表12-4）从人力资源开发管理流程体系（配置、激励、开发）中分离出来，进行更加详细的说明。读者可以将这一流程视作人力资源开发管理流程体系的（范围）缩小版和（内容）深化版。

表12-4　干部管理的三级流程

二级流程	三级流程	要点解释
干部标准	干部序列	干部序列可以分为三类：核心层，即高层干部；中坚层，即中层干部；骨干层，即基层干部。也有企业用代号标识干部序列，比如A类干部、B类干部、C类干部，淡化中文名称背后的含义。这种纵向分类有助于提高干部管理的针对性。
	干部素质模型	根据企业的用人要求和导向，对干部任职能力（管理能力和领导力）进行总结归纳，形成干部素质模型或领导力素质模型。一般包含三个维度：战略、组织、文化。战略维度主要包含顾客能力、商业洞察力、技术判断力等；组织维度主要包含组织能力提升、团队协作沟通、组织管控等；文化维度主要包含组织文化的引领和践行。领导力素质模型的构建方法比较复杂，可以使用能力词库和能力卡片等工具。

续前表

二级流程	三级流程	要点解释
干部标准	干部负面行为清单	企业为约束干部的行为，依据企业文化理念和价值底线，归纳总结干部行为戒律，以树立正气，营造良好的组织氛围。干部是企业价值观的践行主体，干部负面行为清单是企业文化价值观落地的重要举措。比如有的企业总结了干部行为“十戒”之类的文件。一旦干部触碰，一律免职甚至开除。
	干部经历地图	干部履职经历是判断一个干部是否胜任新职位的重要参考。一般来说，干部经历地图包含经历的深度（在一个领域内的深度）、广度（是否具备多专业、多部门、多产品线等复合经历）、影响力（成功经验或关键事件）以及特殊经历（比如艰苦地区的历练）等。
干部生成与引进	储备选拔	作为内部生成干部最主要的方式，根据每年的人才盘点更新储备干部池。新职务或空缺职位出现时，从储备池中选取合适的候选人进行考察，安排至新职务。主要流程参见干部选拔与任用部分内容。
	内部竞聘	竞聘是内部生成干部的重要补充方式。当企业出现新职务或空缺职位时，可内部公开选拔胜任者。企业干部储备力量雄厚（“萝卜比坑多”）时采用这种做法效果较好。通过竞聘可以发现人才、增加干部任用的透明度。竞聘的流程主要包括竞聘通知发出、报名和初步筛选、竞聘报告、能力测评、现场答辩、评委打分排名及内部讨论等。
	外部猎取	猎取是干部引进的一个常规手段。要选择合适的外部干部来源，构建客观全面的评价系统，深入进行背景调查。最好选择专注细分行业的猎头公司，自建测评系统或引入外部工具改进。背景调查的内容包括学历、任职企业、工作内容的真实性、离职原因以及在过往公司内的评价意见和口碑等。
	事业合伙人	事业合伙人是干部引进的一种新方式。他们既是应聘者，也是未来的股东之一。企业与事业合伙人共担风险，分享利润。这种机制是企业认可和尊重人才价值的体现。企业选择的候选人通常会带来企业所需的资源（技术资源、市场资源或人才资源）。合作方式主要有资金入股、技术入股等。

续前表

二级流程	三级流程	要点解释
干部选拔与任用	提名酝酿	用人部门/单位根据用人需求，结合本部门/单位的人才盘点结果，以及干部候选人的实际业绩和贡献，先在本部门/单位管理团队内进行初步沟通，听取意见达成共识后，再与主管领导和人力资源管理部门分别沟通。取得初步共识后，正式提交干部任用申请。
	考查评价	干部任用的考察评价一般以人力资源管理部门（干部部门）为主导。干部任用考察的要点包括任职条件、管理能力、团队内人际关系、发展潜力和任用风险、个人特质和脱轨因素、违纪情况等，需要配备相应的考查工具或测评工具。一般来说，考查方式可分为 360 度现场访谈、用人单位评价、本人述职、心理测评等。考查完成后，形成专门的考查报告和任用建议。
	批准任命	根据综合考查报告和任用建议，提报相应的人才决策机构审批。大企业的审批机构一般为具有人事决策权限的群体，比如人才委员会。审批机构审批后，需要公示一段时间，一般为 7 ～ 10 个工作日。如无举报意见，再提交具有否决权的机构审议，无异议后方可下发任命通知，启动调级调薪工作。一般中小企业尤其是民营企业，批准任命程序相对简单。按照人事管辖权限，各层级决策主体批准即可。
	后期跟进	后期跟进属于“扶上马，送一程”。一般来说，干部任命后一般需要三个管理动作：一是主管领导与新干部进行任职前谈话，反馈考查报告中的优势与不足，提出对未来工作的业绩要求、希望以及询问个人发展愿景等；二是任职 6 个月后，由新干部的隔级领导或人力资源部领导进行谈话，了解任职情况、不适之处以及所需支持；三是指定一个导师开展为期一年的传帮带计划，或指定参加相关培训，帮助新干部更快更好地适应新角色、新职位。

续前表

二级流程	三级流程	要点解释
干部评价	业绩评价	业绩评价是干部评价中最为常见、最为重要的评价之一。干部业绩主要包含两个方面：一是经营业绩；二是管理业绩。经营业绩容易界定；管理业绩主要包括内部组织运营情况、流程体系建设、顾客关系维护、队伍建设及人员管理等几个方面。管理业绩一般通过管理主题活动和任务来考核。干部业绩评价每年进行一次，包括述职报告、实体和人事考核、专项任务评价等。
	任期评价	任期评价是干部评价中较少提及或关注的环节。任期评价通常安排两次：一是中期评价；二是期满评价。可通过述职报告或书面报告方式进行。评价内容既包含经营业绩，也包含领导力、价值观等。
	离任评价	对于离开（包括离职、调岗）现职位的干部，企业需要针对其任职期间的工作成果和工作表现进行审计。审计内容主要包含三部分：一是经济审计；二是管理审计；三是违纪审计。
	干部档案	干部档案是干部考核、晋升、发展的主要依据之一。档案内容包括履职经历、历年业绩考核记录、述职报告、奖惩文件、培训记录、个人测评报告、晋升考查评价报告和意见、任期内评价意见、离任经济审计报告等。
干部监察	业绩监察	当干部的本职工作出现较大失误、事故以及业绩出现非正常严重下降时，可启动业绩监察程序，了解真相和原因，形成处理意见。企业按程序对责任方做出处理和安排。
	审计监察	企业接到内外部对干部违纪、违规、违法行为的举报，或发现其他违规、违纪、违法线索后，按照国家法律法规多方取证和调查，掌握事实，形成判断和处理意见。企业应按程序对当事人做出处理和安排。

续前表

二级流程	三级流程	要点解释
干部激励	薪酬激励	干部的薪酬激励政策与普通员工有关联亦有差异，体现在薪酬定位、薪酬结构、薪酬带宽等方面。如果企业的激励导向是向核心、中坚团队倾斜，并在行业中领先，干部的薪酬定位可取同行业的第 70 ～ 90 百分位。与员工相比，干部薪酬中固定部分少，浮动部分多；同一职级薪酬带宽更宽，等等。
	长期激励	鼓励干部在企业长期服务。企业制定与干部业绩、能力挂钩的长期激励方案，可采取原始股票、利润分享、项目跟投等方式。对于干部的部分收入，可以延时支付。
	保障激励	保障激励的目的在于让干部更好地投入工作，包括强制休假、商业保险、企业年金、体检项目等。干部长时间外派、无法正常休假，可安排家人前往其工作所在地或其他地区度假。
干部培养	轮岗	在企业内部有计划地调换部分干部，是干部培养的重要途径之一。轮岗分为多种方式：一是强制型轮岗，比如对敏感职位上的干部定期进行轮换；二是储备型轮岗，比如为新业务、新项目准备干部，从后备干部中筛选部分干部进行轮岗；三是发展型轮岗，为培养复合型人才、填补干部发展所必需但空白的工作经历，安排培养对象轮岗；四是特殊型轮岗，如身份回避，夫妻双方均在同一单位的，其中一方需调离。
	职务代理	职务代理是指企业在某职位暂时空缺（未到位、离职、调动、长期缺勤等）期间，安排另一干部代理职务并承担责任。这是非例常的干部培养方式。
	行动学习	参与者梳理企业实际所面临的问题，集体探究问题背后深层次的原因，进而提出解决方案，并推动落地。行动学习不仅解决企业的实际问题，而且提升参与者的领导力。简单说，就是“学中干，干中学，边干边学”。具体来说，企业每年可给干部安排一个或数个管理主题或实际问题，要求干部自行组织力量以专项工作任务方式来完成，期间企业决策层听取汇报，同时给予适当干预或催化。

续前表

二级流程	三级流程	要点解释
干部培养	导师制	干部的上级或隔级上级作为导师，每年开展一两次谈话（基层干部每季度一次）。导师为干部解疑释惑，帮助干部成长。谈话内容一般为干部的职业发展、工作中的主要问题，以及所需支持和帮助。
	教育培训	干部必须参加企业规定的培训，同时作为内部讲师完成企业规定的授课。通过教学相长的方式，促使干部不断学习和反思。职务越高的干部，授课安排越多，参训相对越少（受训不再是高级干部的主要成长方式）。结合企业后备人才池安排，开设阶梯式领导力训练课程。
	干部流动	企业不同单位之间干部的流动（如企业总部部门之间，总部与分公司 / 事业部之间，分公司 / 事业部之间的流动），是企业干部培养的重要手段。干部流动有利于扩大干部视野，开发干部潜能；有利于打破组织壁垒，实现内部人才共享，预防山头文化；有利于激发干部的斗志和创造力，避免消极倦怠。企业应为干部流动制定相关保障政策。
干部退出	自愿退出	干部因个人情况，选择自愿离职的，企业给予挽留谈话和离职谈话。不能挽留的，安排好离任审计和工作交接。由所在部门或单位向企业人力资源管理部门提报申请，经上级领导批准生效。需要安排好继任者和工作交接。干部离职通知时间一般要比普通员工长一些，可为 2 ～ 4 个月。
	强制退出	对于长期业绩不达标，或行为态度不符合企业要求，或触犯负面行为清单甚至违法乱纪的，企业视情况给予处分。情节严重的，给予免职、开除等处罚。由所在部门或单位向企业人力资源管理部门提报申请，经上级审批生效。需要安排好继任者和工作交接。

续前表

二级流程	三级流程	要点解释
干部退出	干部退休	根据国家和企业相关制度，对符合退休条件、提交退休申请的干部办理退休手续，提前做好人员安排和工作交接。对于身体条件尚好愿意继续工作的，在企业有合适职位的情况下，可以办理返聘手续，给退休干部提供发挥余热的机会。

对于企业干部管理，这里提出几点看法：

第一，在中国儒家文化传统影响下，绝大多数企业员工都对干部尤其是高级管理者抱有较高的期待。干部既是道德载体，也是管理主体；因此需做到德才兼备。无德不能服人，无才无法成事。因此，干部管理属于企业文化管理的一部分；或者说企业文化管理的主要内容就是干部管理。企业需要管理干部的价值观，打造使命型管理团队。在一定的物质利益保障前提下，有了使命型管理团队，整个组织就会产生巨大的凝聚力和战斗力。

第二，摆脱伯乐相马模式。企业里没有任何人可以长期充当伯乐：一旦自己定位是伯乐，周边的信息氛围必然使他不可能真正成为伯乐。需要设立公开、公正的机制和非人治的体系使干部在内外部竞争环境中自然而然地“冒”（涌现）出来。也就是“上甘岭上选干部”（华为任正非语）。同样，干部主要不是培养出来的，而是在实践中干出来的。

第三，对干部的评价要十分慎重。知人善任（尤其知人）殊为不易。需要引入科学的评鉴方法，在实践中反复积累经验，沉淀方法论、模型和工具；同时培养一支善于评鉴的专业团队，提高评鉴结果和实际状况之间的拟合度。

第四，形成多层级的后备干部梯队。一旦有了梯队机制，原本干部缺少的问题就会较快地得到缓解；同时，干部队伍的动能也会增强。

第五，扩大利润分享的适用人员范围，提高利润分享的比例，真正将干部个人利益和企业利益统一起来，做到“利出一孔”。同时，在企业快速成长及转型升级的关键时期，利益分配需适度向中高层管理者倾斜，保持干部队伍内部合理的利益差距。

第六，重用年轻干部，给他们提供锻炼成长、建功立业的舞台。不求全责备，不畏首畏尾。同时，切实放权，提高决策的民主化程度，使基层干部有更多表达意见、献计献策、参与决策的机会。

13

第 13 章

企业发展的物质力量：一级流程 14 ~ 19

一级流程 14 ～ 16：资金筹措，资金使用，债务危机处理

资金是企业生命体的血液和命脉。资金的筹措和使用不仅是重要的支持性活动，而且是提高经营业绩和效率的牵引和枢纽机制。在经营过程中，只要抓住了资金效率（资金周转），就会驱动价值流优化，引发商业模式创新，并推动企业战略转型。我们今天熟悉的“快时尚”模式，在某种程度上就是以资金周转速度为中心的。下面，我们分别说明资金筹措（见表 13-1 ）和资金使用（见表 13-2 ）两个流程。

表 13-1　资金筹措的三级流程

二级流程	三级流程	要点解释
资金筹措方案	资金需求分析	根据企业战略规划和年度经营计划（预算），预判企业年度以及中期（3 ～ 5 年）资金需求，包括需求总量与需求结构。
	资金筹措途径	根据资金需求，确定成本低、安全、稳定的筹资途径和来源，形成合理的筹资方式（股权融资、公司债、银行贷款等）组合。

续前表

二级流程	三级流程	要点解释
资金筹措方案	资金筹措计划	根据资金需求和筹资策略，制定年度筹措计划，解决去哪融资、融多少等问题，必要时（如首次公开发行股票（IPO））则将计划时间跨度延长。
资金筹措运作	银行贷款	与有关银行结成长期伙伴关系，形成稳定、利息合理的资金来源；根据公司业务发展需要和资产状况，合理确定授信额度。
	债券发行	按国家有关部门规定，聘请中介机构；召开董事会和股东会批准债券发行议案；向监管部门提交申请材料；获得批文后发行。
	IPO 前股权融资	制定融资后股权比例以及融资总额方案，同时考虑治理结构及企业治权；对公司价值进行估值；配合投资人进行尽职调查；与投资人达成增资协议；完成董事会、股东会批准以及工商变更等程序。
	IPO 融资	制定 IPO 工作计划；完成企业改制；聘请中介机构进行辅导并备案；董事会、股东会形成相关决议；准备材料，提交申请；在证监会审核过程中，回复证监会反馈意见。发审委通过、获得证监会核准批文后上市发行股份。
	上市公司再融资	程序和 IPO 融资基本相同，但有所简化。这里不重复说明。

表 13-2　资金使用的三级流程

二级流程	三级流程	要点解释
资金平台	资金使用计划	根据筹资计划和年度预算，动态制定资金使用计划和方案，规定资金具体用途；为企业资金流转划定框架。

续前表

二级流程	三级流程	要点解释
资金平台	资金池设置	与相关银行合作，实现收入统一管理；消除分支机构资金积累，形成企业整体的资金池；既保证资金安全，也提高资金使用效率。
资金运作管理	资金调度	根据年度计划（预算）以及资金使用计划，进行资金的调度、拨付，管理资金的支出过程。
	理财运作	将生产经营中的闲置资金用于银行等金融机构的理财产品；可依托业务，通过恰当运用掉期、期权及组合等各类金融衍生品，在确保资金安全的同时提高资金收益。
债务偿还	资金监测	通过信息系统和数据管理平台，监测资金流动的方向、过程和最终流向，保证资金安全以及资金管理规范。
	债务预警	对企业债务总量、负债比例、债务结构、偿债期限等进行动态监测，设立异常阈值；一旦逾越阈值则及时预警。
	债务偿还	根据与债权人的合同约定，及时偿还各类债务，保持和提高企业信用等级。

长期以来，我国中小民营企业融资难、融资成本高的问题一直存在。绝大多数企业不具备资本市场直接融资的条件，只能依靠经营性现金流增加和资金使用效率提高来满足资金需求。需要尽可能避免资金沉淀和资产过重，回避现金流不佳的商业模式及项目。

经济进入收缩周期以来，不时传来企业资金链断裂的消息。有些看上去规模庞大的企业，几乎瞬间就被债务击倒。鉴于此，我们专门编写了债务危机处理的三级流程（见表 13-3）。

表 13-3　债务危机处理的三级流程

二级流程	三级流程	要点解释
债务危机预报	债务危机报告	偿债能力出现问题、资金链可能断裂时，快速评估危机等级，并向企业决策层报告。
	债务危机应急预案	组建债务危机处理小组，企业最高负责人担任领导者，迅速形成可行的处理预案；小组成员按分工快速行动、执行预案。
债务危机应对	公共关系处理	坦诚面对债权人，表达正视问题、解决问题的责任担当和勇气决心；提出合法、合情、合理的解决方案；争取社会各界，尤其是政府的支持。
	债务结构调整	根据不同种类债务的属性，尽可能优化债务结构，减少短期债务比重。
	资产处理	对现有资产进行盘点，处置部分资产对冲、偿还债务。将资产处置和业务结构调整结合起来，断臂求生，以空间换时间。
	战略重组	企业内部进行战略重组；从过去长期的“做加法”改为“做减法”，回归主航道，聚焦核心业务；必要时引进战略投资人。

企业欲真正避免出现债务危机，不能等到危机出现再努力挽救；而是需要事先控制负债比例和杠杆率，保持良好的资本结构，消除风险巨大的短借长贷现象。务必改变以往长期货币宽松环境中形成的扩

张冲动，从外延型、规模型增长方式转变为内涵型、质量型增长方式。

一级流程 17 ～ 18：技术吸纳，技术研究

我国绝大多数企业都属于后发追赶型，技术基础薄弱，产品附加值较低，缺少“护城河”，更谈不上凭借技术超越竞争。欲实现技术进步，对大部分企业来说，从外部引进、吸纳技术是一条可行的路径。技术吸纳流程（见表 13-4）介绍企业从外部引进、吸纳技术的关键活动和模块，其中也蕴含着一些策略性思路。

表 13-4　技术吸纳的三级流程

二级流程	三级流程	要点解释
技术吸纳策略	技术方向选择	解决选择什么技术路线、技术标准等问题，也意味着选择加入哪个以技术标准为标志的战略群组。
	技术来源	寻找技术来源，分析各技术来源的技术含量和能力，以及可能付出的代价；比较多种技术来源的投入产出比；探索获取外部技术的最佳路径。
	技术引进规则	以较长的时间周期（5 ～ 10 年甚至更长）制定技术引进规则，明确目标、举措、路径、资源配置等重要因素和变量，使行为具有长期性、持续性，符合战略意图。中长期规划可分解为年度技术引进工作计划。
技术吸纳运作	技术购买	选择合适的交易对象购买技术，或者购买拥有技术的企业及研发机构。
	合作开发	以支付开发费用、联合开设研究机构等方式开展合作开发；构建技术开发的外部协作网络。

续前表

二级流程	三级流程	要点解释
技术吸纳运作	核心人才引进	引进拥有技术的核心科技人才；为他们创造良好的研发条件。要拓展核心科技人才的来源。不求所有，但求所用。
消化吸收	技术引进成果推动	依据技术引进规划以及工作计划，定期检讨成绩和不足；及时调整方向、目标和方法，形成能够创造价值的成果（如新产品、新工艺、新装备等）。
	消化吸收和再创新	在从外部引进、吸纳技术的基础上，利用自身的技术能力，消化吸收外部技术的关键内容和精髓，通过再创新形成技术优势，提升产品力。

从笔者接触的企业实践看，技术引进是否成功，关键在于三点：

第一，技术方向选择正确。不能选择落后的或者未来不可能成为市场主流的技术。在这方面许多企业有深刻的教训。

第二，与外部技术供给方建立长期、真诚、双赢的合作关系。

第三，在战略牵引下，在消化吸收的基础上，坚持不懈，不断积累技术和能力，为自主创新打下坚实的基础。

和技术吸纳不同，技术研究（也称技术预研）是指开发具有自主知识产权的创新性技术。与产品直接相关的应用型技术的开发流程融进了产品开发流程。这里所说的技术，是基础性、长期产生作用的技术，是未来发展、应用情境具有不确定性的技术，以及不能受制于人的核心技术、关键技术。例如苹果手机正在研发的无线（WiFi）手机充电技术。需要说明的是，这类技术虽然具有前沿性和模糊性，但它们不是基础科学，而是与未来的产品结构、形态、功能等有关。技术研究的简要流程如表 13-5 所示。

表 13-5　技术研究的三级流程

二级流程	三级流程	要点解释
项目研究计划	预研目标	确定新技术研究的方向和目标；一旦选定，无特殊情形，坚持不变，即长期聚焦。
	资源配置计划	依据技术目标，从长远角度配置资源，研究过程有长期资源保证。对于重点项目，在资源上予以压强。
	项目规划和计划	依据研究目标，制定项目研究长期规划和短期计划，牵引、指导技术研究活动的开展。
项目决策	项目立项	进行多轮调研，编制项目可行性报告或项目建议书，分析项目前景，拟定研究路线，考虑工具技术、资源投入、团队能力等重要相关因素。
	项目批准	按照决策权限和决策程序，相关决策主体对研究项目进行论证，做出批准（或否定）决策。
项目研究过程	项目研究运作	进入技术研究实际操作阶段。对研究过程进行管理，提供支持服务。
	项目里程碑检讨	也称项目评审。在项目研究过程中，对阶段性成果做出评估；发现问题并分析原因，必要时调整方向、节奏和路线。
项目成果应用	项目验收	项目完成后，按程序对项目进行验收，评估其是否实现预期目标，总结从立项到完成全过程的经验教训。
	成果转化	提高研究成果的完备性、可靠性，通过后续开发，使之进入应用范畴；根据研究成果形成新的产品形态。

目前，企业研发（research and development，R&D）已细分为四类活动：产品研究、技术研究、产品开发、技术开发。前两项活动是后两项活动的准备和基础，由此形成了企业多层次的研发活动体系（见图 13-1）。

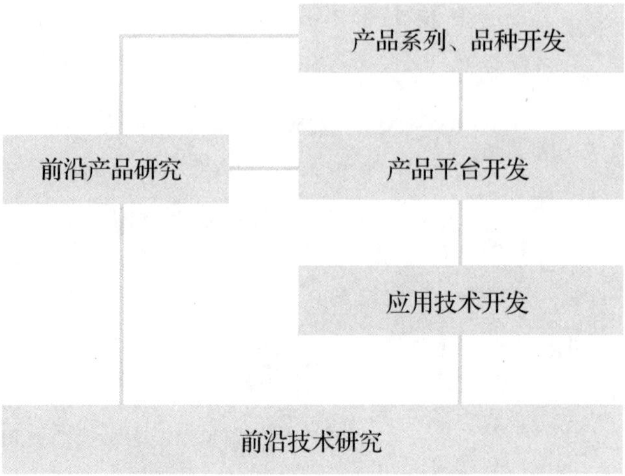

图 13-1　企业多层次研发活动体系

我国企业大多缺少核心技术。在从模仿到创新的道路上，模仿这段路已经差不多走到了终点，而创新的漫长征程则刚刚开始。由后发而超越，首先，企业需要有长期稳定的治理结构和领导体制，这是企业有长期目标和长远战略行为的保证。其次，企业家需要具有使命情怀和创新冲动（企业家精神），需具有高远的战略视野和管理知识型人才的领导能力；再次，企业需要有鼓励、包容创新的文化，需要有尊重人才、激发活力、阳光公正的氛围。最后，企业管理体系（平台）和各层级管理者的胜任力，能够支持大范围、大规模、高强度的研发创新。在创新策略上，上面的三级流程“预研目标”和“资源配置计划”中已做了说明。再重申一遍：聚焦，压强。

一级流程 19：知识产权管理

企业知识产权是企业所创造的知识财富、知识资本的法定权利。其形态包括基于发明创新的各类专利，基于软件等知识产品的各类著作权和版权，基于名称、图及符号的商标资产，以及其他基于技术诀窍（know how）、专门经验、传承知识等的商业秘密等。

我国大部分企业都缺少知识产权管理体系。下面，我们结合国内知识产权管理较为完善和领先企业的经验，以专利为中心，介绍知识产权管理的流程模块（见表 13-6）。

表 13-6　知识产权管理的三级流程

二级流程	三级流程	要点解释
知识产权形成	发明成果整理	汇集企业各类发明创新成果，在文本、形态、格式等方面进行规范；同时对各类发明创新成果进行分类，为以后的产权形成、储备、运用做好准备。
	发明成果评估	评价各类发明成果的前景、意义和价值，根据其形态、特征、未来的收益、维护成本等，由技术、市场等方面的专家小组做出发明成果产权化路径（转变为专利或是商业秘密等）的决策。
	专利申报	向国内外知识产权管理和服务机构提交专利申请；管理从提交申请到获得批准的全过程。获批专利进入企业专利库。
	专利标准化	在公司的技术战略和竞争战略指导下，参与国内及国际有关技术标准的编写和制定，将部分专利纳入标准之中。
	商业秘密界定	对企业商业秘密做出明确的定义，规定其目录、范围和内容；制定商业秘密安全保护规范制度。
知识产权风险控制	知识产权维权	对各种侵犯本企业知识产权的行为，商议责任追究对策并付诸实施。通过谈判、公开辩驳、法律诉讼等手段，要求外部侵权者公开道歉，追索合理赔偿，防止再次侵权。对内部侵权者，通过监察手段，依据侵权性质和后果，严肃追究责任，直至移交司法机关处理。

续前表

二级流程	三级流程	要点解释
知识产权风险控制	侵权指控应对	面对来自外部的知识产权侵权指控和追责，理性、妥善应对，据理力争，保护企业合法权益。除了谈判、应诉等被动手段，还可采用反诉等主动措施。
知识产权运营	知识产权商业模式设计	根据知识产权的属性、形态等，确定知识产权获取收益的方式，包括一次性转让、收取许可费以及版权费等；设计专利期内利润保护机制，制定知识产权期满后策略。
	知识产权收益	进入知识产权营运过程，对营运过程进行管理。
	知识产权联盟	根据战略需要加入专利联盟，进入专利池。

在知识经济时代，“知本”是比资本更重要的经营要素；知识产权是企业核心竞争力的核心组成部分，是抵御风险的有效屏障；同时是一种强有力的竞争手段，是商业模式创新的主要依据之一。被软银巨资收购（2016 年）的英国芯片设计公司 ARM，是一家半导体知识产权（intellectual property，IP）提供商，其商业模式就是知识产权的运营。目前，文化、娱乐、教育、知识服务、科技研发等领域 IP 模式蔚然成风，打造知识产权价值链以及基于知识产权资源的衍生产业链，是许多企业的重要战略举措。

14

第 14 章

数据财富和经营算法：一级流程 20 ~ 23

一级流程 20：信息系统建设与维护

信息系统建设与维护是企业运营朝自动化、信息化、智能化方向转型的关键动作，是企业系统提高效率、规范风险的重要措施。这项工作本身是高度流程化的。信息服务供给商（乙方）通常也有规范的服务程序。对此类管理活动我们介绍一个简要的流程框架（见表 14-1）。

表 14-1　信息系统建设与维护的三级流程

二级流程	三级流程	要点解释
信息化建设计划	信息化战略规划	依据企业战略规划，分析业务发展对信息化建设的需求；对企业信息系统的现有架构（业务 / 数据 / 技术）和应用（覆盖度、痛点等）进行评估和回顾；规划 3 年期信息系统建设的愿景、方向、策略和具体任务（包括项目名称、内容、责任主体、资源投入、时间周期、预期效果等）。
	信息化年度计划	根据企业信息化战略规划，制定年度信息化建设计划；对年度建设项目（名称、目标、建设时间、资源和人员配置、服务商供给等）做出较详细、可行的安排。这是信息化战略的分解落实。

续前表

二级流程	三级流程	要点解释
项目准备	项目立项	对信息系统建设项目进行可行性分析和论证；重大项目举行技术评审会；信息主管部门对项目背景、实施内容、预期收益、投入成本、项目组织、建设周期等做出汇报、提出建议。
	项目批准	企业信息化建设决策者（企业高层或信息化建设委员会）按决策程序审查项目可行性分析报告以及其他资料，对项目做出同意或否定的决定。
	项目选型	选择供应商及项目软件平台；考查供应商的能力和案例；必要时导入招投标机制；对供应商项目组成员，通过面试交流、技术测试以及分析需求、剖析案例等方式予以确认。
	技术及商务洽谈	从针对性、完整性、创新性等角度对供应商的技术方案进行评估；技术方案通过后履行商务谈判、合同准备、合同签署、合同报批、合同备案等程序。
	项目蓝图设计	完成项目后勤工作的准备；做好项目启动会策划工作；配合供应商进场开展项目调研和项目蓝图设计工作。帮助乙方了解企业业务、数据特点、功能需求，使乙方的解决方案更有针对性和可行性，更好地实现模块之间的关联衔接；共同商议并最终确认需求内容实施的优先级。
项目开发运行	项目开发实施	配合乙方进入项目开发阶段；检查乙方开发工作的规范性以及工作进度，检查功能说明、代码注释等技术文档的质量。
	项目测试	协助乙方进行功能测试、单元测试和集成测试，做好单据记录工作。
	项目试运行	与乙方共同研究正式上线策略；协助乙方选取某项业务开展上线试运行或与现有业务系统并行操作。必要时，本项流程可由企业（甲方）主导。
	项目上线	协助乙方实施项目上线（必要时甲方主导）；跟踪分析上线问题，举办上线沟通会；上线后开展日常监控。
	项目验收	对项目进行整体验收，主要围绕实际状况与蓝图设计的一致性和差异，以及效益目标达成情况等内容和主题。

续前表

二级流程	三级流程	要点解释
信息系统运行维护	信息化项目评估	通常以半年为周期，对有关系统从功能实现、界面友好、用户满意等方面进行评估确认。
	软件维护	不涉及功能开发类的需求；通常包括权限调整、字段增删和流程责任主体变更等。
	硬件维护	对桌面、网络、服务器、机房等基础设施进行例常维护保养，发现故障及时排除。
	信息安全管理	在信息系统运行过程中，通过各种措施保证信息、数据安全；防范外部恶意攻击和内部机密泄露。

我国许多中小民营企业信息化建设严重滞后。因此，企业需要根据业务发展要求，明确信息化建设的长、中、短期目标和任务，加大投入；从最迫切的需求入手，分步实施。需要做好底部技术架构、数据架构的设计，使之宽阔厚实，能够满足中长期的需要；需要将信息化建设和流程优化结合起来，实现流程电子化、审批无纸化；需要选择合适的优秀服务供应商，长期合作。最重要的是，企业自身需要培养既懂业务、管理，又懂信息系统的高级复合型人才。

一级流程 21：数据流管理

大数据和人工智能时代，数据是企业最重要的资产之一，是价值创造工作重要的驱动、影响因素。数据流管理对大部分以线下经营为主的传统企业来说是一个新鲜事物。本流程（见表 14-2）的编写，对笔者来说也是新的尝试，仅供参考。我们所说的数据是广义的，包括企业拥有的全部知识和信息。

表 14-2　数据流管理的三级流程

二级流程	三级流程	要点解释
数据管理基础	数据应用规划	分析企业数据资源的结构、分布、流转、使用状况，制定数据应用规划：用什么？如何用？谁来用？哪里用？等等。对数据来源、提取方式和使用途径等做出规定和安排。
	数据管理规范	为充分利用和保护数据资产，制定数据和知识文档全流程管理规范，包括数据采集环节的格式规范及录入规范，数据整理环节查错补漏规范，数据汇集存储环节的存放（集中式 / 分布式）规范、版本规范、保护及修改规范，数据使用环节的授权规范、发布规范等。它是数据治理体系的组成部分。
数据应用	数据应用实施	根据各部门 / 机构的要求，与业务运作过程（业务流程）、信息系统、数据展示载体以及数据应用场景、数据应用人员等因素相融合，形成对业务提供数据支持的解决方案。针对具体应用场景（如生产系统可视化），可以按数据应用项目方式运作。
	数据共享	消除信息孤岛和信息隔阻现象，构建内外部数据共享机制；在授权规范下，相关内部组织单元和外部合作伙伴可以通过多种互联网入口登录企业信息平台，合法使用数据，并形成数据交互。为实现数据共享，企业信息系统与外部价值网络相互连接和兼容。
	数据标准	在一定的数据规范下，在数据应用和共享过程中，数据和人工智能相结合将产生一系列数字化标准，涉及企业价值创造活动的许多方面。工作和活动的数字化标准对于提高运营效率、减少成本将会起到巨大作用。
数据运行管理	数据运维管理	企业信息系统以及数据平台运行过程中，应对数据流进行日常维护。这是在数据管理规范前提下的具体行动，如增加、更换、查询数据，版本升级，调整权限等。除了例常运维，还包括监控访问情况和数据使用率、分析数据生命周期等。
	数据安全管理	通过技术、管理等方面的多种手段，保护企业的数据资产，保证数据流的安全；加强体系性管控；严防外部数据窃取以及非正常情形下的数据外流。

未来，数据和人工智能相结合，将极大地改变企业的组织形态和运行流程（见图 14-1）。我们目前已经可以得出的结论是：组织将更加扁平化；横向的流程连接将更多地替代权力连接（见第 25 章）；在信息平台上，各个组织单元之间的联系更加紧密，自组织机制将发挥更大的作用；数据运行和流程运行将融为一体；企业和外部价值链将融为一体；组织中的个人越来越受到尊重，他们将自主、自为地工作。①

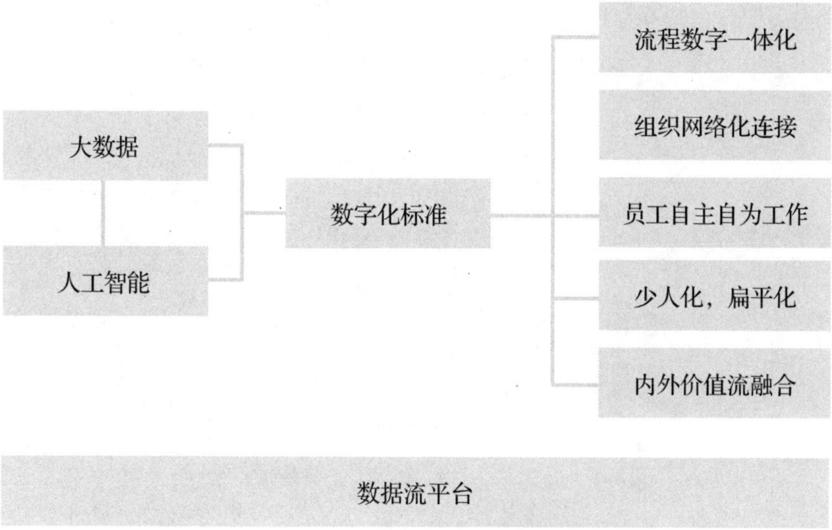

图 14-1　数据流和人工智能对企业运营的影响

一级流程 22：会计核算与决策支持

会计核算制度是保证人类社会有效进行生产经营活动和社会性交易活动的重大发明和基石。无核算、无数字，即无经营、无管理。从企业角度看，由众多科目及相互关系组成的会计核算体系，是企业系

① 陈春花．激活个体互联时代的组织管理新范式．北京：机械工业出版社，2016.

统运行的底部算法。在这种算法的支持、牵引和控制下，企业价值流活动朝着目标有序进行。

一般企业的会计核算流程都比较规范和健全。国内部分企业比较欠缺的是属于管理会计范畴的财务分析和决策支持。我们将会计核算活动进一步延伸，形成了本流程（见表 14-3）。

表 14-3　会计核算与决策支持的三级流程

二级流程	三级流程	要点解释
核算和报告	会计处理	审核原始凭证，编制及汇总记账凭证，登记账簿和总账，对账、结账，编制会计报表。
	报告编制	根据会计核算结果，编写规范化、综合反映企业财务活动状况的总体报告。概要分析存在的问题，找出差距，提出改进建议。一般分季度报告、半年报告和年度报告。
	财务信息披露	向企业内部决策层、外部投资者，以及其他使用者提供有关会计信息和财务报告。财务信息披露需要符合国家有关法律、法规要求。上市公司需要防范和消除不规范的财务信息披露。
决策支持	问题发现	基于会计核算中的大量数据、信息，结合企业实际发生的活动、行为，发现企业经营中的突出问题，从财务角度进行分析，找出内在的深层次的影响因素和原因。设立相关重要财务指标、会计科目的预警阈值；一旦预警，迅速研究应对方案。
	决策建议	依据会计核算结果，在问题分析的基础上提出解决问题的方法，供企业决策层参考。经决策层同意后，开展战略性财务管理活动（详见一级流程 23）；同时，为企业重大决策提供会计信息、财务分析支持和服务。

从目前我国部分企业的实践看，财务分析的重点在于资本结构（负债现状）、现金流、毛利、资金周转等方面。

一级流程 23：战略性财务管理

笔者一直主张，财务管理要更加积极地介入价值流，要从后台走向前台。企业经营业绩和运营效率的提升，需要以财务管理为重要杠杆和抓手；企业计划管理、绩效管理，需要以财务部门为中心。企业财务管理部门需要真正理解经营、服务经营，从战略高度指导经营、驾驭经营。具体的举措和途径就是开展战略性财务管理活动。

战略性财务管理活动，以部分重点财务指标（会计科目）以及背后的活动行为为对象，以会计信息为基础，从问题发现（差距寻找）、原因分析、对策建议，到行动计划、实施落实（过程控制）、效果评估，形成一个闭环。所选择的管理对象和改进方向，均与企业战略密切相关，同时与现实差距较大，不能忽视与拖延。不同的企业以及同一企业不同的时空条件下，管理主题有所不同。

根据以上说明，我们给出战略性财务管理活动的逻辑图（见图 14-2）。

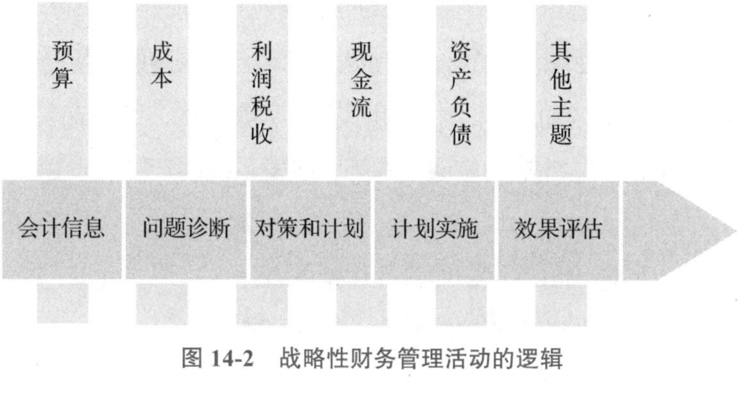

图 14-2　战略性财务管理活动的逻辑

需要说明的是，以上每个主题（预算、成本……）不存在先后顺序；根据企业需要，在一段时间内可选取其中一个或若干个。也就是说，每一个主题都要经历五个环节，由此形成了并联的二级、三级流程图（见表 14-4）。

表 14-4　战略性财务管理的三级流程

二级流程	成本	预算	现金流	利润税收	…
三级流程	会计信息	（略）	（略）	（略）	…
	问题诊断				
	对策和计划				
	计划实施				
	效果评估				

表 14-4 中的三级流程，内容是大家熟知的，这里不再详尽说明。以成本改进活动为例，首先进行成本核算；通过对成本数据、信息的分析发现问题、找出背后的原因；然后制定成本指标改进方案和活动计划；在此基础上组织实施并对计划落实过程进行监控；最后在一段时间（比如半年、一年）之后，对计划实施效果进行总结、评价并加以激励。有些读者可能会问：具体的成本改进活动有哪些内容？参考丰田生产方式，那就是消灭一切浪费。切入点是立体的：生产系统的品质成本、订单波动成本、生产组织中的摩擦成本、存货成本、设备成本、人工成本、外部供应链成本等；研发系统的产品开发速度、项目费用、产品设计导致的成本等；营销 / 销售系统的各项销售费用、价格流失、渠道代价等；职能管理体系的管理成本等。尤其需要解决的是研产销、前后台相连接的系统、整体成本。

15

第 15 章

保驾护航的支持性活动：一级流程 24 ~ 26

一级流程 24：社会责任管理

企业存在于特定的社会背景之中，无时无刻不在和社会的方方面面发生关系。企业需要处理好公共关系，这是为了树立品牌形象，更重要的是为自身的生存发展营造和谐的环境。更进一步说，企业是社会的组成部分，应承担社会责任。目前，虽然许多企业具有成为社会企业的理念和意识，但并未将其纳入管理程序以及制度体系。笔者认为，未来企业公共关系管理的主要内容就是社会责任管理。企业社会责任的实践活动是公共关系的重要载体，也是企业社会形象的主要来源。

社会责任管理流程的内容如表 15-1 所示。

表 15-1 社会责任管理的三级流程

二级流程	三级流程	要点解释
责任理念	责任文化建设	将社会责任理念融入企业愿景、使命、核心价值观之中，纳入组织成员的行为准则之中，构建责任文化体系。
	责任治理	制定社会责任管理制度；明确社会责任的组织架构以及职责权限；完善社会责任管理流程以及目标管理循环机制。

续前表

二级流程	三级流程	要点解释
责任实践	责任行动规划	结合企业的战略规划，识别企业利益相关方的期望，制定 3 ～ 5 年社会责任行动规划以及年度工作计划，对社会责任行动的目标、方向、主要项目、资源配置等做出策划和安排。
	责任项目运作	结合行业和企业特色，选取社会责任主题，策划、实施各种类型的社会责任项目，为利益相关方造福，推动社会发展和进步。
责任宣贯	责任传播	利用传播渠道网络和媒体矩阵，以社会责任报告、案例、视频、活动（事件）等形式，面向不同的利益相关方精准传播，树立企业负责任的形象。
	责任型组织	按照社会责任理念和要求，完善企业管理制度；将社会责任理念融入企业价值创造活动（流程）和职能管理，推动社会责任植根基层，打造责任型组织。

目前，我国已有不少企业编写年度社会责任报告。为便于读者了解它的内容，在此概要介绍某农牧食品企业社会责任报告的主要板块：

（1）致力于成为安全、营养、美味的动物源食品供应商。严守食品安全防线。

（2）致富工程和精准扶贫。帮助合作伙伴农村养殖户脱贫致富。

（3）坚持生态环保，呵护绿水青山。推动新型环保养殖模式和技术的应用。

（4）怀仁爱心，做公益事。公益项目主要是捐资助学。

（5）以员工为本，行关爱之实。维护员工合法权益，提升员工薪酬。

（6）合规经营，健康经营。打造廉洁组织，坚持批评与自我批评。

（7）促进就业，依法纳税。随着公司业务快速发展增加就业人数；按章纳税。

（8）规范公司治理，保障中小股东权益。以分红回报股东。

以上八个方面都有具体的项目、活动、运作实例，都有扎实的举措，都有真金白银的投入。通过这些社会责任实践内容，我们可以看出：社会责任既是企业的使命追求，也是企业转型升级的抓手。

一级流程 25：法务管理

企业法务管理活动，既有风险控制和法律监督功能，又有支持价值流的服务作用和平台属性。它主要有三项基本活动：企业各类交易合约以及其他有关文本法律角度的审核；各类经营活动的法律事务服务和支持（这类活动内容丰富，例如法律知识普及与培训，保护企业权益的相关制度起草修订；撰写有关投资及购并文件，提供法律咨询建议等）；法律纠纷、诉讼（被告或原告）的应对和处理等。法务管理涉及企业价值创造活动的方方面面，由此形成了双维矩阵（见图 15-1）。

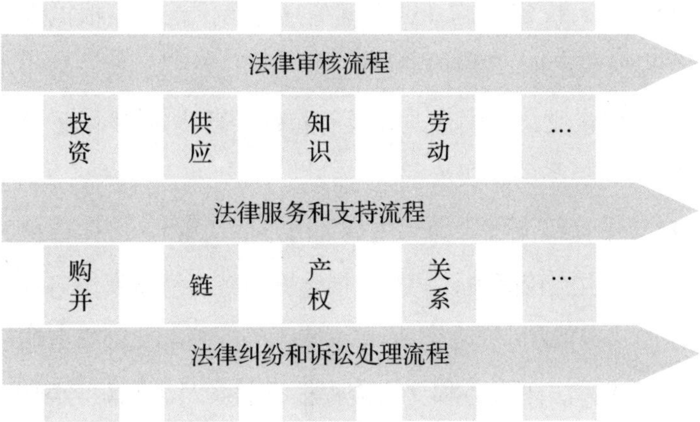

图 15-1　法务管理活动的逻辑

根据图 15-1，我们可以得出法务管理复杂的并联流程（见表 15-2）。

表 15-2　法务管理的三级流程

二级流程	三级流程				
	投资并购	供应链	知识产权	劳动关系	…
法律审核					
法律服务和支持					
法律纠纷和诉讼处理					

表 15-2 中，投资并购、供应链等只是示例，可以根据企业实际情况进行置换或添加。法律审核等三项二级流程是针对一般中小企业而言的。大型企业、跨国企业以及有特殊经营内容的企业（如银行、券商等），会有更多的二级流程。

表 15-2 中三级流程未填写内容（用方框示意）。法律审核的三级流程比较短，也比较简单，通常包括合同审核、意见反馈等环节，主要由企业的法务部门、专职律师、法律顾问或外部律师事务所等服务机构独立完成。法律服务和支持流程根据服务对象和服务要求而定，内部环节具有弹性。有些事项（活动）环节众多、旷日持久，且对法

律支持要求繁杂（例如申请上市），法律服务的流程就会比较长，内容也会比较多。反之，则可能比较简易。法律纠纷和诉讼处理流程依据国家有关法律法规制定，内部过程是规范化和确定性的。

法务管理三级流程呈现出纵横交错的网络结构，意味着法律监督和服务嵌入了企业经营管理的大部分流程。从笔者的经验看，目前，企业供应采购、渠道交易等供应链活动中的法律监督通常比较规范；劳动关系方面的纠纷也在减少；法务管理的薄弱环节在知识产权领域。此外，随着行业周期性变化以及宏观经济形势变化，债务纠纷以及其他财产权益纠纷可能有所增加，企业的法律服务供给可能不足。

一级流程 26：审计管理

审计管理是企业风险防范最重要的手段，是保证企业健康发展的有力武器。随着企业进一步分权以及全面预算管理的导入，审计管理的作用将越来越大。放权、激活使企业列车开得更快，而审计、监督使企业列车开得更稳，两者缺一不可。在国家相关法律法规框架下，审计管理的流程是比较规范的，企业之间的差异较小。表 15-3 对审计管理流程做了简要的说明。

表 15-3　审计管理的三级流程

二级流程	三级流程	要点解释
审计准备	审计工作计划	根据企业战略规划以及业务发展需要，针对目前企业经营管理中的突出问题制定年度审计工作计划；对全年审计目标、方向、重点、项目、人员、资源配置等做出统筹安排。
	审计立项	确定具体的内部审计项目，对象涉及职能部门、分支机构、专业系统，以及有关经营管理活动（项目）；审计项目分为综合审计、专题审计，以及例常审计、突击（临时）审计等。

续前表

二级流程	三级流程	要点解释
审计准备	审计方案编写	这是审计准备工作中的重要环节。根据审计项目的要求和被审计单位/机构的情况，收集、分析相关背景资料，编写审计方案，确定审计目标、审计重点、审计方式、审计时间、审计人员、审计场地等要素和环节。
	审计通知	在审计进场前正式向被审计单位/机构发出通知；突击（临时）审计时，审计部门可不预先通知审计对象。
审计实施	审计实施	根据审计方案及其所确定的审计方式，开展审计工作。与被审计单位/机构配合，了解情况；审查会计资料以及其他文件，检查现金等各项资产；必要时开展延伸调查。通过对有关内容的实质性审查，取得审计证据。
	审计工作底稿	在审计实施过程中，汇集全部审计工作记录和获取的资料。审计工作底稿是审计证据的集合，是审计发现和得出审计结论的依据。
	审计发现	审计过程中通过调研、审计工作底稿分析，及时发现风险、效益、运行等方面的问题，归纳形成审计发现；并就审计发现与被审计单位/机构沟通，要求制定整改措施并付诸实施。
审计结果	审计报告撰写	依据审计实施过程中的工作底稿、审计发现等，与被审计单位/机构沟通后，撰写审计报告；征求被审计单位/机构的意见，修改后报企业决策层批准和参考。
	审计结果跟踪	审计报告或审计决定书下达被审计单位/机构后，审计部门定期或不定期进行检查，评估被审计单位/机构整改进展和整改效果，并向企业决策层反馈。必要时发出二次整改通知书。
	审计资料归档	根据国家和企业有关审计档案管理制度，对审计资料进行整理、装订和编码，进入企业知识库。

根据笔者所接触到的企业审计实践中存在的问题，在此提出几条建议：

第一，审计的范围需要从财务扩展至全部经营管理领域；审计需要介入企业价值创造过程，以审计整改为抓手，全面促进企业战略目标实现、战略转型以及管理提升。这也意味着，审计管理需要进入战略审计新阶段。

第二，审计工作需围绕企业经营管理中的主要矛盾、突出问题，加大处罚和整改力度。有些企业的审计报告对问题轻描淡写，处罚更是毛毛雨，被处罚对象完全没有痛感。这样的整改不会真正产生效果。在我国企业发展的现阶段，正向激励和负向约束两边需要对称，要保持较高强度和力度。

第三，加强审计工作并不意味着审计部门既当裁判员又当运动员。有些企业的审计部门过度介入具体的合同审批等环节，反而削弱、稀释了直接责任主体的责任担当，也造成责任模糊。审计对经营管理活动的监督、支持有其自身的角度、方法和途径。

第四，将审计监督的重心从事后向事前、事中前移，从制度、流程、机制源头消除隐患，控制风险，保证规范运行。

第五，积累长期审计实践中的宝贵数字资产，概括分析典型例证，避免同一错误重犯；形成控制性数字标准，为企业有关流程的自动运行创造条件。

第三篇

组织设计

16 流程活动的组织化

第 16 章

流程和组织分工

企业价值创造活动以及流程描绘出来之后，下一步应该做的就是因事设人，将做事的人和需要做的事（活动）对应、关联起来。因事设人需要分两步走：第一步，根据事情（活动）的结构和逻辑设计组织结构（从组织的总体形态到各个组织单元的组合）；第二步，将具体的人配置到组织结构中去，使之与最小的组织单元职位对接。俗话说，一个萝卜一个坑；坑好比职位，萝卜好比人；把坑排列组合之后，才把萝卜放进去。

显然，流程体系描绘之后，管理体系大厦构建的下一个重要步骤是事情（活动）的组织化。这一步需要完成的重大任务是形成组织分工。企业价值创造活动本身分为众多类别、众多环节，这是组织分工的基础。将这些本来属性就不同的活动的责任主体明确下来，组织分工就自然而然形成了。以价值流为例，研发、制造、营销 / 销售是其中的三大流程，组织自然有研发部门、制造部门和营销 / 销售部门之分。这就体现了活动决定组织、流程决定结构的原则。如果活动（流程）是战略导向下的活动（流程），则显然是“战略决定结构”[1]。本书第 5 章一级流程框架（见图 5-6）中的各项流程，可以直接对应于相应部门 / 机构（见图 16-1）：

图 16-1 中的有些活动（流程）需要多个部门共同参与，为简化起见，只列了最主要的责任部门。

组织分工：粗与细

将流程活动和责任组织相互对接，并非像榫卯那样是完全确定的。也就是说，两者之间的对应关系存在弹性。例如，图 16-1 中我们将战略制定和执行、投资管理两类活动归由战略部门负责，为什么不能分为两个部门？甚至将战略思想环节和战略规划环节也分工，设立战略研究院和战略规划部？反过来也一样，为什么不能把理念架构管理也归入战略部门？

这里就涉及组织设计时需要调控的一个重要变量：组织的分工深度，即组织分工的粗细程度。分得细，部门 / 机构设置得就多一些；分得粗，部门 / 机构则会少一些。这个变量在多个组织层级（一级部门、二级部门等）都是适用的。从企业组织的上部向下部看，这同时是管理宽度问题。从下部向上部看，这是细分活动（流程）的组织合拢即组织单元的大小问题。下面我们以产品开发活动为例来做说明（见图 16-2）。

图 16-2 自上而下看，产品开发整体组织单元可按二级流程设置四个二级组织单元。也可以将产品规划和产品开发准备两个二级组织单元合起来变为一个单元（姑且冠名为产品规划），下面的三级

① 艾尔弗雷德・D. 钱德勒. 战略与结构：美国工商企业成长的若干篇章. 昆明：云南人民出版社，2002.

图 16-1 流程和组织的对应

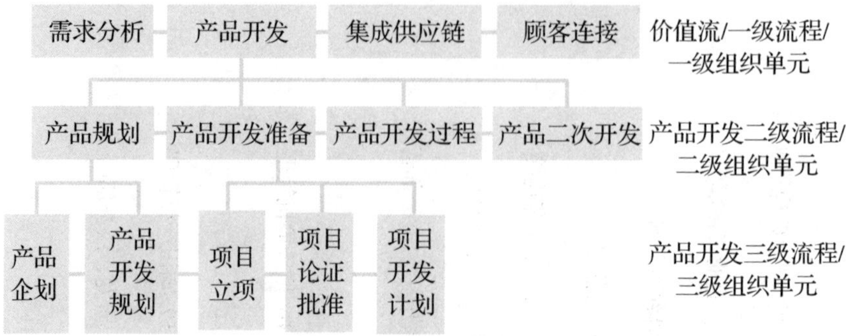

图 16-2　产品开发系统的组织分工

组织单元全部进入。反过来，根据需要也可以将产品企划和产品开发规划两个单元，独立成为和产品开发过程、产品二次开发并列的二级组织单元。这样一来，二级组织单元就变成了五个。

自下而上看，假设以三级流程为起点，产品企划和产品开发规划可分设两个组织单元，也可合拢变成产品规划一个组织单元。如果再把项目立项、项目论证批准、项目开发计划三个单元全部加进来，则形成集产品规划和产品开发准备于一体的二级组织单元。

由此可见，组织设计包括自上而下的细分和自下而上的合拢两个路径。在实践中，这双重视角同时存在，即既从森林看树木，又从树木看森林。从两个方向出发，能够较恰当和合理地确定不同层级组织单元的水平（横向）边界及组织单元的多少（见图 16-3）。两种角度的差异不断缩小，意味着不断接近最优解。

不管在哪一个组织层级上，部门 / 机构设置越多（管理宽度越宽），组织横向协同的复杂度和难度就越大。组织宽度与组织长度成反比；组织“平”了，自然也就“扁”了。事实上，只要把横向的组织单元确定了，纵向的组织管理层级也就基本确定了。管理和决策层级减少，有利于信息的上下传递和上级将指令贯彻到组织基层。

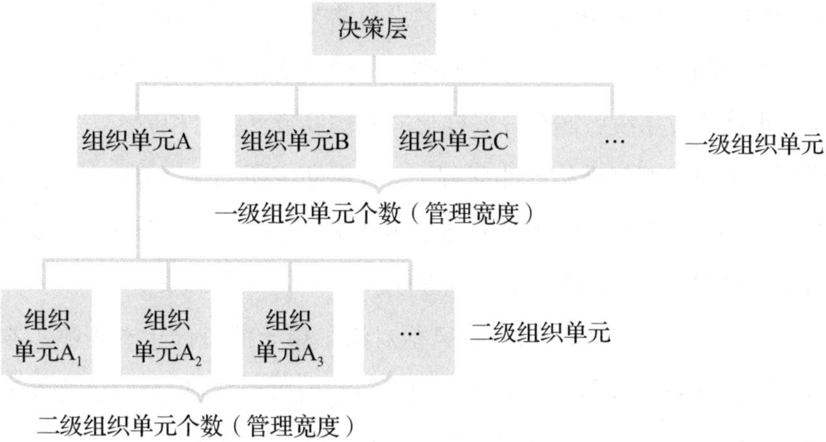

图 16-3　组织单元的宽度

企业各个层级横向组织单元（部门 / 机构）的宽度取决于多个因素。从外部看，最主要的变量是市场和竞争的要求。例如某些消费品领域，市场竞争激烈，消费者细分度高、需求变化快，那么企业营销、市场活动所对应的组织内部分工往往需要细一些，这样有利于各部门聚焦目标以及提升专业能力。

从内部看，变量之一是核心技术能力开发的内在要求。有些高科技领域，核心技术能力是竞争的焦点，也是竞争的依托。相关技术层次丰富——从基础到应用、从核心到边缘、从复杂到简单；功能型技术模块众多。在技术战略的指导下，企业组织必须以宽阔复杂的结构与之对应。例如将研发机构分为产品开发部门和技术研究（预研）部门；产品（技术）开发部门按多种技术模块（如手机的外观结构、操作系统、存储芯片等）分工，并以项目组形式按产品逻辑将多种技术模块贯穿、连接起来。

内部因素中价值流以及战略框架对组织分工深度也有重要影响。显然，长价值流意味着宽阔的组织结构，短价值流意味着狭窄的组织结构。战略框架中的关键驱动因素复杂多样，通常情况下组织的细分程度也随之提高。举个简单的例子，如果企业的技术来源于多种途径，那么研发系统就需要以多样化的机构设置来应对和适应。我们看看华为的研发组织结构就能理解了：众多研究所 / 院、实验室、合作开发机构等分布在国内不同的城市和世界上不同的国家。其实，我们这里所讲的，就是组织与战略的匹配。

此外，企业领导者的领导风格对组织单元的设计也有影响。有些领导者喜欢广视角、宽幅度、短半径地指挥和控制（例如乔布斯），有些领导者则不同。这说明“因事设人”也不是绝对的。

组织的层级和责任

活动（流程）的组织化即形成了多层级的俄罗斯套娃式的组织单元。图 16-4 是以研发系统为例的组织单元示意。

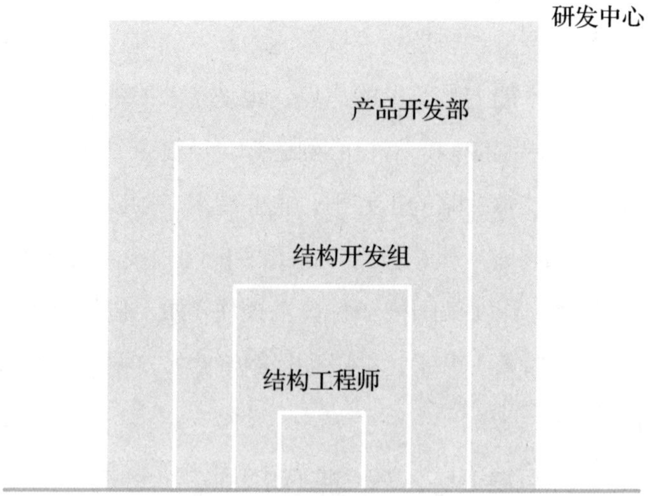

图 16-4　多层级组织单元

图 16-4 中的研发中心、产品开发部、结构开发组等都是对组织单元的命名（各个企业差异很大，没有统一的标准）。从性质看，组织单元是一个责任主体，目的在于完成活动（流程）任务。由此可以得出结论，企业组织是一种责任组织，承担顾客价值责任、组织成员发展责任、投资回报责任和社会责任。从内部结构看，组织单元的最小单位是职位（见第 20 章），可以说，组织单元是职位的集合。职位数量多且内部结构化（职位之间存在纵向横向关系）的，就是较大的组织单元；反之，则是较小的组织单元。

图 16-4 中不同大小的框框，代表了组织单元的大小，也代表了管理 / 决策层级的高低。需要特别指出的是，组织单元层级和企业职位层级并不完全一致。图 16-4 中的研发中心是一级组织，是一个决策 / 管理层级；但研发中心内部可能有总经理、副总经理、助理总经理等多个管理类职位，共同组成管理 / 领导机构。这些职位同属一个决策 / 管理层级。其内部权力运行的规则可以有多种安排，比如总经理掌握全部决策权，其他领导职位的属性是参谋或执行；或者总经理分出一部分决策权给副总经理及其他职位。由此可以得出结论：并非每个管理类职位层级都是权力层级。很多企业在这方面陷入误区，很多事项走流程时只要有一个管理类职位层级就要签一次字，不仅流程冗长，连责任也模糊了。

企业中不同的组织单元分别有不同的责任。主要的责任类型有：

（1）使命宗旨责任。这是率领全体组织成员实现远大理想和战略意图，践行基本承诺，使组织具有终极存在理由和价值的责任。主要由企业领导团队、决策层承担。

（2）经营业绩责任。主要是达成收入、利润、投资回报率等经营目标的责任；也包括控制存货、应收账款、现金流、负债比例等经营风险变量的责任。主要由从事企业价值流活动以及人力资源、资金、技术等要素活动的相关组织单元承担。

（3）职能作用责任。这是支撑业绩增长、业务发展和竞争能力提升的责任，具有长期性和基础性特征。主要由支持活动相关组织单元(平台型、服务型部门 / 机构)承担。由于其不易量化评估，作用和意义不直接、难以彰显，因此往往受到忽视。

（4）工作任务责任。这是完成具体工作目标的责任，由企业全部组织单元承担。具体工作可能是某项重大战略举措，也可能是实现长远目标、任务过程中的某项小型活动。而企业的战略执行体系，就是围绕战略目标的举措（工作任务）的集合。工作任务责任是通往前面三方面责任的桥梁。

第 17 章

17 组织形态：组织结构的方式

组织形态的演变

组织设计是个庞大的系统工程，基本的逻辑是从总体到局部、从轮廓到细节、从宏观到微观（见图 17-1）。

图 17-1　组织设计的行为路线

组织形态又称组织结构，是企业组织总体的结构形式，或者说是各个组织单元组合起来的方式。企业组织经过几百年的发展变化，已经形成了若干种标准的结构形态，如直线制、职能制、分部制、矩阵制等。所有组织结构的变革，都是以这些标准形态为基础的。创新的形态要么是几种标准形态的中间体，要么是标准形态的进化体。

图 17-1 中的集成式组织单元，是指集成了多个职位、内部结构化的组织单元，即我们通常所说的部门、中心、工厂（车间）、办事处等。这里把这些机构全部抽象化了。它们在企业组织的“套娃”中可能有不同的规模，处于不同的层级。职位是组织单元的最小单位，也可以理解为组织的细胞。对集成式组织单元和职位，第 19 章和第

20 章将做较为详细的分析。

组织有两个基本要素：一为“表”，即组织的外部形态和结构；二为“里”，即组织的内在运行机制及机理，核心是责任、权力的配置。本章主要讨论前者，本书协同机制篇主要讨论后者。

前面我们提到的直线制、职能制、分部制、矩阵制等几种组织形态（结构），在企业组织演变过程中存在时间上的先后顺序。后一种形态在很大程度上是为了解决前一种形态的矛盾和问题而产生的；但其自身又蕴含着新的矛盾和问题，于是引发更后一种形态出现。由此可见，组织形态变化是一个逻辑（组织内在规律）和历史（现实中发生过或正在发生的故事）相统一的过程。

参照、借鉴李占祥教授“企业成长中的五大管理陷阱”分析模型[①]，我们在此描绘企业组织形态（结构）演变的轨迹如下（见图 17-2）。

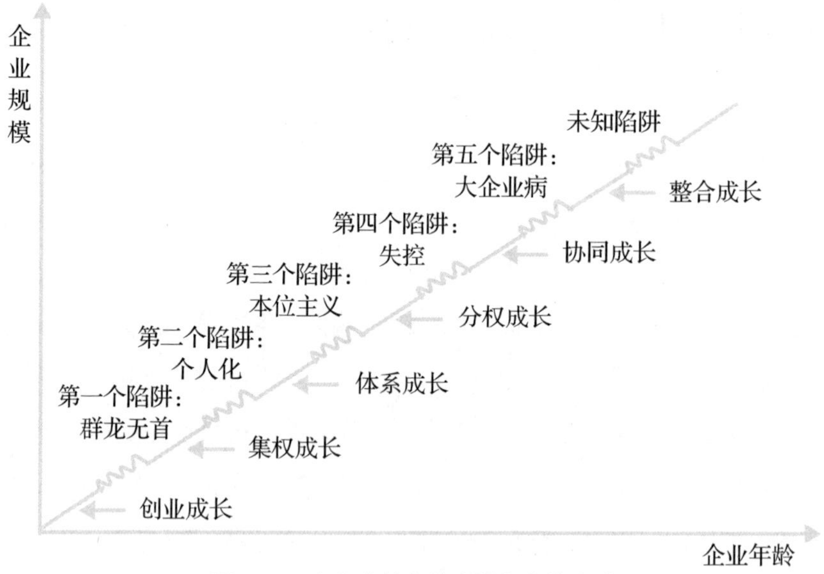

图 17-2　企业成长中的陷阱和变革突破

① 李占祥. 矛盾管理学：企业可持续成长之路. 北京：经济管理出版社，2000：36.

第一个陷阱出现在创业成长阶段。企业未能形成核心领导团队或者未能形成真正的领导权威。核心领导团队及领导权威是企业创业成功的必要条件。核心领导团队是指若干个联合创业者或领导者，领导权威则是指这一团队中的主心骨。互联网时代，单枪匹马创业很难成功，必须依赖一个核心团队（例如腾讯、小米），但决策权（治权）必须集中，否则有可能拖延决策、贻误时机。

创业企业形成了强有力的核心领导团队及领导权威之后，如果抓住了外部机遇，企业组织就会进入集权成长阶段。随之而来的是第二个陷阱：企业运行发展高度依赖领导者，各类专业职能严重缺失。

到了这一阶段，企业规模大了，仅凭领导者个人管控的宽度、深度都会出现限制；没有决策支持系统，领导者决策也容易出错；没有人力资源、财务、信息等职能机构的支持，能力无法发育，管理体系无法构建，组织成长面临瓶颈。我国许多民营企业都曾不同程度地掉入这一陷阱。

避免掉入第二个陷阱的方法是健全职能机构，引进专业化程度高的职业经理人以及高素质的"学生兵"，完善流程制度体系。这样企业的组织形态就变成职能制。如果这些举措有力、得当，企业会进入体系成长阶段。其特征是：企业成长不再仅依托创始人或领导者，而是有了团队、组织、管理体系的支持和保证。

体系成长过程中，企业职能管理机构通常会扩大权力，将流程和管理复杂化。随着企业规模增大、年龄增加，组织结构很容易越来越臃肿，部门之间的"墙"越来越厚，官僚主义作风也有可能滋长。这就是第三个陷阱：本位、僵化，组织活力不足。到了这一阶段，企业的业务结构往往开始多元化。在激发组织活力和业务多元化发展的双重要求下，企业需要进行以分权为主题的体制变革和机制调整。如果这样做了，分部制组织形态（结构）就会出现。

分部制组织形态通常会有效调动组织内部的积极性，为二级企业家赋能，从而使几个业务齐头并进。但分部制组织形态的内在缺陷也会逐渐呈现和暴露出来：事业部各自为政，资源不能共享，在总部监控不力的情况下，有的事业部有可能偏离总部的战略方向。这就是第四个陷阱：组织分化、管控无力无效（失控）。有的企业称之为诸侯化。

解决问题的思路是将职能制和分部制结合起来，形成双重管理维度以及双重权力关系：一方面，保留事业部形态，统一协调产品价值流，目的在于保持及提高经营效率；另一方面保留研发管理、供应链管理、营销及销售管理等专业组织单元，旨在提升资源效率。事业部下辖的研发、制造、营销及销售组织单元，同时也是总部研发管理、供应链管理、营销及销售管理下辖的组织单元。这是一种典型的矩阵制组织形态，借用一部戏剧的名称，就是“一仆二主”。

矩阵制组织有利于实现业务成长和专业能力提升的双重任务，能够适应复杂市场、复杂顾客以及复杂产品。IBM 等世界著名企业很长时间内都采取这种组织结构。我国企业由于文化传统、管理能力等因素的约束，真正尝试矩阵制的很少。笔者所见到的成功案例是华为市场体系的航空港模式。

矩阵制组织形态的主要问题是内部权力关系模糊，运行流程复杂，对管理者及员工的素质要求较高（否则无法协同）。它很可能导致企业陷入第五个陷阱：大企业病。病症主要为结构复杂、效率低下、反应迟缓。而解决组织大企业病及复杂性有很多途径，比如部分工作和活动外包、内部市场化、整合服务平台等。既变革组织结构和体制，又变革商业模式和价值流结构；打通内部和外部的边界[①]，在内部合作和外部合作中导入虚拟组织机制（协作联盟等）。这些措施有助于企业跳出复杂性陷阱而步入整合成长新征程。

需要说明的是，有些企业在解决第三个陷阱（本位主义）时，并没有直接通往事业部制，而是先采取了矩阵制。当矩阵制变得过于复杂时，才采取简政放权的事业部制。其组织演变的路线和图 17-2 有所差异。

职能制

现代企业组织形态是从小作坊、小工场发展而来的。最初的企业组织结构是直线制：在小作坊、小工场的基础上纵向形成了指挥、决策层级，横向形成了初步、简单的分工。这是一种集权体制，所有者和经营者尚未分离。随着企业规模的扩大、生命周期的演进，最为常见的组织形态直线职能制出现了（见图 17-3）。它是组织内部分工深化的产物：第一，产生了决策支持（参谋）体系和面向价值流的服务体系；第二，价值流研产销各板块相对独立地成长；第三，专业能力开始发育；第四，所有者和经营者出现了不同程度的分离，职业经理人团队成为企业管理的中坚力量。企业从“个人型”（依赖创始人个人）变成“组织型”（依赖团队、组织的分工和配合）。

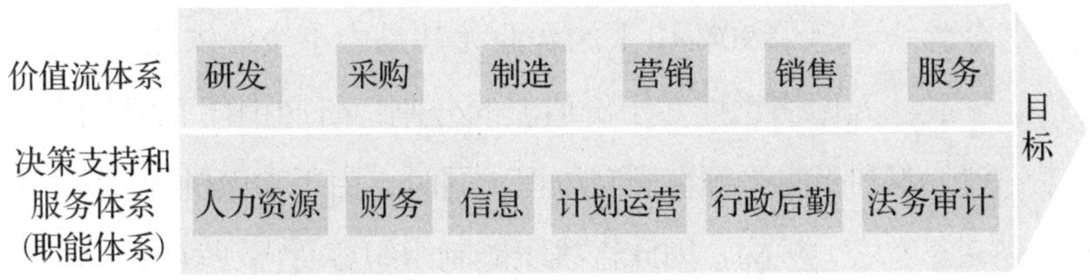

图 17-3　直线职能制组织的价值链逻辑

① 罗恩·阿什克纳斯，等. 无边界组织：第 2 版. 北京：机械工业出版社，2005.

我们按管理关系可以将图 17-3 转换为图 17-4。

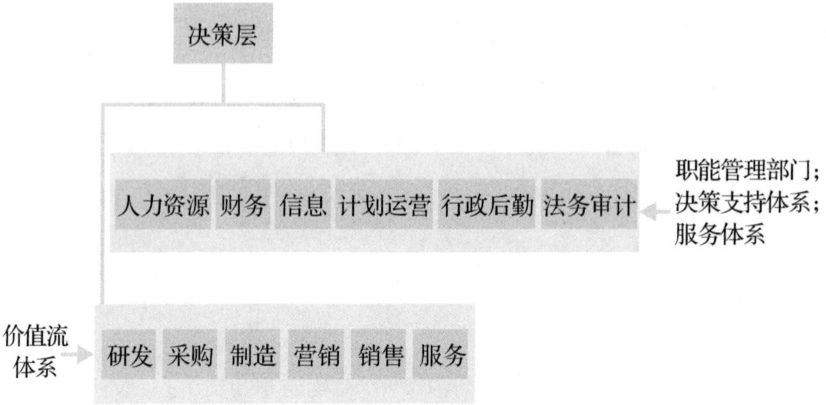

图 17-4　直线职能制组织的管理逻辑

图 17-4 中，研发、采购、制造、营销、销售、服务等板块内部又可分解为专业职能管理部门 / 机构和业务（经营）部门 / 机构。例如制造体系内部分为一线工厂（车间）和生产管理、设备管理、工艺管理、品质管理等专业职能管理部门。这些专业职能管理部门在部分企业被称为中台（前台指生产经营部门，后台指服务性的职能管理部门）。但是中台的概念更常见于分部制组织结构之中。

通过第 16 章“流程活动的组织化”的分析可以得知：企业在单一业务情形下，与价值创造活动直接契合的组织形态就是直线职能制。迄今为止，恐怕 90% 以上的企业尤其是中小企业依然采用这一结构。它最让人诟病之处在于价值流的分割：研产销环节相互隔离，责任分割，不利于实施顾客导向流程。同时，由于参谋机构、服务机构常常蜕变为权力机构，因此直线职能制组织容易出现官僚主义（先天的集权制也加重了这一病症）。我国企业直线职能制运行时，最容易出现的问题就是权力从决策指挥主线转移到参谋服务线。主要原因在于各直线管理层级的主管放弃责任以及相应的权力（尤其是与支持性事项相关的职权）。比如招聘人员、任用人员应是直线主管分内的职责，需要自己决策，但他们常常把这类最重要的责任、权限都交给人力资源管理部门。

由于价值流各环节相互分割，因此直线职能制不利于新业务的培育和发展，因为无专人或专门团队思考新业务的发展问题；同时不利于培养经营管理上的通才以及企业内部二级企业家。

克服直线职能制弊端的方式和途径主要有两个：一是组织中管理（决策）层级扁平化，并使决策权限下移。二是成立各种任务（项目）小组，打破部门 / 机构界限，赋予小组负责人较大（足以完成任务）的权力，为小组配置充足的资源；同时打破纵向职级限制，根据需要选用各个层级（很可能是基层）的员工担任任务（项目）小组负责人。这种任务（项目）小组实际属于另一种组织形态矩阵制，我们在后面还会谈到。

事业部制（分部制）

随着企业经营规模的扩大以及多元化业务的发展，直线职能制已不能满足容纳多项业务以及企业分权的双重任务。在此背景下，双层经营的事业部制（分部制）应运而生。目前它是较大规模企业的常见组织形态。

事业部制的最主要特点是在企业内部成立“企业中的企业”。事业部独立核算，承担销售业绩和利润责任，拥有相应的权力（见第 24 章）。事业部内部的组织结构通常为直线职能制。总部对事业部的管理主要依靠三种手段：一是事业部发展战略、年度计划和预算；二是一定范围内的人事任免；三是投资决策权限。

这里需要说明一下，集团型企业总部对下属机构有两种治理方式：一是事业部制；二是法人治理制。后者的含义是：集团对独立法人的子公司，依据法人治理结构进行管理，如派出董事，企业意志通过董事会决议实现；根据公司章程及股东决议，向董事会推荐经营班子人选及财务负责人……有的读者也许会问：我们企业的事业部都是独立法人，为什么没有采取法人治理制？其实，很多企业下属事业部拥有独立法人的法律形式，但未必采取法人治理制。换句话说，对于法人子公司，既可以采取法人治理制，也可以采取事业部制（必须是子公司的实际控制人）；而事业部可以是法人组织，也可以是虚拟企业。

事业部的划分主要依据产品品类和业务种类。有些业务单一的企业，也可以按区域、顾客群或技术类型设立事业部。有些企业为了厘清责任、激发活力，将价值流中的研产销环节全部或部分设成独立核算的事业部。如果产品、业务以及相关事业部很多，也可以将它们拼合起来形成若干事业群（business group，BG），它们就是事业部的集合式放大。从现实情况看，某些企业的 BG 是统合性概念，不是真正的经营主体，安排一位副总裁 / 副总经理协调管理。这样的 BG 是“虚”的，下面的事业部是“实”的。也有企业将 BG 作为总部直接考核管理的经营主体，这样的 BG 就是“实”的。如果“实”的 BG 下面设有事业部，总部同样有直接、不直接考核管理两种选项。如果是前一种，意味着总部和事业部之间多了一个管控层级。

按产品（业务）划分的事业部组织形态（结构）的价值链逻辑如图 17-5 所示。

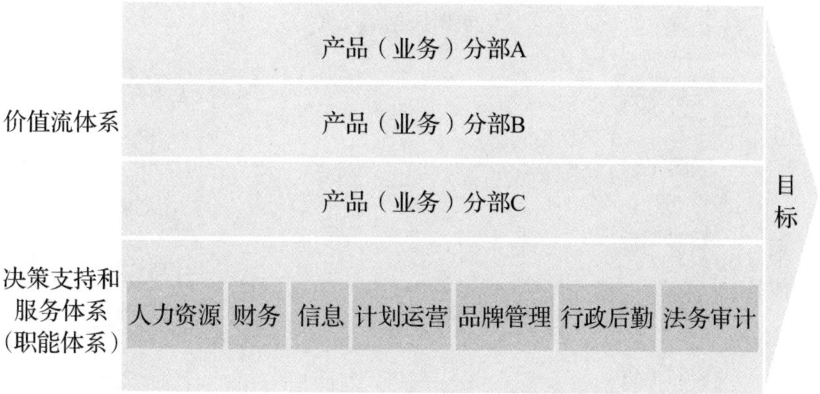

图 17-5　事业部制组织的价值链逻辑

通过图 17-5 可以清晰地看出，事业部制区别于职能制的就是产品（业务）的叠加。但是，由于多条价值流并存，因此产生了资源（资金、技术、人员、信息、物流等）共享的需要，一些平台性服务功能则会聚合起来；同时，职能体系也需要增添一些公共管理部门（如品牌管理部）。由此形成了十字型的组织框图（见图 17-6）。

图 17-6 只是示例，职能体系中的职能并没有列全；同样，平台体系中的平台也只列举了一部分（各企业差异较大）。平台功能是各事业部共用的功能，平台技术是支持各事业部的通用和基础技术。平台体系是各事业部可以呼唤的“炮火”（资源），是赋能和服务型组织；平台机构对事业部不具有审核、批准权限——除非得到集团决策层的特别授权。

有的企业将直接作用于价值流的资源（主要是技术）共享环节以及赋能功能聚合起来，成立相关部门 / 机构，形成所谓的中台（见图 17-7）。

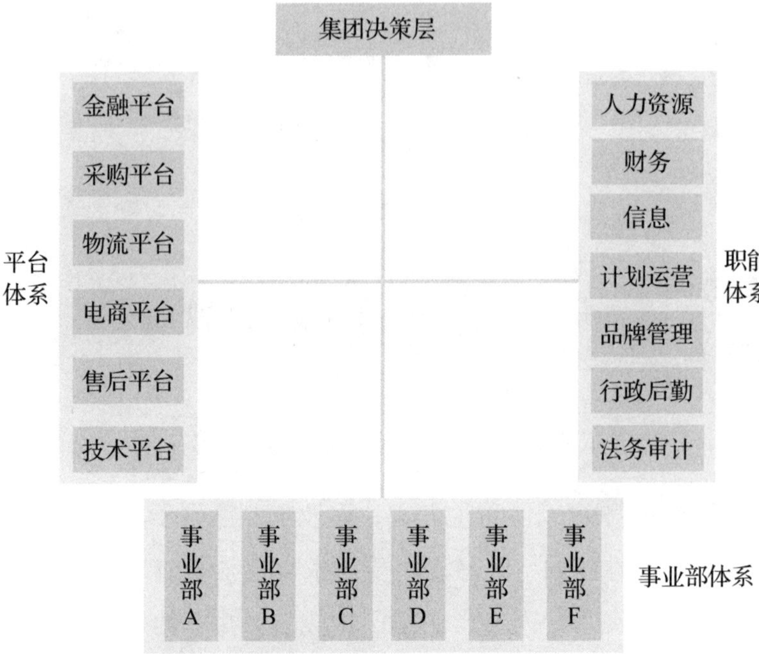

图 17-6　事业部制组织管理、服务关系示意

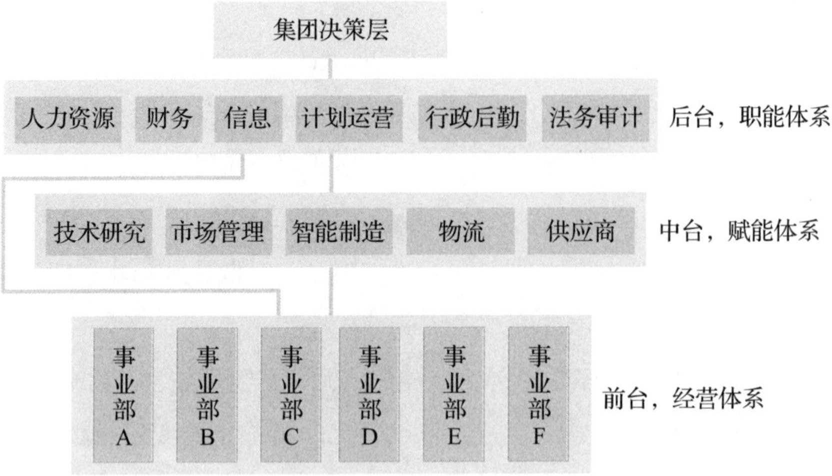

图 17-7　事业部制组织结构中的前台、中台、后台设置

这种组织结构的优点在于加强了腰部力量，将前台经营效率和中台资源效率结合起来，将事业部业绩导向和中台能力导向结合起来，将企业短期业绩增长和长期基础性要素建设结合起来。这种结构的弊端在于组织结构臃肿，赋能体系不直接感受市场压力，反而有可能成为一线机构敏捷反应的拖累，降低价值流运行速度。而后台本来是要和前台一体化的，有了“前、中、后”的说法，有可能真往“后”了。这就是符号、定义的暗示作用。

事业部制结构的优点在于二级经营主体（事业部）目标明确，重视成果；经营团队全面负责，权力充分；有利于增强组织活力和内在冲动，推动业务增长以及新业务发育；有利于培养一批经营管理的通才（企业家）。问题主要有：活动和资源重复配置，不能共享；力量分散，不利于集中力量做大事，不利于压强攻关，某些战略性业务的发展有可能受到约束；不利于发挥组织的协同作用，容易产生离心及诸侯化倾向；统一的能力平台和管理平台难以形成。尽管存在这么多问题，在多业务战略格局下，事业部制往往是集团性企业的唯一选择。国内大型企业美的、京东、腾讯、阿里巴巴等基本上都采用了这一结构。

矩阵制

矩阵制是一种较为复杂的组织结构。我们的分析还是从职能制开始。

职能制组织按照各类活动的性质把价值流切为几段，形成了研发、生产、营销/销售（市场）等组织单元。现在，企业业务开始多元化，组织结构需相应变化。有两种选择：一是成立事业部，将价值流各环节统一到事业部中去；二是保持研发、生产、市场等组织单元不变，同时成立产品（业务）事业部，由此形成专业职能部门和事业部纵横交错的典型矩阵制组织结构（见图 17-8）。

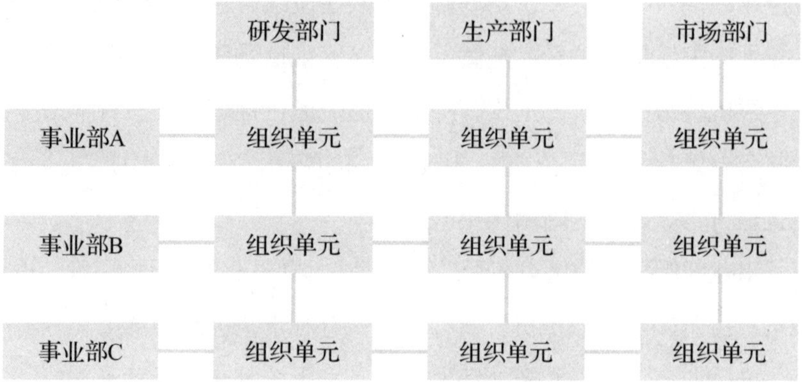

图 17-8　事业部和专业职能机构双维矩阵

图 17-8 中每个组织单元都要向专业职能 / 平台线报告，也要向事业 / 业务 / 产品线报告。两条线的协调依托流程。通常情况下，与业务相关的事项由业务线负责；与能力、资源相关的事项由职能线负责。对所属组织单元及其负责人的评估，两条线组合进行：业务线主要评价业绩，职能线主要评价能力。

对于图 17-8 的矩阵结构，还有两点需要说明：

第一，两个维度可以有不同的强度选择：强平台（弱业务）或强业务（弱平台）。这里所谓的强、弱是指权力的分布。强意味着在价值流运动过程中话语权和相关事项决策权更大一些。如果事业部强，它的组织形式往往是实体化的（未必法人化）；如果事业部弱，它的组织形式可能是虚拟化的，甚至只设置一个负责人职位，在价值流各环节贯穿、连接中起跟踪、沟通和协调作用。

第二，价值流中的几大环节，未必每个环节都实行矩阵制。华为目前按矩阵制运行的主要是市场部门。

矩阵制组织结构除图 17-8 所示的形态，还有其他几种类型。

（1）任务型矩阵组织。这是最早出现的矩阵制组织结构（见图 17-9），主要适用于研发机构以及提供集成解决方案的企业。研发机构通常按技术模块分为若干个专业性组织单元。例如制造企业飞机研发系统下设发动机研究部、新材料研究部、结构研究部等；为体现目标导向和成果导向，同时成立项目（任务）开发小组（例如某飞机机型项目小组）。项目小组成员来自各专业性研究组织单元。项目小组组长从若干个职能 / 技术部门中挑选，上例中可以来自发动机部门，也可以来自新材料部门……项目小组组长对于项目运作有较大的权力，必要时向专业性部门求援，在技术上接受其指导。项目结束，项目小组成员回归各自单元；一旦有了新的项目则重新组合集结。提供集成解决方案的企业，常常按部件 / 技术 / 功能模块设立专业性组织单元，同时以顾客为中心组建各专业性组织单元都派人参与的集成方案小组。例如某企业为医院的手术室提供解决方案，设有手术台、无影灯等专业性的研发及制造组织单元：面向某大型医院时，组建各专业性组织单元参与的集成方案设计、交付小组，共同为顾客服务。

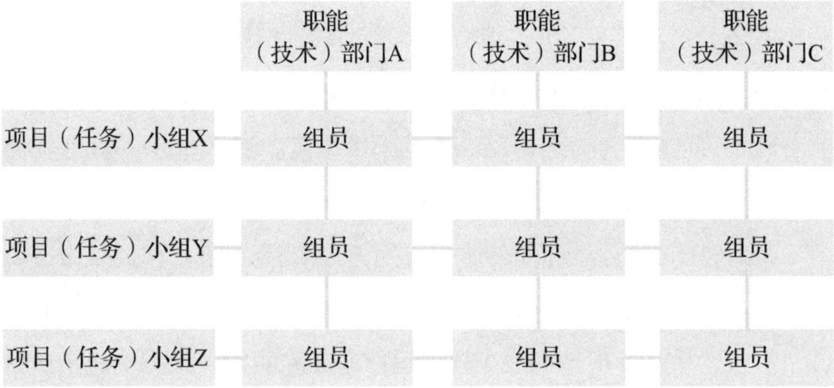

图 17-9　项目（任务）小组和职能（技术）部门双维矩阵

除了上述两种情形，跨职能部门的项目（任务）小组已成为企业常见的基本组织形态。

（2）区域航空港型矩阵制组织。这种形态主要适用于企业市场及销售系统的区域销售组织，以及国际化企业跨区域管理机构（见图 17-10）。

图 17-10　产品（业务）线和区域平台双维矩阵

在区域平台（机构）上，并存着多个产品（业务）组织单元（航空公司）。业务活动的开展主要由产品（业务）线（航空公司）负责，区域平台（机场）提供公共职能和共享资源服务。但是，区域平台对居于其上的产品（业务）小组有不同类别、不同程度的管辖权。不同企业两个维度的权力配置是不同的，有些是强区域而弱条线（产品/业务线），有些恰恰与之相反。无论哪个维度，有人事权的就是优势维度。有兴趣的读者可以研究华为区域代表处的案例。

某些跨国公司区域管理机构主要承担区域资源整合和公共服务职责，基本上不直接运作业务。有些民营企业高薪聘请著名跨国企业区域负责人，后来发现他们缺少统筹运作业务的能力。我们不能指责这些跨国企业高管能力不行，而是要反思自己是不是不了解他们真实的职业经验，是不是期望错了。

（3）产品（业务）和行业（顾客）融合型矩阵制组织。这种形态主要适用于销售部门。在产品（业务）部门分工的基础上，为提高销售及顾客关系处理的针对性和专业性设置行业（顾客）部门，行业（顾客）专家和产品（业务）专家共同开发、服务顾客（见图 17-11）。

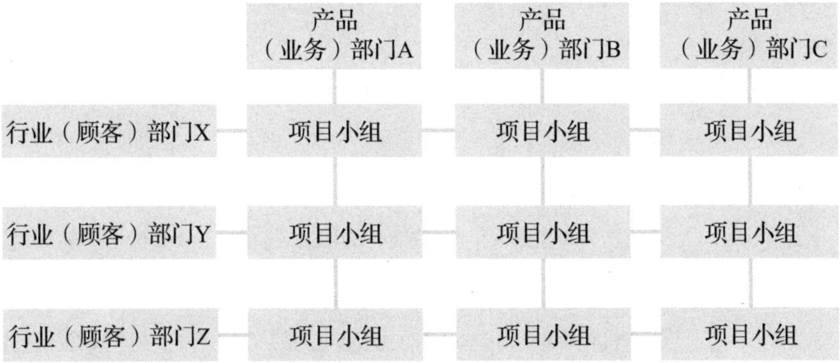

图 17-11　产品（业务）部门和行业（顾客）部门双维矩阵

例如某软件公司，产品线有数据库、业务流程架构、网络安全等，顾客包括金融、医院、教育等行业。针对某行业顾客时，两个部门共同组成项目小组联合作业。如果这种组织结构再加上地区维度，则变成了三维矩阵组织，IBM 在中国市场就有过这样的建制。这种矩阵类型下，两个管理维度都可产生项目小组组长，谁合适谁上。业务拓展中，哪个维度更重要则要视具体情形而定。如果产品无独特优势，顾客变量非常重要，那么顾客维度的话语权则大一些。反之亦然。

（4）职能共享型矩阵制组织。这种形态的典型情境是企业总部有关职能部门管理分支机构时，分支机构的相关职能机构具有总部派出机构的属性，接受总部职能部门和分支机构负责人两个维度的管理

（见图 17-12）。需要说明的是，有些企业分支机构的财务、人力资源等部门负责人由总部任命和考核，薪酬等由总部发放，这基本不属于矩阵制。如果这些负责人的下属由分支机构任用以及发放薪酬，这种情形下则属于矩阵制（因为这些下属同时接受直接上级和分支机构负责人的管理）。这种矩阵制组织中，两个维度的权力通常情况下大体相当。若为控制风险，总部职能部门权限大一些；若为激活组织，分支机构权限大一些。

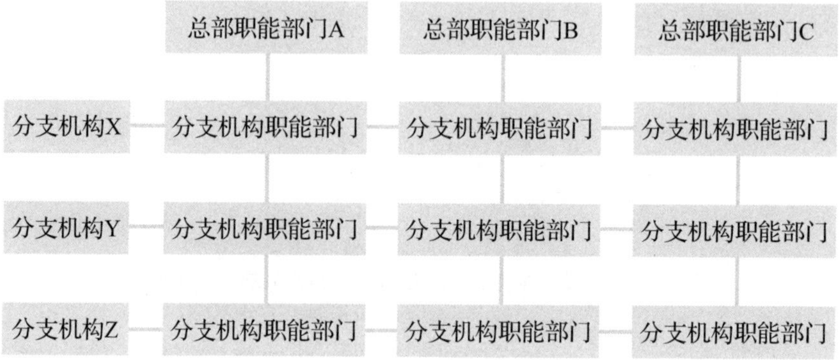

图 17-12　总部职能部门和分支机构双维矩阵

上面我们介绍的矩阵制组织结构类型中，最多的组织维度是三维。理论上还有四维、五维……但实际上，维度太多会导致组织协同成本上升、运行效率下降，因此大多数矩阵制组织的维度都在三维以内。中国企业真正采用矩阵制的比较少，一方面是因为大部分企业规模不大，管理的空间跨度、业务结构的多样性、商业模式的复杂性等方面尚未达到需要构建多维矩阵制组织的程度；另一方面，中国企业员工从上到下都习惯、倾向于权力协同（见第 24 章），心理状态和综合素质似乎不支持多方向协同的矩阵制组织。

矩阵制组织结构既关注结果、责任，也关注专业化优势（能力），力求使价值流内部一体化和各环节专业化相平衡和统一。它有利于提高组织资源共享和关联度，增强超越个人、源于配合的组织效能；有利于增进组织的多方向适应性，保证各项价值创造活动的可靠性和品质，更适合复杂产品以及内部结构复杂的机构顾客；有利于大型企业跨地区、跨业务的管控。

但是，矩阵制组织形态也有明显的缺陷：责任、权力边界不清晰（这是中国员工最厌恶的事情之一），容易引起权力之争；内部沟通、协商、协调成本高，影响组织效率和运行速度（可以说矩阵制是用牺牲效率来换取低风险和品质）；对流程建设和领导能力的要求较高。特别需要指出的是，不同维度上的领导者，能力、气场（影响力）需大致均衡，否则矩阵制组织运行起来会向一侧倾斜：一个维度强，另一个维度弱，这样矩阵制就名存实亡、不复存在。

18

第18章

新型组织形态

嵌套型组织

在弗雷德里克·莱卢（Frederic Laloux）所著《重塑组织：进化型组织的创建之道》中，作者提出了嵌套型组织的概念。① 中国企业实践中，很难找到相应的案例。但是类似的组织结构是有的，即企业总部和事业部之间存在连接的纽带和嵌套的组织机制。

读者都知道，事业部制是分权体制，直线职能制是集权体制。两者之间的中间状态就是一种嵌套型组织结构（见图18-1）。它既不像事业部制那样分权，也不像直线职能制那样集权；既能保证二级经营主体的独立性、自主性和活力，也能保证整个企业战略上的统一性和风险的有效控制。

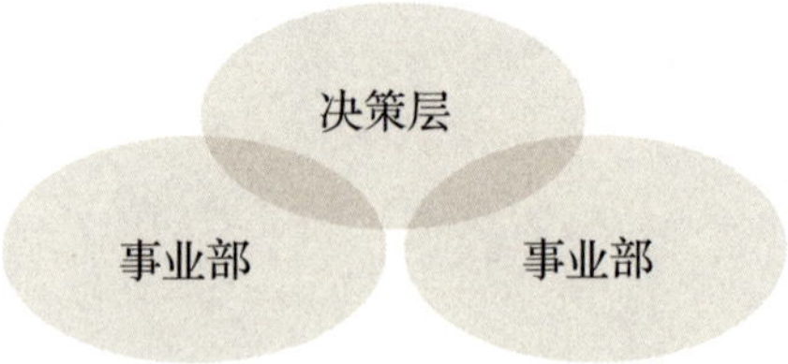

图 18-1　嵌套型组织结构

① 弗雷德里克·莱卢. 重塑组织：进化型组织的创建之道. 北京：东方出版社，2017.

韩国三星集团曾采用这种结构。三星集团秘书室（后改名结构调整本部和战略企划室）[①] 是非常具有韩国特色的企业高层机构。它既是三星集团实际控制人李健熙家族事务的办理者，也是集团决策支持机构及关键资源（比如资金）的分配者，并且具有一定的下属公司负责人的任免权（曾有人分析，李健熙时代三星集团的重大决策权 90% 属于李健熙，10% 属于秘书室）。为将战略制定和战略执行结合起来，三星集团战略调整本部成立了结构调整委员会，成员包括主要子公司总经理和战略调整本部部长。委员会每个月开一次会，讨论决策集团及子公司重大战略事项。这个委员会就是嵌套式组织，是总部与子公司决策层的交集。

嵌套型组织结构最大的特点是：事业部（子公司）决策组织中有总部派出的成员；而总部决策组织中也有来自事业部（子公司）的代表。其优点在于总部和事业部（子公司）存在无缝沟通机制，缺点在于上下责权不清，容易导致分权不充分。我国也有企业借鉴三星集团的做法，在总部层面成立和下属事业部一一对应的小组，作为企业最高决策者和事业部之间的桥梁。小组组长的组织级别和事业部负责人基本相同；在某种程度上也可视作事业部负责人的“备胎”和“B角”。小组的主要职责是：

第一，在公司战略决策层和战略任务执行层（事业部）之间起信息传递和沟通作用。

第二，协助组织战略任务分解和实施方案制定。

第三，对战略任务执行、完成情况进行跟踪、调研、分析和反馈。

---

① 高皓，刘中兴，叶嘉伟．重权在握的三星集团秘书室：内置式家族办公室典范．新财富，2014（2）：110-116，118-122．

第四，对战略任务和行动推进过程进行跟进、协调和监督；组织跨部门的专题研讨，制定解决方案（按权限报批）；协助总裁整合战略任务所需人、财、物等多种资源。

第五，组织并参与战略任务实施中的试点和标杆工作。

成立、运作这些小组，有利于总部战略决策在事业部层面得到有力的贯彻和执行。但小组的定位面临难题：如果仅仅是赋能者、监督者，可能对事业部的影响力不够；如果是事业部价值创造活动的直接参与者，则有既是裁判员又是运动员之嫌，同时模糊了事业部的责任。

分布型组织

分布型组织是多中心、分散控制的组织。其基本结构是：在企业支持、服务、赋能平台上，存在多个并列的具有经营属性的小型组织（见图 18-2）。分布型组织也称为单元组织[①]及并行组织。这些并行的单元具有独立的地位和清晰的责权边界，往往从事同一种业务，彼此存在竞争。有的读者也许会问，平台上有多个小型组织单元，但未必从事同一类业务，难道这就不是分布型了？分布型意指某个系统从中心控制转向了多中心控制，因此，某项业务范围内的单元衍生和扩张更接近其本意。平台上的创客组织，它们的组织形式大部分是独立的子公司，已从原来的企业中分离出去了。

图 18-2 中的单元通常是一个小型团队。它属于任务小组，但并非任何小组都是单元。它最重要的特点是能够独立地配置资源：掌控价值流（未必自主拥有价值流的所有环节），直接向顾客提供产品或服务。就像俗话所说的“麻雀虽小，五脏俱全”。对单元来说，五脏

① 刘群慧．面向零时间运作的单元组织研究．北京：中国社会科学出版社，2012．

未必全，但功能是全的。我们可以将其理解为微缩版的事业部。由此可以将分布型组织视作事业部的细分。

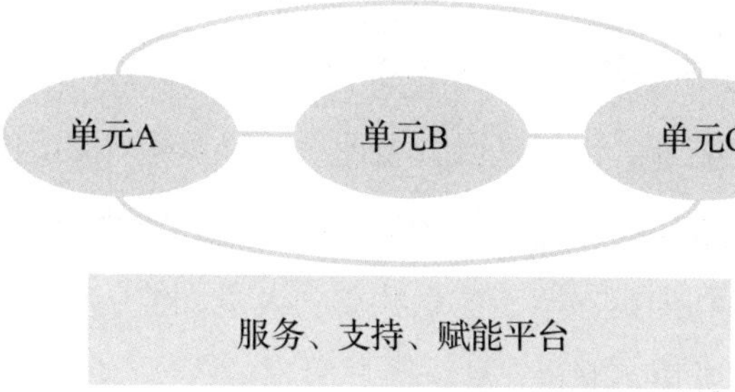

图 18-2　分布型组织的基本结构

分布型组织适用于顾客群繁多，需求细分度高、分散、具有不确定性的科研、时尚、创意产业。例如互联网服装企业韩都衣舍，借鉴阿米巴模式设立了 200 多个小组，独立负责某一个品牌或品种的经营。小组里的核心角色有四个：一是运营专员，负责小组商品的价值流运营，通常也会担任组长（小老板）；二是选款专员（买手），负责款式的开发和搜寻；三是订单专员，负责订单流程运行，和生产部门对接；四是页面制作专员，负责商品的拍摄以及页面的制作维护。这些经营小组在公司统一制定品牌策略（调性）、产品规划、最低定价标准的基础上有较大的自主权，可以确定具体款式、生产数量、产品价格以及促销计划。它们可以分享经营利润。

除了服装企业，分布型组织比较典型的例证还有研究未来技术的科研机构。由于技术前景不明，因此安排若干平行研究小组分头探索，增加成功的概率。据说当年华为在开发交换机时，也按不同的技术路线安排了不同的开发小组。此外，影视、出版等创意产业中的企业，有时会设立多个策划、制作及项目小组，并行开发产品。咨询公司、律师事务所等服务机构也经常采用这种结构。

分布型组织形态下，平台的作用非常重要。有人认为，分布型组织适合短价值链行业[1]，这样一线经营单元（团队 / 小组）整合资源、驾驭价值流的难度就小一些。实际上，在长价值链的情形下，平台需承担价值流上的某些环节，比如基础性产品族群或产品平台的开发、集成供应链的打造等。也就是说，要使一线经营单元的运作重心放在和顾客交互上，放在顾客需求的认知、体察上；要使一线经营单元成为打开市场的锐利尖兵。至于信息共享、人员训练、评价考核、资金支持等平台功能就更不必说了。

分布型组织属于网络状组织。前线与平台、小组与小组之间有着多方向的密切联系。任何一个小组根据任务需要都可以调动上下左右的巨大资源。这意味着，分布型组织通常是自组织。[2] 现代战争中，一线的作战人员面对分散、隐藏的敌人时，也需采取分布型结构。一旦哪个小组发现敌人行踪或遭遇敌人，立即呼唤立体支援体系；后台迅速集结力量给予敌人致命打击。

分布型组织的优点主要有：第一，能够多方向、多触角地寻找、探索生存机会和生存方式；第二，灵活机动，对于突然出现的具体情况可以快速反应；第三，借助自组织机制（连接和重组），可以实现小组 / 单元结构的优化和总体竞争力的提高；第四，通过局部损失处理，化解全局性风险；第五，每个小组 / 单元自主与外部合作，使组织边界消失，增加了企业的开放性和弹性。

显然，分布型组织不适合需求个性化程度低的同质化、规模化市场，也不适合价值流连续、各环节不易分离的产业。由于它的结构扁

---

① 弗雷德里克·莱卢. 重塑组织：进化型组织的创建之道. 北京：东方出版社，2017.

② 斯坦利·麦克里斯特尔，等. 赋能：打造应对不确定性的敏捷团队. 北京：中信出版社，2017.

平、分散，难以集中力量完成重大、重要任务，在未来很长一段时间内将会是一种非主流的组织形态。

生态型组织

生态的原意是：在自然界一定的空间内生物与环境构成的统一整体。根据这样的定义，生态系统有这样几个要素：第一，土壤。即平台，这是蕴含、培育各类生物的基础，必须富有养分。第二，生物。即土壤上生长出来的万物。第三，阳光雨露，包括温度、气流等因素。即来自外部的能量。第四，关系。即土壤和生物之间，生物与生物之间，阳光雨露与土壤、生物之间存在信息和能量的交换；彼此循环式交互，具有自组织功能。

将上面这四点对应、映射到组织形态上，显然，生态型组织应具有以下几个特征：

第一，企业平台上生长出许多生物；它们是基于多元化业务的独立经营主体；生物的品种非常丰富，远远超过了一般企业的事业部型结构，有了分布型结构的意味。

第二，生物生长于一个共同的土壤（平台）上。这个平台不仅是品牌（如果仅仅依靠品牌连接各类业务及经营主体，那就是人们常见的品牌共享），更主要的是技术。只有技术才是连接各类生物的坚实纽带。

第三，所有生物向着阳光雨露健康、茁壮生长。这里的阳光雨露就是顾客需求和顾客流量。所有经营主体都需要寻找广阔的市场空间，挖掘强劲的真实需求。顾客是企业生态系统一切能量的来源。

第四，土壤（平台）为生物提供养分（资源支持、赋能服务），生物回馈给土壤各种营养（增强平台能力的各种信息、知识、经验和资源）；生物之间相互关联，彼此增强；每类生物获取的阳光与其他生物共享。

根据上述四点，生态型组织的基本结构如图 18-3 所示。

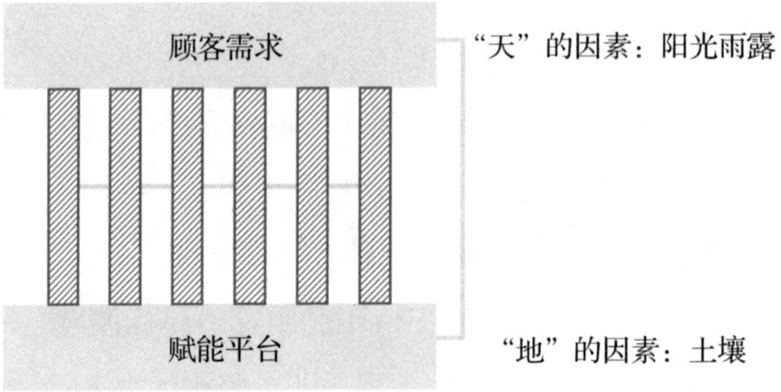

图 18-3　生态型组织的基本结构

国内企业中，腾讯、小米等具有生态型组织的特征。腾讯的土壤是微信，目前多种树木正在以微信为依托成长；这片土壤获取的阳光雨露（顾客流量）非常充足（且获取成本较低），树木的外部能量供给充分，未来有可能成长为茂盛的森林。阿里巴巴的土壤是电子商务平台，同样阳光灿烂、雨露丰沛，有些树（支付）已经长成参天大树了。小米的土壤是操作系统等软件，使得各棵树之间有了物联网络。小米生态圈模式和腾讯、阿里巴巴等企业的不同之处在于，生态链上的各棵树能够自带阳光雨露，但连接的纽带和平台（操作系统等软件）还在发育过程之中。

小米生态圈中的许多企业，从法律形式上说是小米投资的子公司。按理说，它们已超出了小米企业的范围，是一些独立的法人主体。但是，小米赋能体系对它们有供应链和渠道链（主要是零售终端）的支持。这意味着小米在一定程度上介入子公司的运营。小米和这些企业是一个资源共享的联盟。由此可见，生态型组织可以突破企业自身的边界。小米生态链上的某些企业，比起标准的子公司制，对小米的依赖深一些；比起标准的事业部制，自主独立性大一些。可见，小米生态圈是介于子公司制和事业部制之间的一种创新型组织形态（当然小米生态圈内部结构复杂，和小米的关系远近不一，我们这里指的是与小米紧密合作的企业）。

近年来，有些公司尝试内部创业，强调赋能平台上的多角成长。但是这种模式还不能算作生态化，因为缺少坚固、稳定的土壤（投一些资、派一些人属于支持服务，很难称得上构筑了一个平台）。它更接近于孵化器，当然也可以理解为生态模式的初级状态。

未来区块链时代，有可能出现超越企业边界的社会化生态组织。在区块链技术平台上，每个组织单元（有可能是机构，也有可能是团队，更有可能是个人）相互连接，共建一个价值发现、价值创造、价值交换、价值共享的体系。同时，每个组织单元的行为信息都在同一个"账本"（信息系统）上公开记录，任何组织单元都不得篡改、隐瞒和作假。每个组织单元凭借投入和劳动都能获得自身的权益；而且这种权益受到保护，不可能被掩盖和损害。组织单元之间的权益交易采用智能化、自动化的机制，公正、透明（在共同体之间）、直接、高效。所有的组织单元彼此信任，对组织运行规则达成共识；对组织单元的约束不是建立在"好人""坏人"的辨识上，而是建立在每个组织单元趋利避害的理性选择上。一个分布式的节点（组织单元），如果失信于大的协同同盟和组织，就无法生存。因为所有的组织成员都知晓了失信者的行为，都会排斥它，不再和它交往、联系。

这似乎是一幅区块链乌托邦的图画。但是未来基于区块链技术或理念的顾客和股东相统一的开放式、自组织的新组织形态很有可能出现。

19

第 19 章

部门职责分析与职位设置

部门职责

组织形态确定之后，组织设计的下一个任务是部门职责界定。这里的部门是广义的，和机构基本同义。既包括职能管理部门，如人力资源管理部、总裁办等，也包括一线的生产经营机构，如生产部、营销公司、工厂、车间等。在企业的组织结构图上，部门可能有多种称谓，如“部”“室”“中心”等。

抽象地说，部门是介乎职位（最小组织单元）和整个企业（最大组织单元）之间的组织单元。有的部门是较大的俄罗斯套娃：里面还有小套娃，即内部还有部门。有的部门直接是职位的集合。后者即比职位高一个层级的组织单元，是我们的分析对象。

部门之所以被设立，是因为它有相对独立的活动和职责。换句话说，因企业价值创造活动多种多样，将它们组织化之后必然形成各类（种）部门。因此，部门是组织分工的产物和载体。部门的职责是由其从事的活动、完成的任务决定的。企业的流程一旦细分，组织分工一旦完成，部门职责自然而然会被界定。这里体现了流程决定组织的原则。

部门职责分析及撰写有两种基本方法。第一种方法比较简单：直接提炼部门的中心任务，或者直接描绘部门的核心职责。下面我们以某企业总裁办为例来做说明（见表 19-1）。

表 19-1　某企业总裁办的职责

总裁办职责一
作为公司运营管控中心，对公司各业务板块（线）进行计划管理、过程管理和绩效管理。 （1）牵头、组织公司各业务板块的年度经营计划制定（与财务管理部门协同）； （2）分解公司计划和任务，和各任务板块主体订立经营责任书； （3）对各业务板块年度计划执行、完成情况进行跟踪分析，反馈相关信息； （4）定期组织各业务板块的经营检讨会； （5）年末对各业务板块经营计划完成情况进行评价，并提出激励建议（有关信息与人力资源管理部门共享）； （6）年末对各业务板块负责人及管理团队进行评价和组织述职活动（与人力资源管理部门协同）； （7）完善、修改总部与各业务板块的管理关系和管理体制。
总裁办职责二
作为公司决策支持中心，从决策的事先准备、事中组织协调，到事后反馈跟进，进行全程服务、支持和管理。 （1）负责重大决策事项的文件准备（组织安排）和相关部门的沟通协调； （2）负责重大决策会议的准备、组织和服务，会议决议的记录和整理； （3）负责决策决议贯彻执行情况的跟踪反馈。
总裁办职责三
作为公司管理调度中心，负责公司总部层面的例常管理运行和管理变革的驱动。 （1）负责总裁办公会议以及其他有关管理会议的准备、组织和协调； （2）负责公司经营管理中涉及多部门、机构的专项问题的调研、协调、提出解决方案（必要时报决策层决策或批准）； （3）负责公司决策层有关批示、决定的跟进、推动和反馈； （4）负责公司全局性管理变革活动（项目）的发起、组织和协调； （5）负责公司流程制度的牵头管理以及规划、体系的建设和维护（与信息管理部门配合协同）。

续前表

总裁办职责四
作为公司的秘书及文件管理中心，负责公司的高层秘书管理和文件管理。 （1）归拢管理公司高层秘书； （2）负责公司领导者的讲话起草； （3）负责公司领导者的行程安排； （4）负责公司相关文件的起草、审核、下发和归档； （5）负责公司的文件档案管理； （6）负责公司的印章管理。
总裁办职责五
作为对外公共关系管理中心，负责对外宣传，塑造公司品牌形象，与社会各界沟通，保持良好的公共关系。 （1）是公司对外宣传窗口，负责媒体（包括报刊、网站、微信公众号等）管理（与证券事务部门配合协同）； （2）负责公司重大公共关系活动（项目）的策划、组织和实施； （3）负责外部舆情管理、危机公关管理； （4）负责公司品牌管理（设计、变更、使用管理）； （5）负责社会各界（非证券公司、投资基金等）参观交流接待管理。

当然，不同的企业，总裁办的职责定位有所不同。比如有的企业将企业文化管理职责归入总裁办（有的企业则将其归入人力资源管理部门或独立设置部门）。职责的些许差异并不妨碍我们对这种方法的理解。

第二种方法是：将所有部门的全部职责，概括成若干个关键要素和模块。每个部门定义职责时，分别从这些要素和模块的角度进行说明。本书第2章曾经把企业所有价值创造活动分为四类：牵引性活动（战略、计划、预算等）、增值性活动（研、产、销）、要素性活动（人力、技术、资金三要素）、支持性活动（信息系统、财务管理等）。借鉴这种分析框架，我们可以将企业职责同样分为四类：

（1）牵引性活动：战略关切。即部门主要关注的战略主题、任务以及主要承担的战略管理工作。

（2）流程性活动：关键任务。即部门所从事的主要活动，所需完成的专业性工作。

（3）资源性活动：能力建设。即部门在能力积累、提升上的举措和动作。

（4）平台性活动：服务支持。即部门的服务支持功能以及平台功能。

下面，我们以某集团企业技术管理部门为例说明（见表 19-2）。

表 19-2　某集团企业技术管理部职责说明

技术管理部				
要素	战略关切	关键任务	能力建设	服务支持
主要职责	集团技术路线、技术标准、技术进步路径、技术创新重大举措的研究和制定	集团技术创新项目的计划、立项、组织实施、过程控制、成果评估等全过程管理	技术情报管理，知识产权管理；研发资源使用计划撰写；研究团队建设；项目研发组管理	向决策层提供技术决策支持；向研发活动实施主体（分支机构）提供研发辅导和资源整合服务；技术信息云平台建设与维护
	基于集团战略规划的技术战略规划；技术创新政策体系等	技术创新流程体系、软件系统及工具；技术创新奖励政策和制度等	工程师专业任职资格管理；首席科学家管理条例；知识产权管理制度；创新经费管理制度等	集团技术信息共享及授权规范；技术咨询平台管理规范等

表 19-2 中，四个要素框内横线以下部分是相关体系文件的示例。

总的来说，分析和编写部门职责时首先需要以企业战略为导向，凸显战略性任务、举措和战略性流程，不能出现战略性职责的缺失；其次，部门之间的职责边界需明确、清晰。我们强调打破部门边界，意指部门之间的协同和配合，并不意味着部门职责交叉、重叠和模糊。面临不确定活动问题，可通过大部门设置、并行（单元）组织设置、自组织设置等方式来处理和解决。最后，应发挥部门专长，培育核心竞争力。面对未来更加激烈的竞争，企业一方面需以目标、任务为导向，按照价值流逻辑整体运行；另一方面需着眼于长期竞争力，在相关专业领域构筑坚实、稳固的基础。

从部门到职位

将部门职责分解、转换到职位结构以及职位职责，通行的方法是工作地图绘制（job mapping）。如果是新设立的部门，可以根据每项职责设计与之对应的职位（一个或若干个），再考虑各个职位的工作量、工作边界（工作与工作之间的差异）以及职位责任主体（人员）的能力等因素进行微调。其结果是：某项职责可能不止对应一个职位；每个职位可能不止承接一项职责。当现有部门职责发生变化时，其内部职位则需相应调整。图 19-1 是部门职责分解到职位的逻辑示意图。

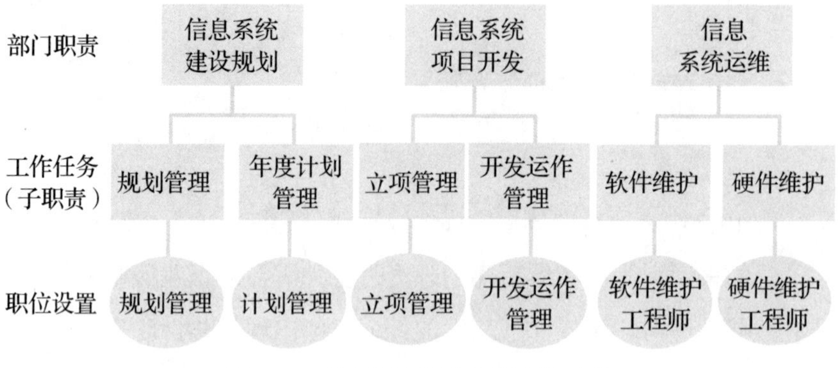

图 19-1　部门职责和职位的直接对应

图 19-1 以某企业信息系统管理部门为例，描绘了部门职责→工作任务→职位设置的基本逻辑。但在现实中，这样的职位设置或许还有调整的余地。比如，在开发项目数量不多、年度计划管理的主要任务集中在少数几个项目上时，年度计划管理职位、立项管理职位、开发运作管理职位就可以合而为一。换句话说，计划和项目管理这一职位同时承接年度计划管理、立项管理和开发运作管理三项职责（见图 19-2）。

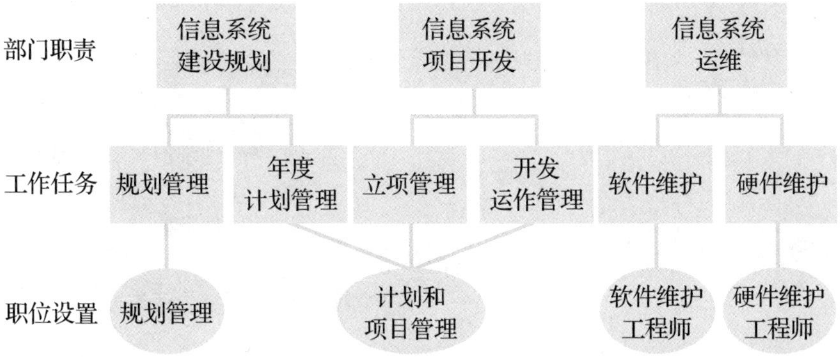

图 19-2　部门职责和职位的连接

这种自上而下的职责分解属于职位设置的传统做法（可以称为职责法）。换个角度看，如果流程充分细分，最低层级的流程活动直接和职位对应，那么只要确定了部门的流程层级及边界，职位自然而然就确定了。部门的流程层级及边界最小就是某个职位所对应的活动；部门所包含的最低层级的流程越多，显然内部职位也就越多。这种自下而上的方法可以称为流程法（见图 19-3）。

图 19-3 中，我们将图 19-2 的信息系统管理职责转换成流程。从自下而上的角度看，职位 E 和职位 F 合起来，就可以构成信息系统建设规划部门；如果把职位 C 和职位 D 加进来，部门边界则会扩大至信息系统建设规划和信息系统项目开发两项流程；如果将图中

“X+2”级流程所对应的职位 A，B，C，D，E，F 全部包括进来，部门则对应于“X”级流程（信息系统管理；通常情况下，X 不是“1”就是“2”）。在企业实践中，从职位 A 至职位 F 均可根据工作量、流程内容等因素进行整合，例如将职位 E，F，C 三者合并起来，命名为项目预备管理。

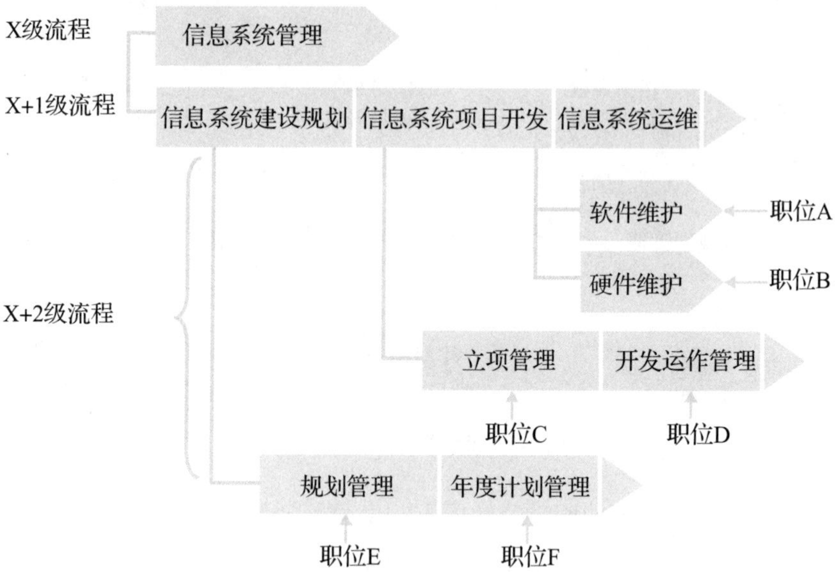

图 19-3　流程和职位的对应

企业某些部门的活动是非流程化的、不确定的。将非流程化活动凝聚成职位，流程法和职责法都不合适。可以采取弹性较大的项目团队法。即在部门内设置若干个项目小组，职位仅仅分为项目经理（组长）和项目组员两类。项目经理的人选可以不事先安排，而是根据项目需要动态确定。

除了前面的三种方法，某些部门属于能力开发、积累部门（如研发、设计、培训、信息系统开发等），可以按专业能力设置职位，类似于京剧中生、旦、净、丑的角色分工。演员专攻一门，技艺才会精湛。例如企业信息管理内部设置架构工程师（专家）、页面工程师（专家）、数据库工程师（专家）等。根据项目和任务需要，这些职位的人员再进行组合。从组织结构角度看，这就是一种项目型的矩阵了（见第 17 章）。

部门内部的职位结构（形态）按照部门内部的管理关系，大体上分为三类：等级型、扁平型和去中心的分布型（见图 19-4）。

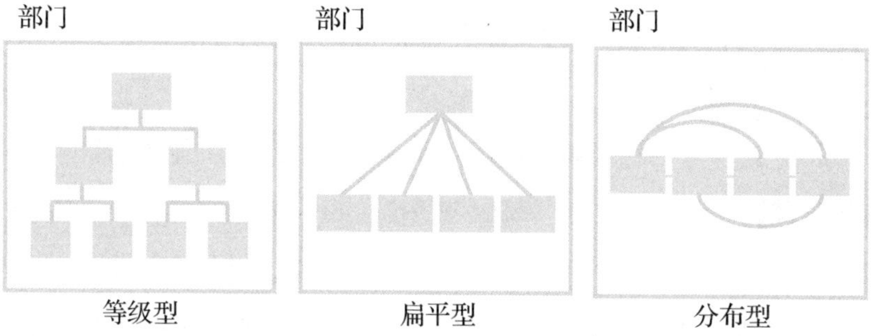

图 19-4　部门内部的职位结构

从图 19-4 中可以看出，某些职位属于管理类职位。当横向的职位数目以及同一职位的人数超过一定宽度时，管理类职位则会分离和浮现出来。在一些活动（事项）中，管理者的主要职责是领导、计划、组织、控制和协调，不再承担具体的业务或专业工作。一些小型的部门或团队，某些管理类职位可以由业务或专业职位人员兼任。由此可以看出，管理类职位需要自下而上地根据业务及专业工作的需要设置。

无论采取何种方法，部门内的职位设置均不能偏离以下原则：

第一，战略导向。职位的设置要着眼于企业现实和未来发展，要考虑战略目标、任务实现的需要。具体操作上，应从企业各类别、各层次的流程出发，将工作任务和职位对接起来，使各项职责有承担主体。

第二，分工协同。在企业组织整体规划下实现职位的合理、清晰分工，在此基础上展开有效协同，提高组织效能。

第三，高效运行。职位设置时，做到各职位任务饱满、负荷均匀，责任边界清晰、不模糊、不割裂；同时降低沟通成本，加快运行速度。

职位及部门编制

职位编制是指每个职位责任主体（人员）的数目规定（标准）。大多数职位，一个“坑”放一个“萝卜”，即一个职位对应一个人。但也有些职位需要若干个人完成同样内容的工作，即一个职位复制为几个一模一样的“坑”，需要放几个“萝卜”。例如，工厂大门口的保安是一个职位；但由于 24 小时轮班，这个职位所需人数不止一个。再如，工厂生产线上同样的工作内容（对应于某个职位）需要多人同时完成。将部门内部的职位编制集合起来，就是部门编制；将所有部门的编制集合起来，可以得出企业的编制。

定岗定编是企业管理中的难题。很多企业的困惑是：各部门都喊人少，结果人员越来越多，企业效率却没有提高。面对竞争加剧且具有不确定性的未来，需要科学、准确地确定职位及部门编制，从技术、组织、机制等角度形成立体的解决方案。这里提几条原则性的建议：

第一，以战略任务实现和业务发展为中心，满足企业价值创造活动对人员数量、结构、质量的要求。从细微粒度的流程所对应的职位出发，精细化地厘定职位要求、工作内容以及工作量等，结合员工素质，精准地确定编制。为了企业长期发展需要，在编制上可以适当向价值创造的重点职位 / 部门倾斜。对于战略性关键职位，可以保留适度的编制储备。需要为组织预备应对环境变化的人才余量。

第二，处理好企业内部的人员比例关系，例如前台人员与后台人员比例关系、管理人员与非管理人员比例关系、总部人员与分支机构人员比例关系、一线生产人员与生产辅助人员比例关系、研产销各板块人员比例关系等。确定这些比例关系时，需要借鉴同行企业的经验和规律。

第三，在经营管理实践中积累数据，形成数字标准，作为人员编制制定时的参考、尺度和依据。例如生产系统的劳动定额、销售系统的人均销量等。推而广之，整个企业的劳动生产率、人均收入、人均利润等指标，也是人员编制的重要参照。

第四，在一定的预算、薪酬总额以及人工费用率框架下制定编制。这些框架属于约束机制，对各部门人员扩张是一种限制。这是一种结果导向的定编方法，简单易行。

第五，利用企业内部的交易机制（见第 26 章）和自律机制，驱动各部门、各管理层级自觉收缩组织规模；使各级责任主体通过自身内部平衡实现最优编制。

第六，依靠企业内部专家的经验和对业务趋势的把握，高效、准确地确定编制。不能唯量化是从，不必追求复杂的数据模型。有些企业的人员编制报告中充满了各种回归方程，但在不确定时代，它们所依赖的前提（如业务线性发展）往往是不存在的。

第七，避免人员编制“收 - 放”两极震荡。有些企业感觉人员过多了，于是大幅削减编制；但减完之后发现人手紧张、人才储备不足，又重新扩大编制。有的企业多次出现这种两极现象，导致员工队伍不稳定，组织机制受到严重损害。

企业定岗定编是一项系统工程，需要上下左右各层级、各部门管理者共同努力。部分企业定岗定编工作之所以效果不佳，主要有以下几个方面原因：

第一，企业领导者对定岗定编缺乏认识，认为这是人力资源管理部门的事情。当下辖部门遇到定编疑难时，企业领导者常常不做分析，不做决定，而是把问题推给人力资源管理部门处理。有些企业领导者对编制缺乏尊重，自己常常带头破坏，因人设岗，随意改变组织结构和部门内部职位设置。组织弹性是必要的，但需要从组织机制、形态角度整体谋划和创新，并非以人治的方式折腾。

第二，人力资源管理部门远离业务一线，不了解企业战略和业务。有时简单套用一些工具和方法，掉入了脱离实际的形式主义、教条主义陷阱。由于心中没底，缺少充足的理由，人力资源管理部门的编制方案常常得不到部门认可，定编也就成了彼此之间的博弈。

第三，缺少使企业编制趋于平衡和合理的机制设计。通过审批程序确定编制，永远也不可能准确。只有让各级决策主体处在外部竞争和自身利益（尤其是长期利益）的约束下，才有可能在动态中找到平衡、理性的最佳方案。

第四，从企业文化角度看，存在本位主义。一些部门缺乏大局观，总是希望扩充自身的势力范围，以各种方式抵制企业的精兵简政。

部门职责说明书

部门职责说明书是部门职责分析之后形成的组织结构设计基础文

件。作为企业管理体系中的基础性规范，它是有一定意义的。但在我国企业实践中，部门职责说明书往往编写之后就束之高阁，这既有编写方面的原因（比如有效信息太少），也有管理精细化、规范化程度低的原因。下面我们提供一个部门职责说明书模板（见图 19-5），供读者参考。

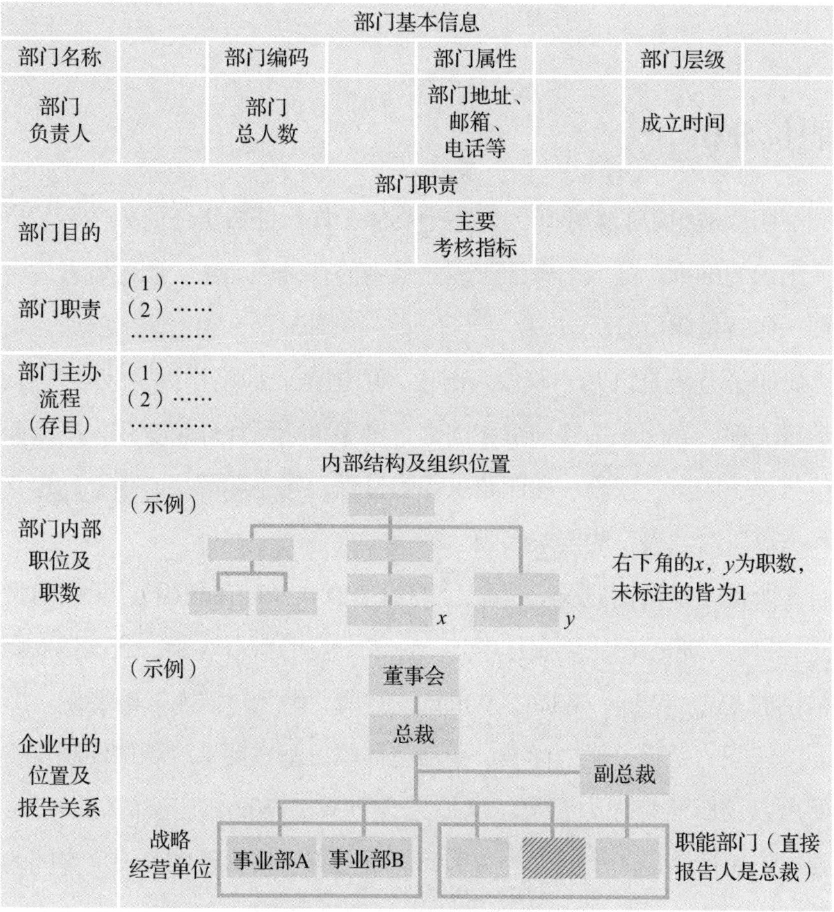

图 19-5　部门职责说明书模板

20 职位的编织

第 20 章

职位分析

职位是组织的最小单元。它是具体工作、任务责任的载体，是企业组织的细胞，是人力资源管理体系中的基础性元素。职位管理的首要工作就是职位分析。

职位分析是以某一职位为对象，依据企业战略目标、战略举措、运行流程、部门职责等前提和因素，考虑企业所处环境变化，确定职位目标、职责、权限、任职要求等的过程。它主要解决“事”的定义和“事”对“人”的要求问题。

所谓“事”的定义，即职位的价值意义（存在理由）、职位的责任和目标、职位的主要工作内容，以及职位的服务对象。这就是人们常说的 3W：Why，What，Whom。所谓“事”对“人”的要求，即职位任职的素质、能力标准，通常包括职位基本要求、职位任职资格要求以及职位胜任力要求。这是另一个 W：Who。广义的任职资格要求还包括其他两类要求。由于我们将任职资格管理作为一个专门的管理体系（见第 21 章），因此这里取任职资格要求的狭义。

职位分析最早见于 20 世纪初泰勒的时间动作分析，即对工作任务、动作及效率的研究。20 世纪 20 年代美国的公平管理运动、60 年代的反歧视运动等都促进了职位分析的应用和成熟，对管理的规范化、标准化和职业化提升影响深远。现在有些人批评职位分析是工业文明的产物，但即使到了信息文明时代和知识经济时代，泰勒 1911 年在《科学管理原理》中所指出的——要对组织进行科学的管理，就必须对组织中的每份工作进行研究，从而科学地选拔、培训组织成员[①]——思想依然适用，只不过需要根据时代的变化赋予其新的内涵。

职位分析最主要的意义在于使“事”和“人”精准、有效匹配。它对“事”做了清晰的说明，并从“事”这一侧对“人”提出了明确的要求。这显然是人力资源管理的基础和依托。换个角度看，从人性及人的心理需求出发，对工作进行设计使其更加丰富、更具活力，有利于调动、激发员工的兴趣和动机。心理学指出，工作本身就是一种激励机制，任务越重要、越一致，所会技能越多样，工作自主性越大、反馈性越强，就越能使员工保持长久的工作热情和效率。[②]

职位分析的基本方法是流程细分。这是本书的基本逻辑。流程充分细化后，自然和职位对接，从而在组织的底部构建分工体系。好比一个食堂，日常的流程（活动）包括买菜、洗菜、切菜、炒菜等，自然就形成买菜工、洗菜工、切菜工、炒菜工（厨师）这些职位。有些职位工作量大，一个人完不成，那就设立若干个职数（几个人做同样的事）；职数多了，某个职位就对应于一个团队，这时有可能从原有职位中衍生出管理类职位。有些流程（活动）工作量小，一个人的工作量不饱满，也可以将几项活动及任务合并起来变为一个职位的工作。

除了流程细化，还有一种职位分析的方法：从上至下职责层层分

---

① 弗雷德里克·温斯洛·泰勒. 科学管理原理. 北京：中国社会科学出版社，1984：244-266.

② Hackman J R，Oldham G R. Motivation through the design of work：test of a theory. Organization Behavior and Human Performance，1976（16）：250-279.

解。这种方式更符合企业权力链条的运作逻辑，更加简单易行，但精准度差，不能体现一线导向、顾客导向原则。自下而上依据微小粒度流程（活动）确定职位结构、职数及职位工作内容，不仅更加精准，更主要的是在组织的底部更加灵活、更有弹性，更易于调整。

职位分析时，不能仅盯着细化的活动和任务，还要将视线从“树木”移至整个“森林”：把握企业战略变化、组织结构变化、主要流程变化以及员工能力变化的趋势，动态调整职位的工作内涵和任职要求。可以每年开展一次职位审核工作，根据需要对职位说明书进行调整。

下面列举几种职位分析的专业方法，供读者参考：

第一，工作分析问卷法。设计并分发职位信息调查问卷给选定的员工，要求在一定的时间内填写，以获取有关职位信息。典型的工作分析问卷法有职位分析问卷（PAQ）、管理人员职务描述问卷（MPDQ）、多元工作设计问卷（MJDQ）等。

第二，工作日志法。由任职人员按时间顺序，详细记录一段时间内的工作内容和工作过程，经过归纳、分析，达到工作分析的目的。典型的工作日志法有任务清单分析系统（TIA）。

第三，主题专家会议法。召集企业内外部经验丰富的专家，就某些特定职位的工作内容进行分析。典型的主题专家会议法包括工作要素法（JEM）、职能工作分析法（FJA）。

职位说明书

职位说明书是职位分析工作的产出，是人力资源管理的基础文件，是部门职责说明书的细化，可将两者结合在一起使用。图 20-1 是职位说明书模板，供读者参考。

基本信息							
职位名称		职位编码		所属部门		职位层级	
职位人数		职位地点		上级职位		下级职位	
职位责任							
职位目的				职位 主要指标			
职位职责	（1）…… （2）…… …………						
工作关系及组织位置							
工作关系	（示例） 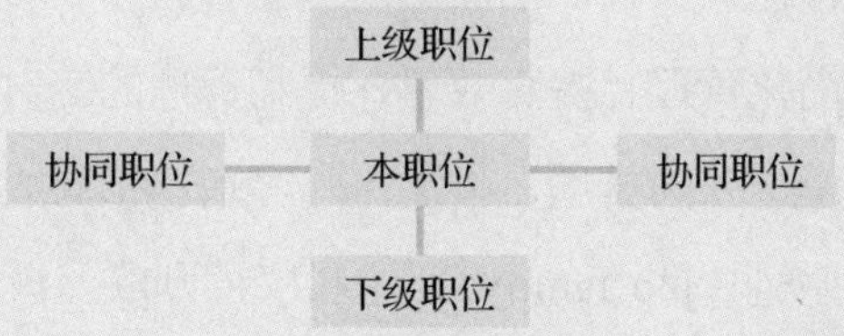 						
组织位置	（示例） 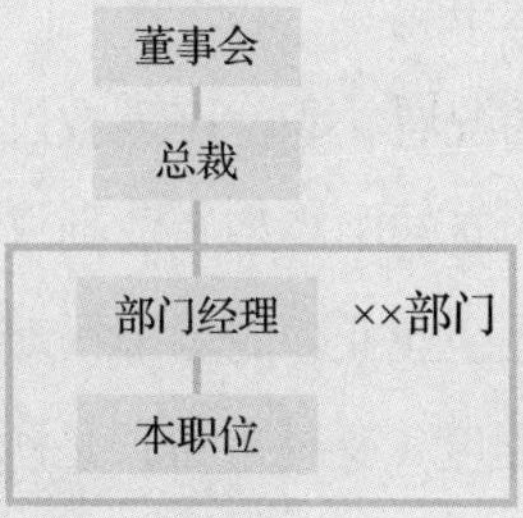 						
基本要求 / 条件							
最低 教育程度		相关 工作年限		本企业 任职年限		外语程度	
年龄		性别		健康要求		专业资质	
任职资格							
知识							
专业技能							
专业成果							
……							
素质标准							
素质因子				素质因子要求			
（1）……							
（2）……							
…………							

图 20-1　职位说明书模板

图 20-1 中的任职资格和素质标准我们会在第 21 章和第 22 章中专门说明。

职位横向分类

按照细分流程（活动）设立职位，其结果必然是企业内部有林林总总的职位存在。从我们前面举的例子看，一个食堂可能就有几十个职位。为了简化管理、提高效率，提高管理的针对性和有效性，需要将原始的职位合并同类项，将工作内容基本相同或相似的职位整合成一个个职位序列（job family）。这些序列则成为设立任职资格、素质因子等标准的基本单元。

从企业实际情况看，职位序列数目可多可少。有的跨国企业职位序列多达数百个；有的中小型企业则只有几十个。职位序列多少取决于三个因素：一是企业业务的复杂程度和内部分工的细致程度；二是所有工作的差异程度（反过来看，是所有工作的相似程度）；三是企业的管理原则和风格，如果追求精细化，则职位序列分得多一些，反之则少一些。

从职位序列往下，还可以细分出职位角色（job role），例如架构工程师分为技术架构工程师、数据架构工程师等。从职位序列往上，可以归拢成若干个职位族群（job function）。将族群进一步归拢，则可形成几个职位大类（job category）。表 20-1 是一家制造企业的职位序列划分。

这里对表 20-1 中每个职位序列名称不做具体解释。在企业实践中，不同的企业之间并无统一的职位序列划分标准，但有约定俗成的大致框架。企业可以在尊重普遍规律的基础上根据自身的具体情况进行个性化设计。

表 20-1 某企业职位序列示例

职位大类	职位族群	职位序列
管理类	管理	经营决策、管理运行、基础管理等
技术类	工程技术	产品开发、技术研发、工艺技术、装备技术、机电技术、基建工程、计量检测、品质控制、精益制造、安全环保等
	信息技术	系统规划、架构设计、系统开发、系统运维等
专业类	战略与运营	战略管理、投资管理、运营管理、公共关系等
	供应链	采购、物流运作、进出口业务等
	人力资源	招聘培训管理、绩效管理、薪酬管理、员工关系管理、人力资源业务伙伴等
	财务资金	会计核算、预算管理、资金管理、财务分析等
	行政综合	文秘管理、法务管理、后勤管理等
	市场营销	需求管理、市场开发、顾客关系管理、销售管理、售后服务等
作业类	生产操作	制造作业、维修作业、检测作业、物流作业等
辅助类	后勤服务	司机、保安、保洁、炊事员等

表 20-1 中的职位谱系并非标准，不同企业对职位序列、职位族群等的内涵、外延的界定均不相同。华为将职位体系分为四个层次：第一层次称为“族”（共分为五个族，类似于表 20-1 中的职位大类）；第二个层次称为“类”(共有 50 余个，类似于表 20-1 中的职位族群)；第三个层次为子类（类似于表 20-1 中的职位序列）；第四个层次为各部门内部的职位。不管如何定义职位分类概念，俄罗斯套娃式的逻辑是一致的。

与国外企业相比，国内企业更加注重职位大类（华为所说的“族”）的区分。一般制造企业的职位体系包括五个大类：管理类、技术类、专业类、作业类（生产类）、支持类（辅助类），我们常常称之为五棵大树（见表 20-2）。它们在企业这片土壤中都能向上生长。

表 20-2　企业职位体系中的五个大类

管理类	技术类	专业类	作业类	辅助类
带团队者 具有一定的团队责任边界和决策权限，对团队绩效负责 具有面试、考核、推荐、激励等人事权 需要具备领导力	从事技术研发、工程等工作 不带团队，主要对本人负责；有时需要对小组负责 任职需要有技术知识、技能和专门经验	从事各项专业工作；往往是非常规化的 不带团队，主要对本人负责，相对独立工作 具有业务指导职能 任职需要有专业知识、技能和专门经验	主要在生产领域从事重复性工作 主要对工作任务负责；有时需要对小组负责 少数技师职位需要具有专业知识、技能和专门经验 大部分职位经过简单培训可以上岗	从事保障性、支持性工作 主要对作业标准负责 大部分职位经过简单培训可以上岗

划分职位大类的主要意义在于在企业整体范围内建立清晰的员工发展通道，改变所有人都挤在管理类通道的状况；有利于发展专业能力，以及留住、激励专业人员和技术人员。但从实际情况看，很多企业技术类、专业类通道有名无实，基本上按管理类通道的逻辑操作（技术类、专业类职位挂的是官名，如经理、总监、总经理等，晋级也由上级决定）。从客观因素看，技术类、专业类职位标准很难定量和标准化，评定工作量大但结果难以令人信服（见第 21 章）。从主观

因素看，部分企业员工官本位意识严重，不愿意走技术类、专业类通道；或者即使在技术类、专业类通道上，对外也要显现出拥有权力的模样。

职位横向分类不仅是为了简化管理而进行分类合并，而且需要考虑企业的整体战略。职位分类框架需为新业务发展提前预留空间，同时为核心专长的积累开发创造条件。此外，需与企业的规模、成长阶段结合起来。小型企业、创业企业职位未必刻意区分，可以按角色对人员做粗略、模糊的分工，按任务灵活组合。中型企业需将大部分职位稳定下来，并清晰定义其职责，这是管理专业化、规范化的重要标志，但应避免烦琐哲学。较大规模的企业则需重视职位序列管理，这样既能满足分类管理的要求，又可避免管理成本的增加。

职位纵向分层

在企业里我们提起某个职位，其名称中常常蕴含职位层次的信息。例如，某互联网企业架构师所在部门里，有的人是三级架构师，有的人是五级架构师。有的企业更是直接把工程师分为高级工程师、资深工程师、主任工程师、普通工程师等几个等级。无论哪个职位大类、族群及序列，纵向上都有若干个层级。表 20-3 是某软件企业职位分类层级示例。

对于表 20-3 读者不必关注各类各层级职位的称谓（如经理、高级经理……主任工程师、技术副总裁……），这里只是示例。在现实中，各个企业的职位称谓差异很大。大学生毕业后进入公司技术序列，有些企业起始职位是工程师，而有的企业则是助理工程师。我们现在需要探讨的是公司职级的数目，即有多少个职级。职级可以用

“L1，L2……”表示，也可以用“B1，B2……”表示（L 即 level；B 即 band）；还可以用其他方式（如 A，B，C……；Ⅰ，Ⅱ，Ⅲ……）表示；管理序列的职级有时也用 M1，M2……表示。

表 20-3　管理、技术、专业三类职位纵向等级

职级	管理类	技术类	专业类	辅助类
B13/L13	董事长			
B12/L12	总裁	首席科学家		
B11/L11	高级副总裁	科学家		
B10/L10	副总裁	技术副总裁	专业副总裁	
B9/L9	高级总监	技术总裁助理 / 专家	高级专业总监	
B8/L8	总监	技术总监	专业总监	
B7/L7	高级经理	主任工程师	主任 ×× 师	
B6/L6	经理	副主任工程师	副主任 ×× 师	
B5/L5	助理经理	高级工程师	高级 ×× 师	
B4/L4	主管	工程师	主管	
B3/L3	专员	助理工程师	专员	
B2/L2	文员	技术员	文员	资深司机、保安等
B1/L1				司机、保安等

大多数企业的职级数在 8 ～ 15 个之间。为什么有些企业职级多，有些企业职级少？首先与企业规模有关。小型企业简单，职级较少，等级之间的界限比较模糊。大型企业的情形正好相反。其次与企业组织结构有关。分权型组织形态（事业部制），与直线职能制组织相比，多了事业部层面的职位层级。当然这并不意味着所有事业部制企业的

职位层级必定大于直线职能制企业。因为后者有可能设立了更多的职级，多出来的职级数目大于因未设事业部而减少的职级数目。最后与企业所处行业有关。技术变化快、需求变化快的行业，企业职位层级通常较少，也就是说组织比较扁平。

确定职位层级数目的第一种方法是员工职业生涯时间测算法。即设想一个抽象的标准（能力、业绩处于平均线）员工，考虑他按照正常的晋升节奏，从最低职级做到最高职级（职业生涯）的总时间。假如平均 2 年晋升一个职级，那么按照表 20-3 从文员升至董事长共需 22 年。如果企业希望这个总时间较长（意味着与员工长期合作），那么设置的职级自然就多一些；反之，职级则少一些。这是两种不同的人力资源政策导向。前者重资历、重经验，后者重选用年轻员工；前者重稳定、重和谐，后者重激活、重竞争。而人力资源政策的影响因素则包括企业的业务属性、战略方向、商业模式以及核心价值观、管理风格等。

确定职位层级数目的第二种方法是职位价值评价法。职位的价值可以分解为职位对顾客价值的贡献、与企业战略目标 / 任务的关联、在组织网络中的影响力、风险损失程度、管理的复杂程度以及对技能的要求等维度，对它们分别计分评价后可以加权得出各职位价值的总分（也可以对职位价值做出排序）。所有职位序列中的各个职位在价值评价得分各个区段上的分布，是我们确定职位等级长度的参照（见图 20-2）。最高职级职位的价值评价与最低职级职位的价值评价差距越大，中间可以设置的职级就越多；不同职级的职位价值评价越均匀，职级往往就越多；否则，得分相近的职位可以整合起来对应相同的职级。通常情况下，大规模、传统产业的企业，职位评价高分低分之间的差距大一些；权力集中的企业，高层职位的评价分值也会高一些。

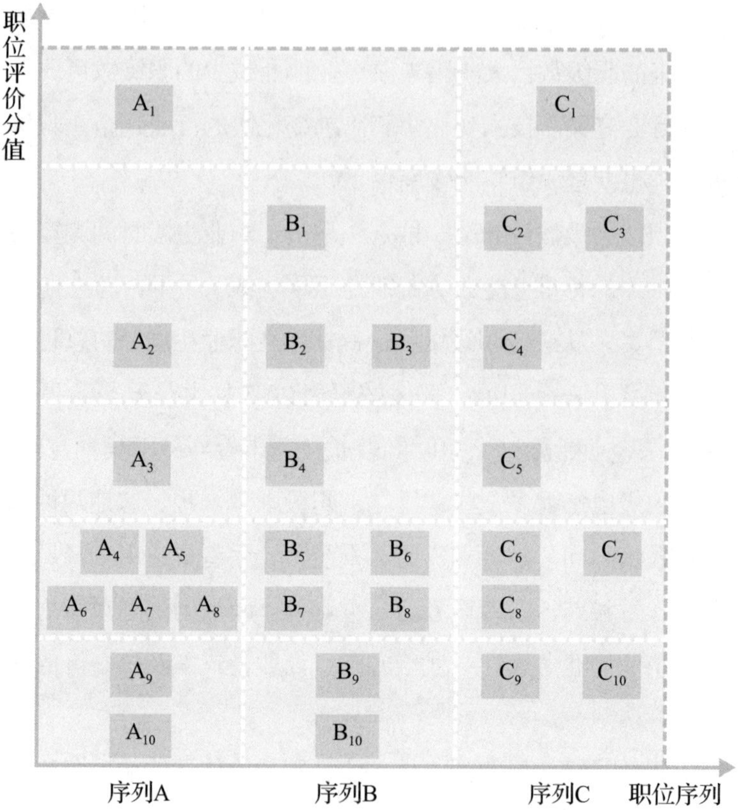

图 20-2　职位序列中的职位在价值评价分值区段上的分布

在上述两种方法的基础上，考虑企业的组织结构、战略任务、核心能力定位等因素，可以对不同机构、不同通道（职位大类）相关职位的职级进行微调，保持企业内部的利益平衡。比如总公司和分公司同样的职位（都是招聘经理）是否同级别？除了参照职位评价分值，还要考虑人员流动、干部培养等因素。再如，集团企业内部大事业部和小事业部同样的职位（都是事业部总经理），是否同级别？如果事业部众多，职位体系的统一性和差异性如何把握？此外，技术类、专业类通道最高职级和管理类通道最高职级是相同，还是有所差异？这些问题都没有统一的答案，企业需要根据实际情况，找出平衡、精准的答案。

向上延伸的职位台阶是组织张力的来源，是员工职业生涯规划的依据。职位层级和薪酬制度结合在一起，共同构成企业的激励机制。需要说明的是，职级和薪酬带宽是有关联的：职级多，则每个职级对应的薪酬带宽较窄；反之亦然。

管理类职位层级

在职位大类（管理、技术、专业、作业、辅助等）中，前三类职位层级划分的意义较大。后两类的激励主要与直接工作绩效有关，职位层级的划分意义相对小一些。现在，我们详细地说明管理类中的职级划分。

管理类中的职位通常分为三个序列（见图 20-3）。

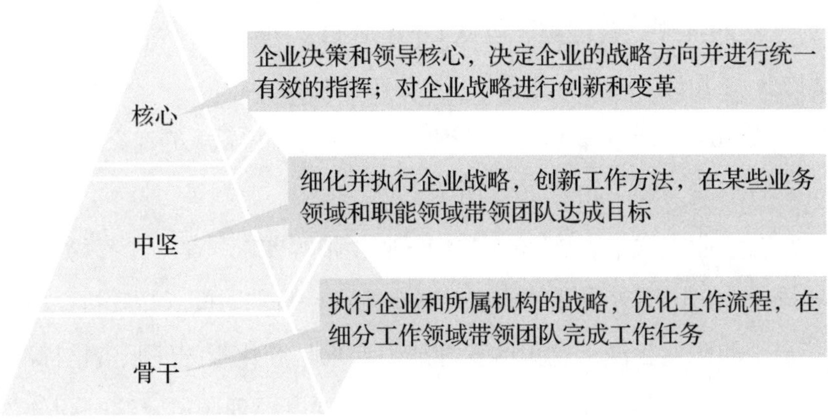

图 20-3　管理类中的三个序列

以某高科技公司为例，管理类职位层级划分如表 20-4 所示。

表 20-4　管理类职位层级划分

职级	职位	序列
L15	董事长	核心
L14	总裁	
L13	执行副总裁	
L12	高级副总裁	
L11	副总裁	
L10	高级总监	中坚
L9	总监	
L8	高级经理	
L7	经理	骨干
L6	助理经理	

表 20-4 中，管理类职位从 L6 开始（以下职位为不带团队的基层职位，如文员、专员、主管等），共 10 个职级。

表 20-4 中有关职位（从助理经理至执行副总裁）的定义、基本条件和管理能力要求如表 20-5 所示。

在企业实践中，表 20-5 中的任职年限等要求只是一个参考标准，不同企业可以有差异化的规定。各个职级台阶的时间长短安排，考虑了员工的职业生涯。这里的管理能力要求是简化版的任职资格标准。此外，某些科技开发型企业，往往设有项目经理职位。这一职位如果是固定的、规范化的管理类职位（而非跨部门项目小组临时职位），基本处于表 20-5 中的 L6 以下层级。

表 20-5 管理类职级层级标准示例

职位职级	职级标准		
	定义 / 影响力	基本条件	管理能力要求
执行副总裁 L13	高级管理者；分布在总部和事业部 负责总部多个大的一级职能部门 负责整个大的事业部或多个小的事业部	担任高级副总裁 2 年以上或担任副总裁 5 年以上 或外部从事管理以及专业工作 19 年以上并担任同级管理职务 3 年以上（购并的业务团队负责人以及内部创业的业务团队负责人不受此限制）	具有深厚的高层管理经验以及高层全局管理能力 被实践证明胜任高层管理工作 符合领导力素质模型的最高要求 公司愿景、使命、价值观的塑造者，公司新业务领域的开拓者和创造者
高级副总裁 L12	高级管理者；分布在总部和事业部 负责总部若干个一级职能部门或大的一级职能部门 负责整个事业部	担任副总裁 2 年以上或担任高级总监 5 年以上 或外部从事管理以及专业工作 17 年以上并担任同级管理职务 3 年以上（购并的业务团队负责人以及内部创业的业务团队负责人不受此限制）	具有深厚的高层管理经验以及高层全局管理能力 被实践证明胜任高层管理工作 符合领导力素质模型的最高要求 公司战略变革和管理变革的引领者和发动者
副总裁 L11	高级管理者；分布在总部和事业部 负责总部大的一级职能部门 负责整个事业部或事业部内部重要的二级经营机构	担任高级总监 3 年以上或担任总监 5 年以上 或外部从事管理以及专业工作 15 年以上并担任同级管理职务 2 年以上（购并的业务团队负责人以及内部创业的业务团队负责人不受此限制）	具有丰富的高层管理经验以及高层全局管理能力 被实践证明胜任高层管理工作 符合领导力素质模型的较高要求

续前表

职位职级	职级标准		
	定义 / 影响力	基本条件	管理能力要求
高级总监 L10	中高级管理者（总部管理层级的第一个台阶） 分布在总部职能部门以及事业部 负责总部某个重要的管理模块或较小的一级职能部门；事业部内带领规模大且重要的交付、销售团队或者负责最重要的职能部门以及二级经营机构	担任总监 2 年以上或担任高级经理 5 年以上 或外部从事管理以及专业工作 12 年以上并担任同级管理职务 2 年以上	具有深厚的管理经验以及较高层级的团队领导能力 被实践证明胜任较高层级管理工作 符合领导力素质模型的中高级要求
总监 L9	中高级管理者 分布在职能部门以及事业部 负责总部职能部门某个重要的管理模块 事业部内部带领较大规模的交付、销售团队或者负责重要的职能部门	担任高级经理 3 年以上或提任经理 5 年以上 或外部从事管理以及专业工作 10 年以上并担任同级管理职务 2 年以上	具有丰富的团队领导能力和管理经验 被实践证明胜任中高层管理工作 符合领导力素质模型的中高级要求

续前表

职位职级	职级标准		
	定义 / 影响力	基本条件	管理能力要求
高级经理 L8	中级管理者 分布在总部职能部门以及事业部 负责职能部门某个管理模块 事业部内带领中等规模的团队或负责某个较重要的管理模块以及一般职能部门	在总部担任经理 2 年以上 在事业部担任经理 2 年以上、担任助理经理 4 年以上 或外部从事专业以及管理工作 8 年以上	具有较好的团队领导能力和较丰富的管理经验 被实践证明胜任管理工作 符合领导力素质模型的中级要求
经理 L7	初中级管理者（总部管理层级的第一个台阶） 分布在总部职能部门以及事业部 负责总部职能部门下面某个较小的管理模块 事业部内带领一定规模的团队或负责较小的管理模块	在总部从事专业工作 5 年以上（从事下一职级职位工作 2 年以上） 在事业部从事专业工作、项目管理等工作 5 年以上 或外部从事专业以及管理工作 6 年以上	具有一定的团队领导能力及管理经验 能胜任一个规模较小团队的管理工作 符合领导力素质模型的基本要求
助理经理 L6	初级管理者；主要分布在事业部 带领规模较小的团队	在事业部内从事专业工作以及项目管理等工作 3 年以上 或外部从事专业以及管理工作 4 年以上	具有良好的沟通能力和人际交往经验 管理经验较少，经过学习可以带领一个规模较小的团队 符合领导力素质模型的基本要求

顺便说明一下，为了保证管理层级扁平化，同时使管理者选拔具有一定的灵活性，部分职位可以从其下两个职级的职位递升（见图 20-4）。

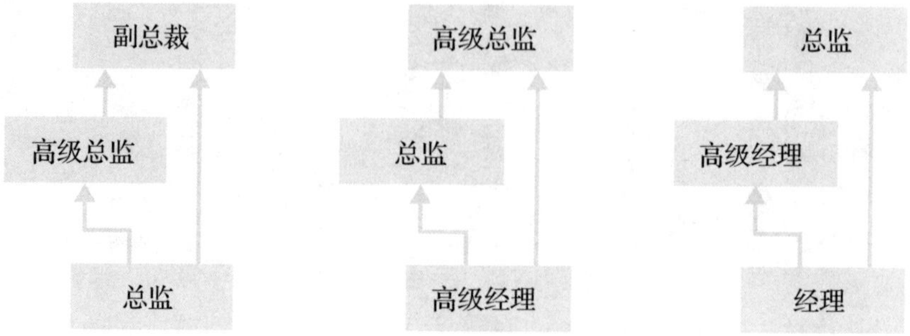

图 20-4 职位递升路线示例

技术类职位层级

技术类、专业类职位层级设计，通常以管理类职位层级为参照。技术类职位的最高级别一般为企业副总裁（副总经理）级。少数科技型企业为重视核心技术人才，技术类职位的最高层级可以与企业总裁（总经理 /CEO）以及董事长相同。从华为、联想等企业的经验看，技术人员（工程师群体）的职位阶梯通常为 7 ～ 8 个；向上还有几个台阶（技术副总裁、科学家等），不过对大多数技术人员来说没有太大意义——职位稀少，个体能力也达不到要求。下面我们以某科技型企业为例，说明技术类职位层级划分（见表 20-6）。

表 20-6 中，基本条件中的任职年限等要求仅供参考。这里的业务能力要求是简化版的任职资格标准，它们是相对抽象和标准化（模板化）的。企业在确定技术类职位层级标准时，需要根据自身状况进一步具体化。此外，专业类的职级标准和技术类非常相似，这里不做说明。

表 20-6　技术类职级层级标准示例

职位职级	职级标准		
	定义 / 专业影响力	基本条件	业务能力要求
科学家 L11-L12	某一业务领域技术方向和重大攻关活动的引领者，公认的技术权威	成为技术总监后继续从事本专业领域工作 5 年以上，或从事本专业领域工作 16 年以上	在公司相关多个技术领域均具有很高的造诣，行业内公认的权威或领军人物；能够融合多种技术 能够对事业部以及公司核心技术和重大技术攻关提供方向和方案指导 具有很强的技术创新能力，对事业部以及公司级的关键、核心、重大技术能力提升，能够提出创新性的方法或思想
技术副总裁 L10-L11	技术攻关的指导者，公认的技术专家	成为技术总监后继续从事本专业领域工作 3 年以上，或从事本专业领域工作 14 年以上	在某项技术领域具有较高的造诣，是技术权威 能够对事业部部门级的关键技术提供方案指导 具有很强的技术创新能力，能够对本部门的多项技术提出创新性解决方案，或能够对本部门的技术流程提出关键性的改进意见 具有制定事业部部门级技术发展中长期战略和规划的能力，能够对事业部部门级的技术方向提出建议
技术总监 L8-L9	事业部内的某项业务领域内的技术高手，能够解决重大疑难问题	成为主任工程师后继续从事本专业领域工作 3 年以上，或从事本专业领域工作 11 年以上	在某项业务领域具有很强的专业能力和很丰富的技术经验 能够整合资源，组织团队，综合运用多种技术知识和方法，分析、发现并解决技术、专业内的重大疑难问题 具有较好的技术创新能力，能够对本业务领域的某项技术提出创新性解决方案

续前表

职位职级	职级标准		
	定义 / 专业影响力	基本条件	业务能力要求
主任工程师 L6-L7	事业部内某项业务领域内的技术能手，能够解决大部分技术难题	成为高级工程师后继续从事本专业领域工作 3 年以上，或从事本专业领域工作 8 年以上	在业务领域具有较强的技术专业知识和较丰富的技术工作经验，且有指导技术团队的经验 胜任本业务领域的复杂技术工作，工作质量很高 能够组织、指导团队完成技术任务 能够主动发现和解决产品中的技术难题，具有一定的技术创新能力
高级工程师 L5	基层业务骨干，能够解决技术领域的多数问题	成为工程师后继续从事本专业领域工作 2 年以上，或从事本专业领域工作 5 年以上	具有较丰富的技术专业知识和技术工作经验 能够独立完成本业务领域较复杂的技术工作，工作质量较高 能够指导低层级工程师解决业务领域内具有一定技术难度的问题 对与本业务领域相关的新技术趋势比较关注并了解
工程师 L4	一般技术人员，能够独立地解决一般技术问题	成为助理工程师后继续从事本专业领域工作 2 年以上；或博士转正直接评定；或从事本专业领域工作 3 年以上	掌握业务领域基础技术知识，具有一定的技术工作经验 能够独立完成本业务领域的一般技术工作
助理工程师 L3	入门级技术人员，需在指导下工作，能够解决基本、简单的技术问题	大学本科、硕士研究生毕业生实习期满转正	具有基础技术专业知识，但仅具有很少的工作经验 经过培训能够解决本业务领域的简单技术问题

职位网络

对所有职位进行横向分类和纵向分级之后，接下来就可以编制职位矩阵。作家王蒙在小说《青春万岁》中写过一首序诗，有几句印象十分深刻：所有的日子，所有的日子都来吧，让我编织你们，用青春的金线，和幸福的璎珞……套用这样的句式：所有的职位都来吧，让我编织你们，用职位序列的经线和职位层级的纬线（见图 20-5）。

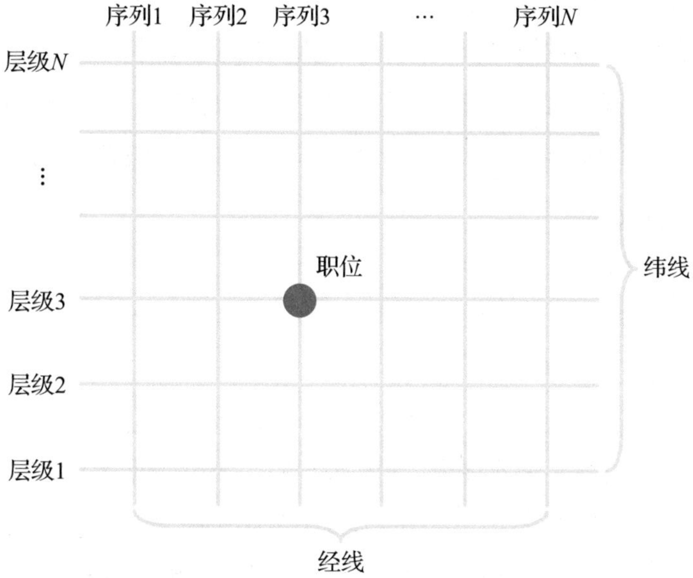

图 20-5　企业职位网络

在企业职位网络（职位地图）中，每个职位都有纵横坐标所规定的位置。这张表确定下来之后，下一步的工作是将所有员工套级就位，也就是把所有萝卜放到坑里去。这件事涉及面广，与员工利益关联度高。有人戏言，男儿有泪不轻弹，只是未到评级时。为做好这项政策性强、需综合平衡的工作，应遵循以下几个操作原则：

第一，将人员套级和人岗匹配、人员优化、干部选拔结合起来，以此为契机提高组织效能。

第二，首先解决大多数员工的套级以及职位体系基础架构的实施问题，也就是说，先解决普遍性问题；然后对特殊问题有针对性地一一具体研究，制定出合适的方案。解决特殊问题时，在不影响大局、不妨碍企业组织整体效率的情况下，局部可以因人设岗。但是这种现象只能是特例，最好在非主要业务领域出现。

第三，从试点机构、局部职位及员工开始，循序渐进。最好是总部和重要的二级机构先套级，高级别人员先套级，取得经验后再全面推开。工作开展时，组建强有力的领导和实施团队；通过充分的讨论和沟通，使方案切合实际、公平合理；通过细致亲切的工作，化解矛盾，使过程波澜不惊。

职位称谓

在各种社交场合，人们有时会问：你担任什么职务啊？所谓职务，就是职位的名称或称谓。职位设计时，职位如何冠名是个不大不小的问题。谓其“不大”，是因为称谓就是个符号，并无实质意义；谓其“不小”，是因为中国人普遍重面子、讲尊卑，称谓是一种有效的激励手段。一些民营企业老板喜欢给下属送“帽子”，不能说一点效果都没有。

规范化的职位称谓是有一定意义的。首先，它反映职位在企业中的价值，对员工来说是一种心理层面的激励；其次，它是员工职业发展的标志，可以牵引员工不断沿阶攀登；最后，它有利于企业内外部交流。全世界的军队为什么普遍实行军衔制？一个重要原因在于方便军队之间的交往和合作（辨识对方成员的组织地位，以便对等安排）。

职位称谓设计所遵循的主要原则有：

第一，尊重国际惯例和行业习惯。一般来说，管理类职位称谓的国际惯例如下：首席执行官、总裁、高级副总裁、副总裁、首席运营官、首席财务官、首席人力资源官……高级总监、总监、高级经理、经理、主管。技术类、专业类职位国际上常见的称谓是行业专家、首席工程师、高级工程师、工程师、助理工程师等。

第二，按照统一的命名规则，实现称谓体系标准化。对于管理类职位，一般称谓为工作内容标识＋职位等级标识。前者如人力资源、投资发展等，后者如总监、经理、主管等，这样形成人力资源经理、投资发展总监这样的管理类职位称谓。技术类、专业类职位称谓设计规则通常为技术类、专业类等级标识＋工作内容标识＋序列称谓标识。技术类、专业类等级标识如资深、高级、中级（一般略去）、助理等；工作内容标识如人力资源、软件开发等；序列称谓标识即师、员等，就形成了资深软件开发工程师这样的技术类、专业类职位称谓。

第三，结合企业实际情况，将规范化、标准化与个性化结合起来，可以内外有别。按企业管理惯例，职位称谓可分为内部称谓和外部称谓。内部称谓即企业内部规范的职位名称。外部称谓是为方便业务洽谈、公关事务等对外交流工作需要灵活使用的职位名称。可灵活处理称谓的一般有销售、采购、外联、招聘培训、法务等经常与外界沟通的职位（通常需要经人力资源管理部门核准后方可对外使用）。

21 第21章 任职资格

胜任特征的冰山模型

企业组织结构和职位确定下来之后，组织设计的下一步任务是明确职位对人的要求。也就是用人的标准，更确切地说是胜任工作的能力标准。

我国传统文化中有很多对人才标准的论述，如德才兼备等。荀子的“谏、争、辅、拂”贤才四要、孙子的“智、信、仁、勇、严”为将五条，以及诸葛亮的“志、变、智、信、廉、性、勇”识人七途，对今人仍有启迪作用。

三国时期刘劭（魏）所著《人物志》中，将人的素质作了分解式的分析（类似于素质因子分析逻辑）。书中有这样的一段话：“性之所尽，九质之征也。然则平陂之质在于神，明暗之实在于精，勇怯之势在于筋，强弱之植在于骨，躁静之决在于气，惨怿之情在于色，衰正之形在于仪，态度之动在于容，缓急之状在于言。其为人也，质素平澹，中睿外朗，筋劲植固，声清色怿，仪正容直，则九征皆至，则纯粹之德也。九征有违，则偏杂之材也。三度不同，其德异称。故偏至之材，以材自名；兼材之人，以德为目；兼德之人，更为美号。是故兼德而至，谓之中庸。中庸者也，圣人之目也。”

梁满仓先生点评道："征，即指外在表现。九征，指人的九种性情的外在表现。这就是精神、感情、筋腱、骨骼、气息、脸色、仪表、容貌、语言。这九种表现是由人的内在本质所决定的，这就是仁、义、礼、智、信，也就是人们所说的'五常'。'九征'与'五常'的关系，是表里关系，表里是否和谐以及和谐的程度，都影响着人才品第的高低。表里高度一致，达到中和的境界称作中庸，是最高品第的人才。表里大体一致称作德行，较中庸次之。表里部分一致称作偏才，又次之。表里不和谐是人才的末流，不受作者的关注。"①

今天看来，刘劭有些"颜值主义"的意味。他将表征和内德结合起来，这是中国人自古以来的一种基本思维方式。

从企业管理的实践看，人才标准应该是清晰、明确、多维度的，应该是客观和可量化的，应该是易于操作的。根据笔者多年的咨询经验和对国内外优秀企业的观察，现代心理学和组织行为学研究范畴中的胜任特征（competency）理论，无疑已经成为许多公司人才标准开发的核心指导思想。在此基础上，人力资源管理专家们开发了一个结构化的操作框架（素质 / 胜任力模型），由此素质、能力变得可学习改进和观察测量。胜任特征和胜任力模型的研究开发思路和路径紧紧围绕"识别、开发和使用那些对于绩效有影响或决定作用的人力资源变量"而展开。

素质 / 胜任特征理论由美国哈佛大学心理学家麦克利兰（D.C. McClelland）于 1973 年提出。素质 / 胜任特征是指能将某一工作（或某一组织、某一文化）中有卓越成就者与表现平平者区分开来的个人

① 刘劭．人物志．梁满仓译注．北京：中华书局．2016：10-22．

特征。各种素质或胜任特征是有层次关系的，我们可以将其描述为图 21-1 所示的水中冰山：水面以上的部分代表表层的素质特征，如技能、知识等，容易了解与测量，可以通过培训来改变和发展。但它们往往不是员工卓越表现的决定因素。水面以下的部分是人的素质的内在部分，包括社会角色、自我形象、特质和动机等。它们是人格中深层的部分，难以观察测量，不会因外部影响而轻易改变，但却对人的行为表现起着关键作用。①

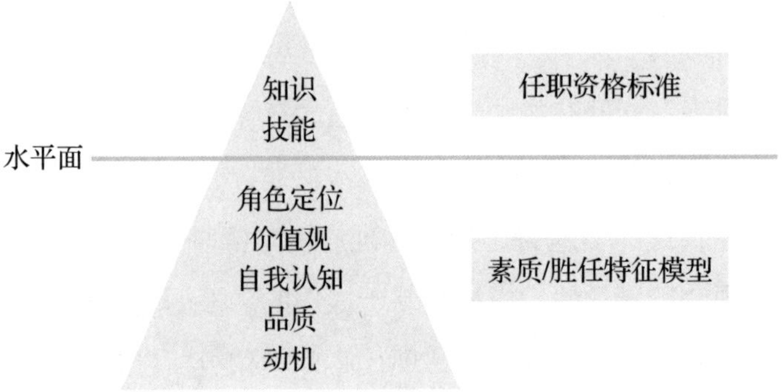

图 21-1 素质 / 胜任特征的冰山模型

麦克利兰的学生史班瑟（Lyle M. Spencer）夫妇通过 20 年的研究和应用，对麦克利兰的冰山模型中水面以下部分进行了改进，认为水面以下部分是动机、特质和自我概念，并研究出素质模型的开发方法论。②

针对水面以上的知识、技能，目前通用的标准是任职资格标准，包括知识标准、技能标准、经验标准以及成果贡献标准等。针对水面以下的隐性能力，目前常见的标准是素质 / 胜任特征模型，其中包括

① 樊宏，戴良铁. 基于能力的人力资源管理新模式. 科学学与科学技术管理，2004（9）：98-101.

② 莱尔·史班瑟. 才能评鉴法. 汕头：汕头大学出版社，2003.

领导力模型和专业素质模型等。本章我们主要说明任职资格。

任职资格的维度

任职资格，通俗地说是从事某一职位所需具备的资格，也就是任职的标准。任职资格的维度为“5+1”个（见图 21-2）。

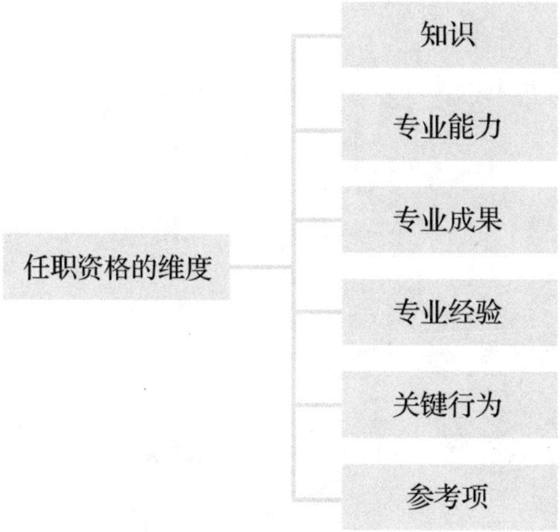

图 21-2　任职资格的维度

第一，知识。知识属于“应知”的范畴。企业要求员工掌握的知识主要包括专业知识、专业工具、背景知识、公司知识等。对知识的把握和运用程度通常分为了解、熟悉、掌握、精通四个段位。下面我们以手机软件测试工程师职位为例，说明知识的标准（见表 21-1）。

表中的 V 级工程师是简单的称谓系列，现实中可能称作助理工程师、工程师、高级工程师、副主任工程师、主任工程师等。同一知识项对不同等级的工程师要求可相同亦可不同，以能够完成工作任务为依据。比如，对于企业内部知识，所有员工达到熟悉即可，不必体现差异。

表 21-1　手机软件测试工程师知识要求示例

知识类型	知识定义	知识名称	定义（概要含义）	工程师Ⅰ	工程师Ⅱ	工程师Ⅲ	工程师Ⅳ	工程师Ⅴ
专业知识	专业工作直接所需原理和应用知识等	（1）集成开发流程	产品及技术开发流程规范；产品生命周期管理等	了解	了解	了解	掌握	精通
		（2）测试理论	测试原理、类型、目的、标准、方法、中介等	了解	熟悉	熟悉	掌握	精通
		⋮						
专业工具	专业工作直接所需工具、模板、方法等	（1）版本管理工具	Clear Case 等	了解	熟悉	熟悉	掌握	掌握
		⋮						
背景知识	与专业工作相关的知识	（1）项目管理	项目的进度管理、成本管理、风险管理等	了解	了解	熟悉	熟悉	掌握
		⋮						
公司知识	企业内部知识	（1）企业文化	企业核心价值观等	熟悉	熟悉	熟悉	熟悉	熟悉
		（2）组织结构	企业的机构组成及管理体制等	熟悉	熟悉	熟悉	熟悉	熟悉
		⋮						

第二，专业能力。专业能力也称专业技能，就是人们常说的“应会”，是指运用知识和经验完成任务的能力。没有这些能力，就无法承担工作责任，无法完成工作目标。技能多与经验有关，所谓熟能生巧。有些技能是操作性的，可以用基本掌握、熟练、精通或熟手、能手、高手等来定义等级。有些技能是隐性的，与思维方式等相关（已经接近于胜任力），必须描绘出衡量等级的具体情境。表 21-2 以手机软件测试工程师的发现产品问题能力、测试需求分析能力为例进行说明。

表 21-2　手机软件测试工程师专业能力要求示例

序号	技能名称	等级	分级说明	工程师Ⅰ	工程师Ⅱ	工程师Ⅲ	工程师Ⅳ	工程师Ⅴ
1	发现产品问题能力	1 级	能在指导下执行测试，发现主要问题	√				
		2 级	能独立执行测试，发现多数问题		√			
		3 级	能创造性执行测试，预见和发现关联问题和隐性问题			√	√	√
2	测试需求分析能力	1 级	了解需求，理解设计用意	√	√			
		2 级	理解需求，能独立设计测试方案			√		
		3 级	引导需求，能设计新业务或新类型的测试方案				√	√
⋮	⋮							

第三，专业成果。专业成果是指在本专业领域所取得的成绩和成就，包括技术总结、技术优化方案、专利、行业标准、公开发表的专业学术论文等。企业根据行业、业务特征以及专业技术的属性，对专业技术人员的成果提出具体要求。一般来说，从事基础性研究的企业，这方面的要求更高一些；从事应用性研究的公司或部门，要求相对低一些。以某企业手机软件测试工程师为例，企业对不同等级工程师的专业成果要求如表 21-3 所示。

表 21-3　手机软件测试工程师专业成果要求示例

职位级别	成果要求
工程师Ⅰ	不要求
工程师Ⅱ	善于总结工作，能在他人指导下完成较完善的技术工作总结报告
工程师Ⅲ	善于总结工作，能在他人指导下完成较完善的技术工作总结报告 作为项目成员，至少成功交付大型项目一个，小型项目四个
工程师Ⅳ	善于分析，并能完成较完善的技术分析报告 作为项目核心人员，至少成功交付大型项目三个
工程师Ⅴ	作为核心人员，至少成功交付大型项目五个

从表 21-3 可以看出，测试类的工作相对简单，专业技术成果要求并不高，主要差异体现在测试项目大小以及技术分析报告上。

第四，专业经验。专业经验是对员工在专业领域工作资历的要求。主要标准为专业工作年限。例如，欲成为工程师Ⅴ，需在工程师Ⅳ的职位上工作 2 ～ 3 年，以及需从事专业工作（无论是否进入本企业）8 ～ 10 年。在互联网、计算机等技术转换快的领域，工作年限的要求可能未必合适；因此，也可以用员工参加过哪些项目、完成过哪些任务、操作过哪些设备等实际经历来衡量专业经验。

第五，关键行为。关键行为是员工在完成任务过程中必须做出的动作。和前面专业能力、专业成果、专业经验等不同，行为不是完成时态，而是现在进行时态。好比衡量一个小伙子是否真心爱他的恋人，标准之一就是看他情人节有没有买99朵玫瑰。不同的职位关键行为各异，这里举几个例子：技术开发工程师需要将技术资料备份；产品设计师需要做产品样本测试；长途车司机连续驾驶三小时需要到休息区休息半小时；生产线班组长开工前需要开班前会议；部门内部的导师每三个月需要与徒弟正式谈一次话；等等。这些行为不管员工会不会做、愿不愿做都需要完成。

第六，参考项。参考项是对员工职业操守、职业化行为等方面的要求。可以按照员工行为负面清单予以明确界定。

以上任职资格各个维度和项目，主要的评价方式有考试测试（知识、技能）和评议（成果、经验）等。考试测试和评议工作量大，操作时存在技术上的难题（比如，考评题目如何生成？谁来测评？如何做到客观公正？等等）。这些因素妨碍了任职资格体系在我国企业尤其是民营企业的应用。随着大数据技术和人工智能技术的发展，这些障碍未来有可能得到一定缓解。

任职资格管理的困境和突破

任职资格作为一种管理手段，无疑具有重大意义。第一，它是企业能力体系的基础。提升企业整体能力需要从制定能力标准入手。第二，它是人才发现的机制。坚持以知识技能、成果贡献为关键评价要素，能够在一定程度上避免出现拼关系、比资历等现象，有利于营造健康、公正的用人氛围。第三，它是实现人岗匹配的途径。把坑描绘清楚了，按图索骥选萝卜就容易多了。第四，它是各类人员多通道发展的平台。在任职资格的土壤上，几类大树（职位大类）都能茁壮成长，避免所有员工走管理类通道的独木桥。第五，它是企业人力资源开发的依据。有了能力标准，就能够牵引出人力资源开发的课程、师资、场景、形态等体系。

任职资格有这么多作用、意义，为什么在我国企业的实际运用、执行过程中效果不佳？为什么不少企业的任职资格体系由人力资源管理部门的“掌中宝”变成了半途而废、束之高阁的废纸？

除了我们前面提到的一些技术性因素，这一体系自身也有一些内在的缺陷：

第一，统一的用人标准最终的指向是平均分高的中庸人才；不能包容、区隔、呈现特质和专长，缺乏弹性。这一缺陷与现今的高考制度类似。

第二，已列出的用人标准往往是过去时态，如果不动态更新，很快就不能满足需要。

第三，按职业序列设计标准，一方面导致任职资格标准繁多、管理成本偏高，另一方面不利于人才的横向流动和发展。每一类人都被标准禁锢在狭窄的工作空间和通道上，难以为企业的战略转型提供支持。

第四，用应知、应会等作为标准，倾向于招用熟手和具有一定工作经验的员工，有可能抑制对大学生的需求。

第五，任职资格体系运作复杂，工作量大，流程较长。工程技术人员较多的企业，职业资格管理流程（标准制定→测评→套级任用）全部走完可能需半年之久，常常会妨碍业务运作，因而招致业务部门反感、阻挠乃至反对。

第六，部分任职资格缺乏客观、可量化的评价依据和尺度。评价过程中，既容易出现走过场和形式主义（有时专业资格答辩会变成了演讲秀），也容易出现人为的不公。

从操作角度看，妨碍任职资格体系导入、落地的主要因素有：首先，对于这项短期不能见利见效的基础管理工作缺少紧迫感和动力。其次，企业决策层不坚定、不坚决、不重视。再次，企业人力资源管理部门缺乏专业人员。最后，在官本位文化影响下，员工感觉专业类通道低人一等，对专业任职资格兴趣不大；企业缺少推进专业任职资格体系的内在需求。

尽管任职资格体系有种种缺陷，但并没有更好的整体性替代方案。在现有任职资格体系基础上，我们可以有所改进和突破：

第一，简化知识、技能等标准，注重结果导向、贡献导向。通过业绩和“作战记录”（任务完成过程中的表现）辨识和发现人才。需要改变伯乐相马的机制和习惯，强调人才不是考出来的，也不是评出来的，而是在竞争和实践中比出来的，是在公平的跑道上赛出来的。业绩尺度、公开信息、赛马机制是企业人才评价三个最重要的手段。

第二，赋予一线管理人员人才评鉴、人才组阁的更大权力。他们和被评价人朝夕相处，更了解被评价人的实际能力和水平。同时，通过小组公开评议机制和跨部门的人员自由组合，使员工的业务能力在自组织的运动中真实呈现出来。构建任务小组时，各个小组争着要的就是人才；大家都愿意跟随的，就是好组长……

第三，将基础知识测评前置化、社会化。和大学生来源学校合作，在其入职之前进行基础知识、技能的训练和测试；有些技能要委托社会专业测评机构测评。通过这种方式解决专业任职资格体系中最困难的问题——题库开发和积累。同时，和社会专业机构合作，建立线上知识、技能等考试评价系统。

第四，简化任职序列划分，推进Y型员工通道。在员工成长的初级、中级阶段（担任初级、中级职务），不必细分职位序列，拓宽能力的"面"（横向宽度）；到了中高级阶段才进入不同的通道，朝专门方向锤炼精深能力。这就类似于大学里一、二年级实施通识（才）教育。基层员工能力宽度越宽，未来越容易成为高级的复合型人才。

第五，人才评价时降低实用知识、技能的考评权重（这是国内中小企业的通行做法），更加注重基础素质（和胜任力评价结合在一起），更加注重问题解决能力。将人才评价的视野和坐标扩展、放大和提升。

第六，增强职位管理的灵活性，给予员工更大的职责范围和更丰富的角色定位，为特殊人才提供发展空间。一方面将现有职位序列拉宽，使它们能够容纳更多的职位；另一方面新职位出现时及时增加新的职位序列。

第七，在利益激励上切实向技术类、专业类职位倾斜，提升技术人员的组织地位；营造尊重技术人员的企业文化氛围。

22

第22章

素质模型

不同级别的素质标准

人们在工作生活中，常常评说自己及他人的素质。但是，素质怎么衡量呢？我们上一章提到了素质的冰山模型，那么水面之下的人格、心理、个性以及态度、动机、价值观等特质（隐性素质）如何评价呢？心理学家给出的方法是：将素质分解为若干个素质因子，对它们做出定义并描绘出不同级别的素质行为和表现。不同的级别则代表素质的高低。需要说明的是，本章提到的素质均指隐性素质，和胜任力同义。

有哪些素质因子呢？美国心理学家麦克利兰提炼出21项素质因子，包括成就与行动、帮助与服务、冲击与影响、管理、认知、个人效能等六个类别（族群）。在人力资源咨询公司合益集团的推动下，素质模型成为近几十年来世界500强企业普遍导入和使用的人力资源管理以及领导力开发工具，21项素质因子在相当长的时间里也近乎国际惯例。

素质模型中，素质因子的行为和表现呈现出不同的级别。下面我们看几个例子（见表22-1）。

表 22-1 素质因子的定义及其等级描绘

素质因子：成就导向
定义：成功完成任务或在工作中追求卓越的愿望和能力。 第一级：安于现状，不追求进步。 第二级：有改善业绩的行为，但无预设目标。 第三级：为自己设立挑战目标和行动方向。 第四级：有远大的抱负，愿意为公司利益做贡献。
素质因子：思维能力
定义：对问题的分析、归纳、推理和判断能力。 第一级：不能对问题做出正确判断，不能全面、周密地分析问题原因。 第二级：能将复杂问题进行分解，可以凭借经验和常识对问题做出判断。 第三级：能够发现事物之间的联系和复杂因果关系。 第四级：能够运用概念、模型、技术、方法等找到解决问题的有效方法。
素质因子：顾客价值
定义：研究并洞察顾客需求，驱动产品和服务改善。 第一级：提供满意服务。 第二级：不断反思并改进顾客服务。 第三级：发现潜在需求，超越顾客期望。 第四级：引领需求，创造价值。

表 22-1 中我们对这几个素质因子的定义、四个等级的描绘都做了简化。实际上，不同的素质因子等级数也是不一样的：有的四级，有的五级，甚至八级、九级……

素质模型应用时最常见的方法是：先确定各职位序列所对应的素质因子，再将职位层级与素质因子级别对应起来，最终形成每个职位的素质因子曲线（见表 22-2）。这也意味着，素质因子的不同级别是不同职级职位的素质标准。

表 22-2　素质因子曲线

素质因子	职位 LX	职位 LX+1	职位 LX+2	职位 LX+3
素质因子 A	2	3	4	4
素质因子 B	3	3	3	4
素质因子 C	3	3	4	4
⋮				

表 22-2 中 LX 是任意给定的职级起点，如 L3，L4 等。LX+1，LX+2 等意味着职级在此起点上递升。一般情况下，职级越高，其所对应的素质等级也就越高。这种等级型素质标准显然有三个缺陷：

第一，并非所有的素质因子其等级都与职级正向相关。像战略视野这样的素质因子，高层管理者的标准显然要比基层管理者高；但像洞察顾客需求这样的素质因子，经常接触顾客的基层管理者的标准未必比高层管理者低。

第二，各个素质因子较低级别的行为和表现，不能成为职位对任职者的要求和标准。这就意味着，素质模型主要适用于高级别职位及任职者。以表 22-1 中的“素质因子：成就导向”为例，第一级的表述是“安于现状，不追求进步”，这是什么素质标准呢？即便第二级的表述“有改善业绩的行动，但无预设目标”，也是没有什么意义的。

第三，某一素质因子，难以用一种定义和标准面对不同职级的员工。无论是低层级员工，还是高层级员工，都需要有抱负、志向方面的要求，只不过内涵不同。基层车间里的一个普通工人对本职工作精益求精，这也是一种成就导向。

与等级型的素质模型不同，光辉国际（Korn/Ferry International）

所属洛美哥公司（Lominger）将胜任力概括成 67 种能力（分为 20 多个能力组），不区分等级，进行平面式排列。在洛美哥出版的能力库卡片中，能力项目除了 67 种能力，还包括 19 个职业发展滞碍因素以及 7 个全球视野因素。每项能力均从擅长、不擅长以及过度使用三个方面描绘其行为、表现。构建职位的素质模型时，可以根据职位的职责和特点，选择若干与之相关的能力项。不同能力项有不同的难度分值；职业发展的不同阶段，相应地对应不同的能力总分（几项能力分值加总）；总分越大，说明能力标准越高。关于洛美哥的素质模型，有兴趣的读者可以查阅相关资料。

知行结构的素质模型

总的来说，素质模型在我国企业的应用并不普遍，效果也不理想。这一管理工具对个体及组织绩效的影响尚未得到公认。究其原因，主要有五个：

第一，素质因子是静态的，不能随着企业的战略任务、价值活动的变化而变化。

第二，素质因子是事先设置的。具体职位素质标准设立时，需要从素质因子库中选取，并非根据职位的职责和活动个性化地提炼。这有可能导致削足适履。

第三，无论 21 项素质因子，还是 67 项素质因子，虽然存在内在逻辑，但总体上比较离散，不符合冰山模型水面以下部分（隐性能力）的内在结构。

第四，各素质因子不同等级的行为和表现难以描绘，不同级别之间的要求很难清晰地区隔（在实际操作中经常用较好、很好这样的词语）。

第五，由于素质因子比较复杂，职位主体（员工）的参与度较低。在能力（素质）评价时，被评价者和评价者对评价维度、方法等缺乏理解，也就无法有效运作了。

面向未来，我们需要制定职位的素质标准，并开展评价，这是没有疑义的。关键在于能否设计出创新的、适用的素质管理工具和方法。它必须符合以下要求：

第一，素质的基本结构符合员工的内在心理特征，同时能简明、清晰地表达出来，使每个员工都可以认识和理解。

第二，具体的素质因子来源于职位的战略性价值创造活动，可以动态变化（这并不意味着即时变化。在战略未调整变化之前，素质因子可以稳定一段时间）。

第三，员工参与素质因子的提炼以及素质因子行为、表现等级的界定；将素质模型构建变成开放式的员工学习和绩效提升过程，并使之简易可行、富有实效。

根据上述要求，我们在此创新性地提出素质的知行结构及其素质模型。它将中国人深层的文化传统和现代心理学的科学方法结合起来，既有牵引性，又有可行性；既是组织的管理机制，也是员工个人的内在追求。

冰山模型水面以下的心理及胜任特质，按照心理学家的说法，包括价值观、角色定位、自我概念（认知）、品质、动机、个性等。普通员工理解不了这么多的概念。这些概念之间的相互关系如何呢？别说是普通员工，绝大多数管理者也很难形成结构化的认知。现在，我们把冰山模型水面以下的素质概括为两个要素：知和行。

在中国传统文化比如王阳明的知行理论中，“知”不是认识论层面的认知，而是价值论层面的良知，是态度、动机和追求，包含道德伦理和价值准则。我们所说的“知”也包括这些范畴。这样就把企业核心价值观融入素质标准之中，使之有了坚实的、基础性的依托。同时，根据人们对“知”的通行理解，我们将认识论角度的认知方式和思维方式也归入其中。在传统的“知”中注入了科学的元素，可以使组织的基础构造（职位，职位对人员的要求）之中有了理性、科学的成分，使企业高效、合乎规律地运作有了内在保证。

素质知行结构中的“行”主要是基于“知”的行为和动作。这和素质模型通过行为来界定胜任特征的级别有相似、相通之处。除了行为和动作，“行”中还包括结果。把“知”与“行”整合起来，则形成了完整的知行素质结构（见图 22-1）。

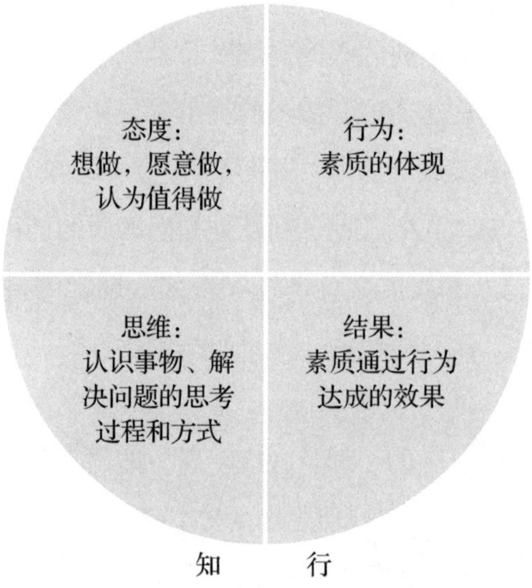

图 22-1　素质的知行结构

素质的知行结构体现了知行合一的理念。首先，态度（动机）和行为相统一。这是中国传统文化的重要思想。诚心正意修身齐家治国平天下，宏伟事功的源头是初心和使命。企业实践过程中，我们不能事事问动机，而是要以成效、结果为尺度；但是，对员工来说只有动机、行为相统一，才会真正全身心地投入工作，才能迸发出极大的生命能量。其次，思维和行为相统一。朱熹云，论先后，知为先；论轻重，行为重。从逻辑上说，思维是行为的前提；从实践角度看，知中有行——任何战略、策略都需要包含行动举措，行中有知——任何行动都带着思考、在思维中进行。有些企业领导者总认为下面的人执行力不足，在我看来恰恰是思维力出了问题。最后，行为和结果相统一。知必行，行必果。一切行为都是为了目标的实现。

需要指出的是，图 22-1 所示的知行结构将素质分成两个大类四个因素，但它还不是完整的素质模型。接下来我们需要解决的问题是知什么和行什么，即提炼素质因子。根据企业的职位分类，素质因子可以从三个角度分别提取（见图 22-2）。

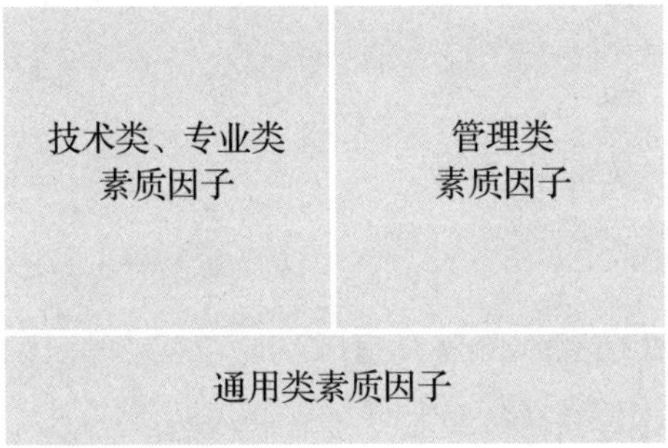

图 22-2　素质因子分类

通用类素质因子是企业所有员工均需具备的素质。从企业组织的属性看，素质因子的最大公约数概念有三个：责任心、沟通力和合作。管理类素质因子的提炼也不复杂，从世界著名企业的领导力素质模型看，通常包括战略和价值观管理能力、团队及组织管理能力和自我管理能力。技术类、专业类职位较多，内部差异较大，难以找到公约数。可行的方法是按技术类、专业类职位分别提炼。基本逻辑如表 22-3 所示。

表 22-3　技术类、专业类职位素质因子（胜任特征）提炼示例

技术类、专业类职位			战略性价值创造活动	能力定位	素质因子（胜任特征）
技术类	产品开发	初级	辅助性产品开发	绘图制表	细节能力 / 信息能力
		中级	产品内部模块开发	模块技术	学习能力 / 问题解决能力
		高级	产品架构设计	产品概念	洞察需求能力 / 创意能力
	工艺技术	初级	工艺数据测试	测试方法	细节能力 / 信息能力
		中级	工序工装改进	制造经验	人际能力 / 问题解决能力
		高级	工艺方案制定	智能制造技术	系统思考力 / 决策能力
	品质控制	初级	品质数据测试	测试方法	细节能力 / 信息能力
		中级	品质问题改进	品管经验	人际能力 / 问题解决能力
		高级	品质体系管理	品控网络	系统思考力 / 体系化能力
	⋮				
专业类	财务会计	初级	财务信息收集整理	数据和凭证整理	细节能力 / 信息能力
		中级	会计核算和分析	会计报表编制	细节能力 / 分析能力
		高级	战略性财务管理	绩效改进	系统思考力 / 组织能力
	⋮				

从表 22-3 可以看出，素质因子的提炼需要从职位所承担的责任以及职位所从事的活动（流程）出发，参考、依据职位的能力定位。

需要说明的是，表 22-3 的职位粒度没有细到每一个职位，而是只到各职位序列中的初级、中级和高级类别。这种粒度企业易于操作。当然，粒度是一个变量，可以根据需要调大调小。

在提炼素质因子的基础上，结合知行结构，我们可以得出完整的素质模型（见表 22-4）。

表 22-4 揭示了我们构建素质模型的思路：素质的定义→素质的知行结构→不同职位的素质因子→不同素质因子的知行标准。它和等级型素质模型建构方式的不同之处在于：按职位或职位序列确定素质因子，体现战略导向、流程导向理念；而不是先有素质因子等级标准，再将职位及职位序列与之对应。因此，我们的素质词库不是既定的，而是在实践中总结、概括、提炼出来的。当然，由于企业具有普遍性，大部分同行业企业的素质词条是相似或相近的。

素质模型的应用实践中，难题之一是素质因子标准的界定。知行结构（态度、思维、行为、结果）将抽象的素质结构化、显性化，为解决这一问题提供了操作性框架。需要特别指出的是，知行结构并不是将素质因子分为“知”和“行”两类，而是同一个素质因子分别从“知”和“行”两个角度去描绘；也就是说，在同一个素质因子上，“知”与“行”是统一的，是自内而外的整体。下面我们用三个素质因子举例说明（见表 22-5）。

表 22-5 中的素质因子基本上属于通用类；随着职级提升，素质因子的知行标准也在提高（大部分素质因子均有这种特点）。某些素质因子存在不同等级的职位知行标准相同的情形，说明这些职位所需的素质没有显著差异，不必刻意区分。表 22-5 中的素质标准只是简要的概括，实践中还需要进一步细化。

表 22-4 知行结构的素质模型

素质因子			职位序列 X					职位序列 Y					职位序列 Z					…	
			职位 L1	职位 L2	职位 L3	…	职位 LN	职位 L1	职位 L2	职位 L3	…	职位 LN	职位 L1	职位 L2	职位 L3	…	职位 LN		
素质因子 A	知	态度																	
		思维																	
	行	行为																	
		结果																	
素质因子 B	知	态度																	
		思维																	
	行	行为																	
		结果																	
⋮																			

表 22-5　三个素质因子不同职位的标准

素质因子			职位 A（LX+1）	职位 B（LX+2）	职位 C（LX+3）	职位 D（LX+4）	职位 E（LX+5）
学习力	知	态度	有学习的愿望	带着问题学习	带着问题学习	喜好学习，形成学习习惯	学习成为生活方式和理想
		思维	能够发现问题及主要原因	能够发现问题及主要原因	能够发现问题及深层原因	能够举一反三，发现问题的规律	能够建立抽象的解决问题的方法论和模型
	行	行为	尝试解决问题的方法	尝试解决问题的方法	老方法行不通，寻找新方法	为高效达成目的创新方法	善于转换角度，寻求实现最优解的创新方法
		结果	对事物局部改变起到帮助作用	对事物局部改变起到积极作用	对事物局部改变起到重要作用	对事物的整体改变发挥重要、关键作用	对事物的整体改变发挥全局性、牵引性作用
团队合作	知	态度	愿意融入团队，为团队做贡献	愿意融入团队，为团队做贡献	发挥团队效能，没有狭隘的本位意识	重视组织建设，重视公司整体利益，愿意跨部门合作	将公司整体利益放在优先位置，积极开展跨部门合作
		思维	能够认识团队矛盾所在及其原因	能够认识团队矛盾所在及其原因	能够发现团队及组织建设的主要变量	能够发现团队及组织建设的主要变量	能够从文化和合作规则角度思考问题

续前表

素质因子			职位 A（LX+1）	职位 B（LX+2）	职位 C（LX+3）	职位 D（LX+4）	职位 E（LX+5）
团队合作	行	行为	做好团队交给的任务，合作无滞碍	在团队中充当多种角色，努力完成团队任务	在团队中充当多种角色，努力完成团队任务	承担需要做出牺牲的团队任务，对外合作时不计得失	为团队的整体协同起到重要作用
		结果	团队通过合作基本完成任务	团队积极、健康、进取，创造良好业绩	团队积极、健康、进取，创造良好业绩	保持较高的团队满意度，团队战斗力强，善于攻坚克难	打造出业绩优秀的团队和组织，团队战斗力支撑重大战略任务完成
顾客导向	知	态度	愿意为顾客创造价值	愿意为顾客创造价值	自觉遵循顾客导向原则	自觉遵循顾客导向原则	以顾客为中心的理念成为本能
		思维	改变自我中心意识，了解顾客需求	改变自我中心意识，了解顾客需求	理解顾客需求，较准确地表达、还原顾客需求	理解顾客需求，较准确地表达、还原顾客需求	洞悉顾客需求，实现与顾客思维的同一，发现顾客的隐性需求
	行	行为	和顾客交往沟通时不会招来恶评	和顾客交往沟通时不会招来恶评	和顾客沟通无碍，顺畅坦诚	创新顾客沟通方式，与顾客结成伙伴关系	创新顾客沟通方式，与顾客结成伙伴关系
		结果	能够完成顾客服务任务	能够完成顾客服务任务	为顾客提供符合其期望的价值	为顾客提供超越其期望的价值	为顾客提供超越其期望的价值

领导力素质模型

素质模型方法在中国企业的应用有 20 多年了，大体上经历了两个阶段。第一个阶段以全员素质模型导入为主要内容。由于工作量巨大，实际推行殊为不易，成效并不明显。后来素质模型逐渐被任职资格体系（见第 21 章）替代。第二个阶段转向以领导力素质模型为重点，一些优秀企业取得了较好的效果。

领导者——企业中的各级管理者——是企业生存发展的决定性因素。构建和应用领导力素质模型，对于企业战略目标实现、企业文化传承以及干部素质提升等意义重大。抓住了领导者（干部）的素质标准，就在一定程度上抓住了企业的根本。从操作角度看，这一工作难度相对较小。因为领导力素质因子基本是普遍适用的，其标准已有通行框架——这是各大企业领导力素质模型大同小异的主要原因。当然，有通行框架并不意味着可以走捷径，在普遍规律的基础上找出特殊性，才是真功夫和硬功夫。

表 22-6 是 PDI 公司（Personnel Decisions International）提出的领导力素质模型，在全球产生了广泛影响。[①] 这一模型将领导力分解为四个维度：引领未来（thought leadership）、追求结果（result leadership）、成就团队（people leadership）、超越自我（personal leadership）；同时，将领导者分为五个层级：个体贡献者（表中略去）、基层领导者、中层领导者、事业部领导者、高级领导者。（2014 年，光辉国际公司在全面整合洛美哥、Global Novations 和 PDI 素质模型的优势后，发布了

① Gebelein S H，Nelson-Neuhaus K J，Skube C J，Lee D G，Stevens L A，Hellervik L W，Davis B L. Successful Manager's Handbook. Paperback. Minnesota：PreVisor Inc., 2010. 图 22-8 由樊宏、张海宽等根据原书内容整理而成。

全新的领导力素质模型 Korn Ferry Leadership Architect，概括、解读了 38 个领导力素质。读者可参考。）

笔者曾分析 20 家国内外知名企业或组织（包括华为、阿里巴巴、腾讯、联想、海尔、万科、华润、东软、微软、谷歌、朗讯、戴尔、IBM、通用电气、惠普、摩托罗拉、西门子、飞利浦、联合利华、美国管理协会等）的领导力模型，出现次数最多的素质因子是团队 / 组织领导、建设和人才开发培养类的；其次是顾客洞察、顾客关系以及顾客价值创造类的；最后是创新、变革、突破以及决策类的。这在一定程度上反映了全球企业领导力素质模型的共性。

表 22-6　四维度领导力素质模型

分类	素质因子	基层领导者	中层领导者	事业部领导者	高级领导者
引领未来	决策能力	分析问题、解决问题	做有效的决策	做有见地的判断	做敏锐的判断
	策略性思考	理解策略	有策略地行动	有策略地思考	制定策略
	财务能力	—	能够利用财务数据	具有财务敏锐性	具有财务洞察力
	创造力及远见	发现可以改进的地方	创造性地思考	创新	有远见
	全球眼光	—	—	具有全球眼光	具有全球整合能力
成就团队	影响力	争取支持	建立支持	影响他人	运用组织影响力
	激励下属	鼓励下属承担责任	激励下属	吸引与鼓舞	激励组织
	开发下属	甄选与开发	开发下属	塑造人才	开发组织才能

续前表

分类	素质因子	基层领导者	中层领导者	事业部领导者	高级领导者
成就团队	团队合作	—	改善团队精神	促进合作行为	确保协作氛围
	有效沟通	有效沟通	鼓励开放的沟通氛围	—	—
	关系导向	与他人关系良好	建立关系	巩固关系	建立组织关系
追求结果	顾客导向	寻求顾客满意	满足顾客需求	以顾客为中心	确保以顾客为中心
	目标管理能力	制定计划	制定切实可行的计划	结果驱动	和组织紧密相连；推动组织取得成功
	执行能力	有效执行	管理执行	确保执行	优化执行
	主动进取	积极主动	主动进取	勇敢地领导	大胆地领导
超越自我	可信度	能够让他人感到可信	能够建立他人对自己的信任	能够激发他人对自己的信任	能够使他人对自己有不动摇的信任
	适应能力，敏锐度	有较强的适应愿望	有较强的适应能力	有适应和学习能力	表现出高度的敏锐性

构建领导力素质模型，有复杂方法也有相对快捷的方法。根据笔者的经验，快捷建模包括以下步骤：第一步，搜索和借鉴大型企业的领导力素质模型。第二步，进行高管访谈和企业历史资料收集，选出企业认为重要的领导力项，建议不超过 8 ～ 10 条。第三步，焦点小组访谈，围绕选出素质因子项需表现出的行为项进行头脑风暴讨论。第四步，整理和形成领导力素质模型。建模时可以参考较为通行的“战略、组织、个人”三角逻辑框架（见图 22-3）。

图 22-3　三角形的领导力素质模型

图 22-3 中，战略管理能力是领导者创造顾客价值的能力，即我们平时所说的经营能力；具体内容包括发现市场机会、洞察顾客需求、创新商业模式的能力。组织管理能力是领导者创立、打造团队和组织的能力，具体包括设计组织规则（机制）、塑造组织价值观、控制（指挥）组织运行以及知人善任、影响（驱动）组织成员的能力。自我管理能力主要是学习力和行动力，包括认知和思维（分析）能力、探索新知融会贯通的能力、发现问题解决问题的能力、持续创新变革的能力，以及雷厉风行、坚韧不拔、扎实奋斗的能力。概括起来说，就是“管事”的能力、“管人”的能力和“管己”的能力。而这三种能力，同样可以分别从知、行两个角度进行定义和描绘。

构建领导力素质模型是提升领导力的基础性步骤。而更为重要的是要将领导力素质模型运用到企业干部管理的各个环节和领域。需要将领导力素质模型和领导力开发、发展结合起来，与干部述职测评结合起来，与干部选拔任用结合起来，与干部自我修炼、组织文化建设结合起来。在领导力素质模型这一工具平台上，增强工具与主体的互动（方法在实践中改进，在方法运用中提高实践效果）、主体之间的互动（领导者之间相互学习交流），使领导力素质模型具有开放性（参与性）、适用性和动态性。

23

第23章

角色管理

从职位到角色

企业职位管理大体上经历了三个阶段。[①]第一阶段的关注点在于职位的工作任务：通过职位说明书对职责进行管理。好比是给萝卜挖坑，关注的是坑本身该挖多大、挖成什么样子。这一阶段的职位管理，通过职能专门化、组织结构化和稳定化，使组织的协同效能得到发挥。第二阶段的关注点则转移到了人身上：在职位说明书中加入对任职者胜任能力的要求，重点考虑萝卜与坑是否匹配的问题。而在第三阶段，关注点开始从职位转移到角色。

近年来，在国外企业的人力资源管理中开始出现"角色"这一概念。即企业在对员工和职位进行管理时，以组织对员工的期望为出发点，关注员工的多重角色能力；要求管理者不单单看单个萝卜和坑，还要看它们周遭的土壤、环境。传统的职位管理是工业文明的产物，职位矩阵属于机械结构。在充满不确定性的时代，如果将企业视作有机的生命体，则需逐渐改变人力资源管理的基础构造。这是角色管理替代职位管理的主要原因和背景。

① Baker T. The end of the job description. Basingstoke：Palgrave Macmillan UK，2016：11-27.

目前，平台化、分布式、自组织、任务小组制、人员自由组合、按流程设计组织……种种新的现象冲击着传统的职位管理模式。第一，职位管理体系中，职位的职责定位是静态和固化的。对工作内容的界定缺乏弹性，不能适应工作多样化和动态变化的要求，不能适应创新性、创造性流程和活动，同时使员工的创造力受到一定的抑制。员工不断转换身份、扮演不同角色，但给他的剧本还是固定的人物、情节和唱词，戏还怎么唱呢？第二，职位管理体系中的纵向职位等级，总的来说体现了垂直管理关系以及机械系统的控制逻辑，这显然无法与平台型组织、分布型组织、自组织以及分权化的体制机制完全兼容。当分布式结构和自组织成为常态，机械式控制就失去了作用对象和条件。同时，传统职位管理方式不利于激发员工的自主性、积极性以及组织的内在能量；面对新生代员工，其缺陷更加明显。第三，职位管理体系中的职位结构设计和职位安排缺乏灵活性，不利于打破部门之墙，不利于组织内部有机关系的建立和发展，不利于组织流动和自由组合，弱化了组织形态（结构）对环境的适应能力，减少了组织变化的能动空间。

有人声称，职位管理终结了；但是，角色管理的时代到来了吗？

角色的特点

“角色”一词源于戏剧，原意是指剧中的人物，后引申为人们在社会生活中的身份。

角色有三个比较显著的特点：

第一，每个人的角色是多重的。正如我们既是父亲（母亲），又是儿子（女儿）；既是学生，又是老师；既是上级，又是下属……这种多重性又分两种情形：一是人们在不同组织中的不同角色。在企业里一言九鼎的老板，到了大学则成了教室里听课的学生；在家庭里温情脉脉的贤妻良母，到了手术台上却是冷峻严苛的外科医生……二是同一组织中不同情境（场景）下的不同角色。在家中备受呵护的小男孩，当父母外出不在家时俨然成了照顾幼小妹妹的家长；平时工作中稍显懦弱的员工，在突发火灾时却变成了救火英雄……

处于不确定环境中的企业，无论是内部组织结构还是运营情境（场景），都处于动态变化之中。员工经常从一个部门（团队）转到另一个部门（团队），从一种场景来到另一种场景。当组织按任务自由组合或者具有自组织属性时，往常高高在上的领导，很可能在某个项目（任务）中成了受人遣使的小兵；平日里被动执行的基层员工，却成了某项任务的总指挥……早在20世纪70年代，亨利·明茨伯格（Henry Mintzberg）就提出了经理人（管理者）角色理论①——他由此被誉为经理角色学派创始人。他将经理人的角色分为三大类：第一类，人际角色，包括代表人、领导者和联络者三种角色；第二类，信息角色，包括监督者、传播者、发言人三种角色；第三类，决策角色，包括企业家、资源分配者、冲突管理者和谈判者四种角色。

基于角色的多重性，企业一方面需要通过企业文化建设，使员工具有角色转换的心态和习惯；尤其要改变各级管理者的权力意识和权威做派，使他们能在多种角色之间畅顺切换。另一方面需要培养员工扮演多种角色、承担多种责任、行使多种权力的技能和本领；要让员工从合唱团中固定声部的演唱者，变成能适应各种环境、满足多样需

① 亨利·明茨伯格．管理工作的本质．北京：中国人民大学出版社，2007.

求、演活多种人物、吹拉弹唱演样样精通的文艺轻骑兵。

第二，角色体现在关系中、由他人定义。中国传统儒家思想中有一个核心概念：君臣父子。撇开其中的皇权因素，这是典型的角色思想。只有在君臣、父子结构和关系中，双方的角色才能显现出来，角色行为才能被引发出来，各自才能发现和回归自身的责任、权力边界。也就是说，角色是相互依存的。无君无以言臣，无父何从言子？反之亦然。

现代人们常常把君臣父子理解为等级关系、权力关系和服从关系。在特定的语境下，这当然是对的。但是换一个角度看，这一理念也意味着“君”“臣”“父”“子”均需遵守自身的角色规范，承担角色所规定的责任。即为君要仁、为臣要忠、为父要慈、为子要孝。通俗地说，就是做皇帝要有做皇帝的样子……相互依存的角色结构中，如果其中一方不遵守角色规范，那么协同合作关系便不复存在。由此可见，处于关系之中的角色，凝结着他者的期望，而这正是角色应然的规范和标准。推而广之，我们每个人都处在网络化的社会关系当中，每种角色都包含社会期望和要求。好比医生承载着病人治愈康复的希望，教师肩负着学生获取知识、健康成长的责任。企业组织中，对角色的期望不仅来自与其匹配的另一面，也来自企业共同体。

角色的关系特点，对传统的组织原则和组织规则形成了巨大冲击，也对管理提出了新的要求。比如，领导者由被领导者定义，需要符合被领导者的期望，这和我们长期习以为常的上下权力型管理关系是大相径庭的。显然，企业需重视角色的关系管理，为不同角色之间的沟通、互动创造条件，如构建信息平台、流程平台等；在企业文化上更加强调平等和尊重，注重角色意识的弘扬；在机制设计上给予基层员工更大的自主空间，使之能自由组合、自设角色。需开发员工的人际关系能力，使之在扮演不同角色的过程中能与对方建立融洽的合作关系。更为重要的是，企业需要对角色期望进行管理。一方面在组织文化层面提出对所有角色的共同期望——实际上就是核心价值观；另一方面开发、积累组织不同层级各种角色的期望标准（动员角色的扮演者相互设立角色标准），同时激发角色扮演者（责任主体）自我设定期望、自我实现角色以及自我成长。正因为如此，角色管理具有尊重个体、激活个体的显著特征。

第三，有些角色无法事先设定。大部分角色是可以事先设计和安排的，但在不确定环境下，有些角色是在突发情境中因需要而产生的。比如企业突然遭遇知识产权诉讼，需要新设知识产权专家角色；企业突陷舆论风波，则需要新设对外发言人角色。从职位管理到角色管理，意味着人力资源管理模式朝不确定（弹性、动态）方向转变；而从预设角色的管理到偶发角色的管理，则是在这条新路上又往前走了一步。弹性、动态的管理，并不是临时起意、见招拆招，而是更高级的管理形态。这是一种价值观型管理：没有组织成员对组织使命、宗旨的高度认同，就不会有人在危急关头挺身而出、承担角色责任；这是一种深层素质型管理：没有厚实的素质基础，就没人有能力扮演临时角色；这是一种平台赋能型管理：没有强大的平台支持和资源支持，个体很难在突发情形下完成艰巨任务。

角色实现和组织发展

企业进行角色管理的目的之一是推动、促使员工角色实现。所谓角色实现，是角色承担者从理解角色到扮演角色的过程。在企业中，可以将这一过程理解为员工实现组织角色期望的过程。角色与角色主体（承担者）之间的互动——角色牵引人，人丰富角色——构成了员工角色实现的主要内容。

美国心理学家奥尔波特（G.W.Allport）曾提出角色实现模型（见图 23-1）。[①]

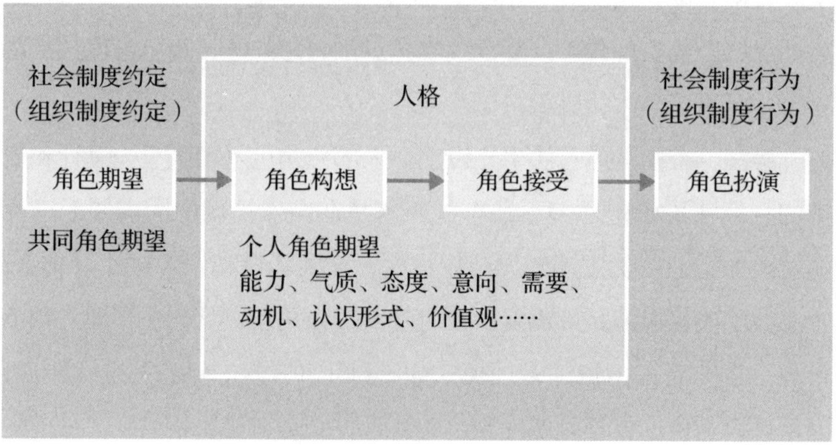

图 23-1　角色实现模型

我们将图 23-1 中的社会制度约定和社会制度行为置换成组织制度约定和组织制度行为，就可以用这一模型说明员工的角色实现。当企业进行角色管理时，先形成组织的共同期望；将其赋予员工，成为某种角色期望。而员工在自身人格特征的“黑箱”中，对该角色期望进行解读，进而完成自己的角色构想（role conception），即自我期望。例如，一个项目小组中的大多数人都希望张三能够明确项目方向，管控项目进度，带领大家攻关克难，这种共同期望赋予张三项目管理者的角色。由于张三本身思想开放，善于沟通，喜欢头脑风暴而

① Allport G W. Personality：a psychological interpretation. New York：Holt，1937：32-56.

不喜欢专断，他会将项目管理者解读为一个集思广益、善于聆听的项目管理者，认为应该在项目中多鼓励、引导团队成员提出合理化建议。

员工在接受角色期望、具有角色意识后，开始按照该期望进行角色扮演。一般来说，角色扮演者的角色意识分为不自觉型和自觉型两种。[①] 前者的典型例子是性别意识，比如男孩、女孩的自我辨认。性别特征是我们与生俱来的，已经习以为常，因此不会特别注意；而自觉型角色意识则是指理解角色期望并关注扮演行为和扮演结果。员工的角色意识显然是自觉型的。还以上面的张三为例，当他意识到应该鼓励小组成员各抒己见，并组织了好几场讨论会时，就已经在做“角色应该做的事”了。

员工角色实现与组织发展存在相互促进的关系。首先，角色和扮演者往往彼此成就。就像在一个影视剧里，富有魅力的角色给演员留有很大的表演空间；而演员功力到位，使角色立体、饱满，则发展了角色。在企业中，角色给予员工能力展示和个人发展的空间，并通过来自组织的期望推动员工成长；而员工对角色的良好诠释又增强了角色在组织战略中的作用。

其次，角色实现与员工个人绩效密切相关。按照 AMO（能力，ability；动机，motivation；机会，opportunity）理论（战略性人力资源管理的重要模型），员工绩效取决于能力、动机和机会三个因素。而在角色实现过程中，角色对相关扮演者能力的强调和牵引，角色扮演者自我期望（动机）的形成和强化，以及在广阔的角色活动范围内相关机会的自主把握，都能促进员工工作改进和绩效提升。

---

① Appelbaum E，Bailey T，Berg P，Kalleberg A L. Do high performance work systems pay off ?. Research in the Sociology of Work，2001（10）：85-107.

角色管理的基本工具：角色说明书

角色说明书是角色管理的基本工具。它和职位说明书在形式上大同小异，在内容上有所差异。下面我们分项进行对比（见表 23-1）。

表 23-1 职位说明书和角色说明书的比较

项目	职位说明书	角色说明书
工作职责	相对规范的工作职责	比较弹性的角色职责；对职责以外的工作任务做出说明
绩效考核	以量化的绩效指标为主	以任务完成情况、角色作用（是否符合期望）的评价为主
任职要求	以任职资格（知识、技能、经验等）为主	以基本素质和胜任特征为主；对具体工作以外的能力提出要求
组织位置	职位相对固化	动态变化，灵活组合
适用环境	机械式系统；科层制组织	有机生命体；任务 / 项目型组织，矩阵型组织
建构造模	从部门职责到职位职责；流程（活动）和职位相对应；职位分析	从工作任务到角色职责；非确定性活动和角色相对应；角色分析

与职位说明书相比，角色说明书有三个优点：一是体现任务导向原则，在描绘角色的职责时，扩充了活动及工作范围，使工作更加丰富；促使员工超越所谓的本职工作，在更加广阔、机动、复杂的工作领域创造价值。二是在组织设计时，增加了组织的灵活性和流动性，构建了任务导向的小组 / 团队组合机制，减弱了固化的职位设计对团队合作、组织协同的制约，增强了组织内部的有机联系。三是通过对期望性标准的强调，对胜任特征的关注，激发、调动员工的自主性和积极性，并使员工重视关系以及他人期望，从而助生组织公

民行为（organizational citizenship behavior，OCB），即自愿性的利他行为。[①]

德鲁克曾说："一个组织应该使每个人，特别是每个管理人员和每个专业人员，但也包括每个管理单位，理解本身的任务。"[②] 无论职位管理还是角色管理，这都是基本要求。职位管理显然存在一定的局限性，但在未来相当长的一段时间内，仍然是我国企业人力资源管理必不可少的基础设施。而角色管理能够帮助员工明确自身的任务和定位，牵引员工能力发展，保障组织目标落实，为管理者提供了组织设计、人员管理的新思路。

① 孙健敏，李原. 组织行为学. 上海：复旦大学出版社，2005：163.

② 彼得·德鲁克. 管理的实践. 北京：机械工业出版社，2009：480.

第四篇

协同机制

24
第24章

纵向指挥链：权力机制

企业组织内部分工确定后，仍然是不生成功能的静态系统。组织设计的下一个任务是通过组织机制的构建使组织动起来，在运动中创造价值。而组织机制主要解决分工组织的连接和协同问题，即组织单元——大至集团公司内部事业部，小至最小的组织单元职位/岗位——之间的关联和互动（见图24-1）。

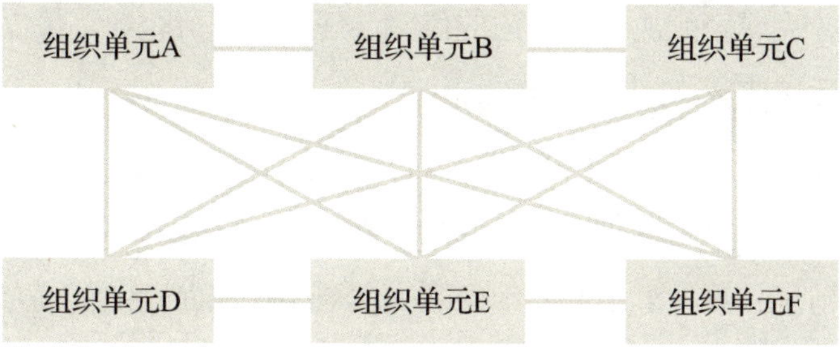

图24-1　组织单元之间的连接

图24-1中，横向组织单元的组织层级相同；纵向组织单元处于不同的组织层级。

组织单元之间主要有三种连接机制：第一，权力机制；第二，流程机制；第三，交易机制。其中权力机制是最常见和最主要的。所谓权力机制，是指两个及两个以上的组织单元之间的合作、协同，主要依赖于其上级的决策和指挥（见图 24-2）。纵向组织层级之间具有“命令 – 服从”关系；相对于上一层级，下一层级组织单元的主要责任是执行。军队是典型的权力连接型组织，其主要规则是下级服从上级的指挥、执行上级交给的任务。

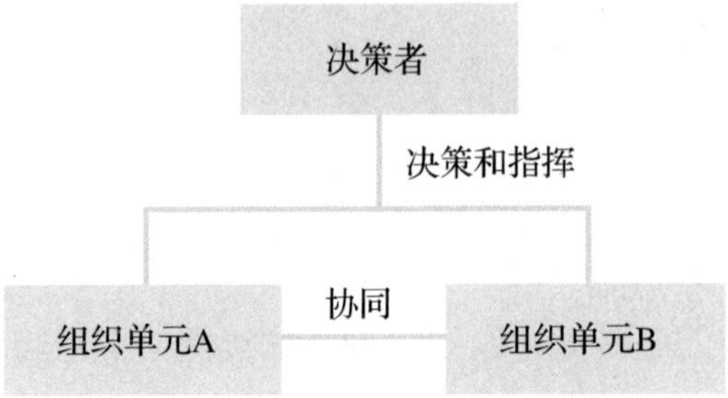

图 24-2　组织连接、协同的权力机制

平日最常见的企业组织形态职能制，其协同方式就是权力机制：研发、生产、营销以及人力资源、财务等各个机构均接受企业决策层的指挥，完成企业决策层下达的目标、任务，执行企业决策层所制定的策略政策等。

现在许多人强调去中心化、去科层化、去权力化，实际上，在大多数情形下，权力连接还是最直接、最简单、最有效的机制。设定这样一种情境：夏季洪水暴发，一列火车被困在前面发生了塌方的铁路上。整列火车停电、断水，一片混乱；小孩啼哭，老人昏倒，人心惶惶；列车长因为年轻、没有经验而惊慌失措。这时，有一位军衔较高的军人站出来说：“有没有军人或退役军人，听我指挥！”瞬间过来几位军人。这位高军衔军官马上自我任命为现场抗险救灾、保证群众安全领导小组组长，那几位军人分别被指定为负责通信联络、食品保障、老幼转移等方面的副组长，再结合一些热心的群众，权力结构就此形成。由于有了权力机制，混乱无序的群体很快成为有序运行的组织；慌乱的局面逐渐消除：食品和水被集中起来了，老人和孩子被妥善安顿了，救援队伍联系上了……这就是权力机制的神奇效应。

对企业来说，无论是“集中力量做大事”的战略聚焦压强，还是具体目标任务的攻坚突破，都离不开权力连接。前者对应的是大型正规组织的多层权力连接；后者对应的是小型机动团队（项目小组）的直接权力连接。

组织中的权力

权力，在政治学、社会学、经济学、人类学、管理学等众多社会科学学科中都是核心概念。有学者考证了英文“权力”的词源，一是拉丁语 potere，意指能够；二是拉丁语 autorias，意指意识和法令。由此衍生出权力所对应的两个英文词：power（力量）和 authority（权威）。马克斯·韦伯（Max Weber）——现代组织理论的始祖对权力有过这样的定义：一个或若干个人在社会生活中即使遇到参与活动的其他人的抵制，仍然有机会实现他们自己的意志。社会学家塔尔科特·帕森斯（Talcott Parsons）认为，权力是保证集体组织体系中各单元履行有约束力的义务的普遍化能力。管理学的奠基人之一赫伯特·西蒙（Herbert A. Simon）直截了当地指出，权力就是 A 的行为引起 B 的行为。[①] 从管理学角度看，权力存在于人与人、组织单元与组织单元之间的关系中。有的学者将其特征概括为三个：第一，相对性。失去了被影响和支配的对象，就失去了权力。第二，单向性。它是一种有约

① 以上权力定义引自沈启荣. 权力概念分析. [2005-02-06]. http://www.sociology.cass.cn/shxw/qt/t20050206-4920.htm.

束力的特别影响力；影响者和被影响者之间不完全平等。第三，后果性。它会对接受影响者或其他人产生有利或有害的后果。①

不过，读者不能认为组织中的权力关系只有上对下的命令、指挥、批准、决定等。实际上，组织中的权力主要有四种。除了命令、指挥（统称为决策）这种权力，还有建议权（提案权）、审核权和知情权。

建议权是提出方案、预案的权力——注意，这是一种权力：建议权拥有者如果未提出建议，上级决策者不能替代或强压。审核权是对有关事项程序性、合规性的审查与核准。这种权力不是对事项进行决策；只要有关事项符合程序、合乎标准和规范就予以通过放行。目前，一些企业的职能管理部门常常把审核权误当成了批准决定权，导致审批流程变长、决策效率降低，这是需要改进的。知情权是信息共享权，即获取信息的权力。通俗地说，是对有关信息非知道不可的权力。在很多企业也称备案权。随着信息化、智能化时代的到来，知情权越发重要。信息共享既是企业运行效率提升的重要因素，也是监督的有效手段——尤其在权力下放的情形下。

以上四种权力，决策权和建议权是权力主线，审核权和知情权是权力副线（见图 24-3），权力主线主要连接具有直接报告关系的上下层级；而权力副线主要连接不具有上下级直接报告关系的服务型、专业型、平台型、职能型组织机构及单元。在权力主线上，有建议权和决策权之分，本身就有分权的意味。例如，企业生产车间欲聘用一批工人，人力资源管理部门进行职位编制、任职资格审核（注意，不是批准），并提供招募、测评等全流程服务；批准者是生产车间主任

① 党乐群. 管理心理学词典. 昆明：云南科技出版社，1990.

的直接报告人：车间上面的分厂厂长或生产部部长等。如果聘用人数规模较大，超出了车间主任直接报告人的权限范围，则要报告更上一层决策者（可能是企业分管生产的总监、副总等）批准。在这件事项中，财务部门、行政后勤部门等则应有知情权。

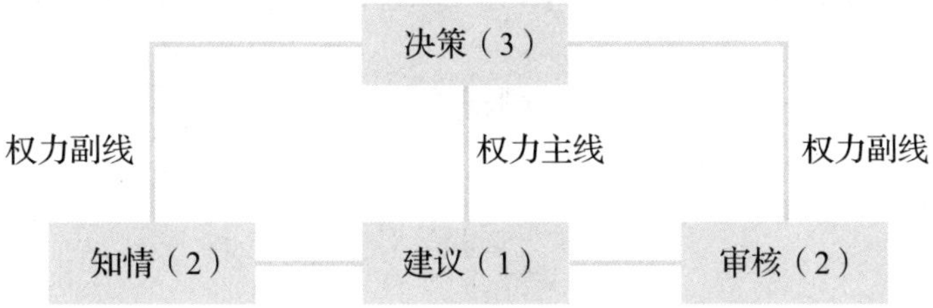

图 24-3　四种权力的相互关系

说明：方框中的数字（1)(2)(3）代表权力运作的一般顺序。

授权还是获权？

企业组织中的权力机制之所以有效，与权力的来源有关。

马克斯·韦伯认为，组织中的合法权力有三种来源（基础）[①]：

第一，合理基础——它是以一种对正式规则形式的“法律性”，以及对那些升上掌权地位者根据这些条例发布命令的权力的信任为基础的（法定权力）。

第二，传统基础——它是以一种对古老传统的神圣不可侵犯性以及对根据这些传统行使权力者的地位合法性的既定信念为基础的（传统权力）。

第三，神授基础——它是以对某一个人特殊的、超凡的神圣性、英雄行为或典范品格的信仰，以及对这个人所启示或发布的规范榜样

① D. S. 皮尤．组织理论精萃．北京：中国人民大学出版社，1990：3．

或命令的信仰为基础的（神授权力）。

显然，企业中的权力来源多是第一种，属于法定权力。民营企业（私人投资企业）中，所有权力均来自财产权利（其中包括以财产权利为标尺的知识产权、人力资本产权等）。企业的权力关系表现为与层层授责相关联的层层授权，其主要特点是自上而下，层层收敛（见图 24-4）。

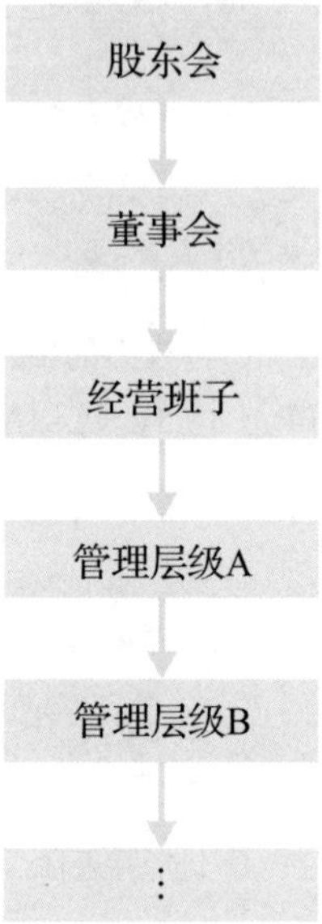

图 24-4　现代法人治理结构下的授权关系

说明：方框之间的箭头代表授责和授权。

图 24-4 是目前企业战略分解、目标（责任）分解和权力分解的基本逻辑。但是这种责任、权力分解逻辑与顾客价值导向是不完全一致的。顾客导向原则要求接触顾客的一线组织单元承担更大的责任、拥有更大的权力。因此，组织纵向权力关系和结构，应自下而上获取和确认（见图 24-5）：从一线组织单元开始，每一层级根据为顾客创造价值的需要确定权力边界。分权意味着权力是上面的管理层级分解下来的，而获权则意味权力是市场、顾客赋予的。

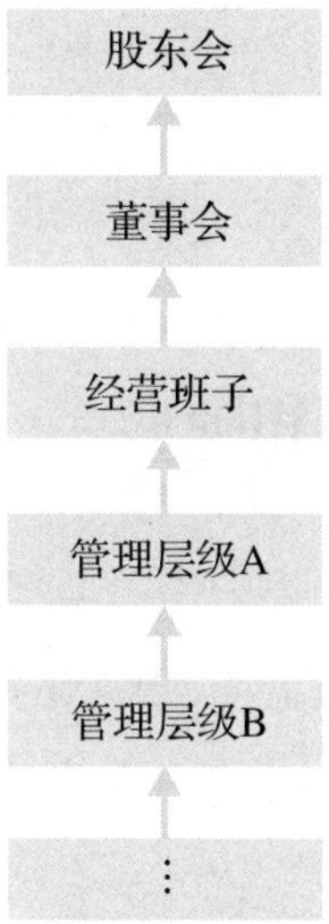

图 24-5　顾客导向下的权力确认

说明：方框之间的箭头代表担责和确权。

源于财产权利的权力和源于顾客的权力，构成了互联网时代企业的双重驱动力。这两种权力存在相互抵消和抑制的关系。也就是说，自上而下的权力大了，自下而上的权力就会变小，反之亦然。如果没有自下而上的权力，企业组织则有可能变得傲慢、僵化、盲目，对市场反应迟缓；如果没有自上而下的权力，企业组织有可能失去方向和根本性责任约束。在企业组织权力上行和权力下行的过程中，这两种权力会形成平衡。平衡点的高低与企业的业务特征、商业模式、企业文化、领导风格都有关。

显然，源于市场和顾客的权力，不会否定权力机制的作用；但是会影响权力机制的作用范围、作用强度和作用方式，影响组织内部的权力配置以及组织形态（结构）。这种权力越大，企业组织的自治化程度越高。当然，自治化程度高到极点，权力连接机制就不复存在了。目前，国外已出现顾客成为股东、参与企业治理的实例；同时，随着区块链技术应用范围、场景的开拓，顾客享有股东权益的创新会不断出现；在这种情况下，自上而下的权力和自下而上的权力合为一体。

权力连接的金字塔形和圆形

人数规模较大、纵向层级较多、横向分工较细的企业组织，内部多层权力连接，必然形成金字塔形状的权力结构和组织形态（见图 24-6）。组织理论通常将其定义为科层制或官僚制。

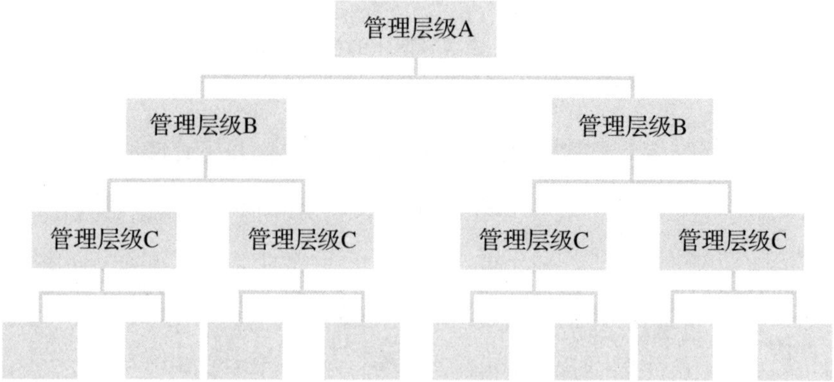

图 24-6　金字塔形状的科层制组织

科层制的特点主要有：

第一，权力的中心在组织的上部，且只有一个。组织驱动和连接的基本方式是权力。从运行方式看，纵向层层发布命令和指挥。

第二，从上到下层层分解责任和权力，从上到下基本目标统一。

第三，可以构建大规模组织。我国秦朝就建立了庞大的中央集权的郡县制组织。顺便说一下，为什么古代中国会出现大规模组织？现在的假说中，地理学派占了上风：因为有黄河、长江两条大河，兴修水利需要大规模组织。换句话说，中华民族具有规模组织依赖。

第四，具有广泛、深入的动员能力。这是科层制的最大优势，有利于聚焦、压强战略的实现。通俗地说，就是集中力量办大事。

第五，采取不对称激励方式。组织的动力和活力来自不对称竞争。权力、责任在上面，利益也在上面。在战争状态下，军队不对称竞争的典型表达是一将功成万骨枯。

第六，通过权力对组织进行硬控制。这种控制在很多情形下是有效的，但是比较僵硬，没有弹性，适应性较差；对外界的反应常常是滞后的；要控制一个小事情往往需要动员巨大的力量；有时反而很脆弱。

科层制存在难以解决的结构性问题是：在高层，由于权力集中，一旦决策失误企业风险巨大；在中层，容易出现帕金森定律[①]所描绘的人员膨胀、机构臃肿现象；在基层，递归（一种计算机算法；这里意指从上而下的组织复制）法则可能失效，基层机构及人员有自身特定的利益诉求和行为方式，整个组织做不到上下同欲、力出一孔。

近年来，管理学界的主流思想是反思、批判科层制。[②]由于外部不确定性增加，许多企业也在针对科层制进行管理变革。时任华为轮值 CEO 的郭平在 2016 年新年致辞中指出："随着华为规模的扩大，未来的管理架构要能够给予支持……新形势要求我们考虑去中心化，让各个层级承担更大的挑战，应对更多的风险，因此我们提出要用大平台支持一线精兵作战。"笔者的观点是：对权力连接的典型形态科层制不能完全否定——迄今为止，人类大部分财富还是依赖科层制创造的；但的确需要扁平化，减少权力层级；同时要根据不同的情境，

① 诺斯古德·帕金森. 帕金森定律. 兰州：甘肃文化出版社，2004.
② 穆胜. 释放潜能：平台型组织的进化路线图. 北京：人民邮电出版社，2017.

采取非科层制的权力连接以及非权力连接。

实际上，权力连接未必只有科层制一种形式。如果企业领导者能力超群且拥有掌控众多环节、要素的领导风格，那么，权力连接则显现出圆形（见图 24-7）。

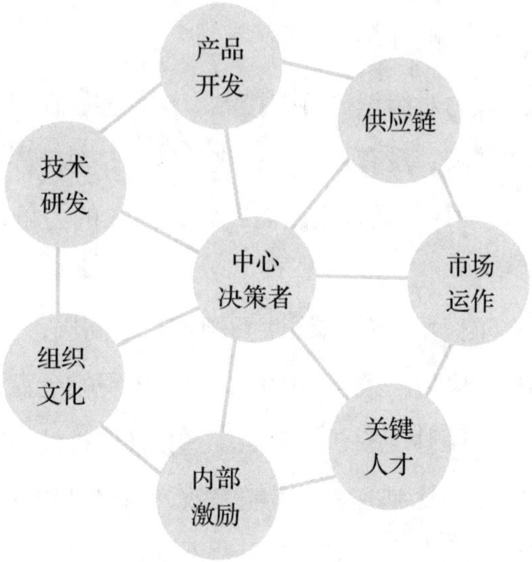

图 24-7　圆形的权力连接

据说乔布斯就是利用圆形的权力结构和组织形态掌控苹果产品整个价值链的：对研产销每个环节都亲自深度参与并做出关键决策。这种模式很扁平、很集权，但非常高效，但问题在于对天才型领导者的依赖。世界上又有几个企业家是乔布斯那样的天才呢？大型组织由于活动（事项/流程）繁多、环节（要素变量）复杂，通常情况下很难采取同心圆结构。但小型创业企业、中小规模团队，完全可以采用这种权力连接模式。

一些小型团队，成员合作时间较长，彼此比较熟悉，价值观和行为习惯比较一致，团队领导者和团队成员之间的权力连接不完全是纵向“命令 – 服从”关系，而是有了一些平等合作、相互协商的属性。这种团队的内部存在协调彼此行为的共识性权力（大家的行为受共同的价值观以及互相约定的支配；这一概念我们后面还会提及），它会在一定程度上替代强制性权力。在这种情形下，权力连接是网络状的结构（见图 24-8）。

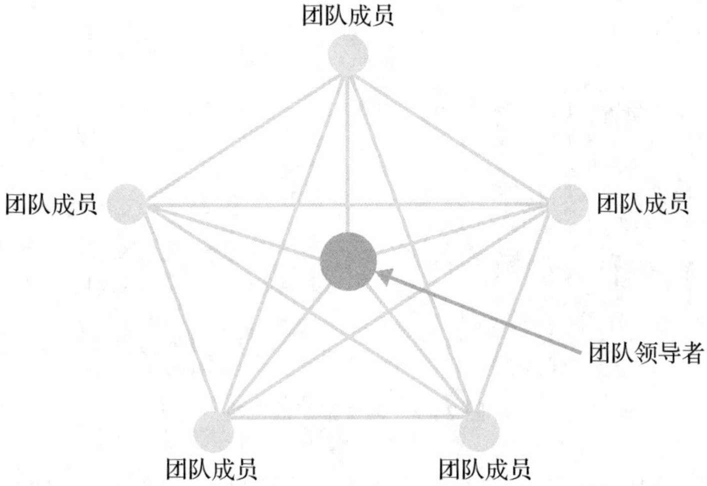

图 24-8　网络状的权力连接

多层组织下的权力配置

在权力连接机制下，不同企业的集权程度是有很大差异的。换句话说，不同的企业有着不同的权力配置。所谓权力配置，主要指决策权在纵向管理层级上的分布；也包括某些审核权、知情权、建议权在横向职能管理部门之间的分布（职能管理部门作为参谋机构通常不具有批准 / 决策权；但在某些情形下，在其上级决策层的授权之下对某些事项也有一定的批准 / 决策权）。权力配置不同，意味着决策点的位置不同，也意味着上下管理层级的决策范围不同。即便同一个企业内部，不同机构 / 部门的下辖团队自主决策空间并不完全相同。

企业组织像俄罗斯套娃一样，是一个由多层次子系统组成的合拢（holon）。从大到小每一个娃娃代表一个管理及决策层级（见图 24-9）。

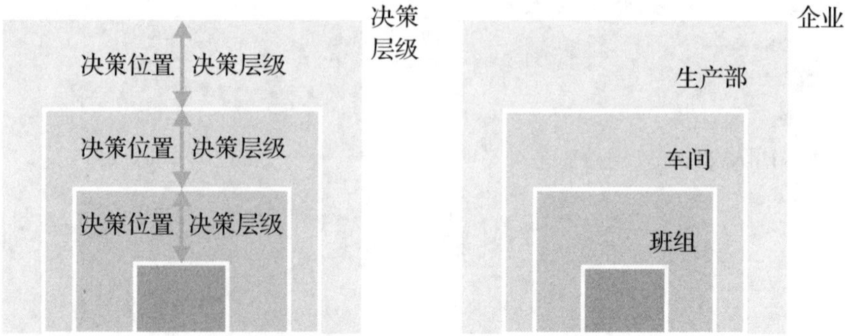

图 24-9　多层组织的合拢

图 24-9 是比较简单的企业合拢。比较复杂的企业——比如下设事业部的双层经营企业，合拢的层次将会更多。层次多少并不影响我们的分析。

企业的权力结构是集中还是分散，从图 24-9 可以看出主要取决于决策层级多少以及各层级之间的决策位置。[1]

决策层级多了，各个层级为了证明自身价值通常会保留一些事项的决策权，较低层级组织和团队的决策权限容易受到削弱。但与决策层级相比，决策位置与企业集分权之间的关联更强。有时在决策层级较多的情况下，只要自下而上层层将决策点充分下移，那么基层的自

① 张建林，陈建安. 快速决策的理论与方法 // 陈荣秋，胡蓓. 即时顾客化定制. 北京：科学出版社，2008：246-251.

主权仍有可能得到不同程度的保证。

上下管理层级之间决策位置（见图 24-10）的影响因素（决策位置确定模型）主要有：

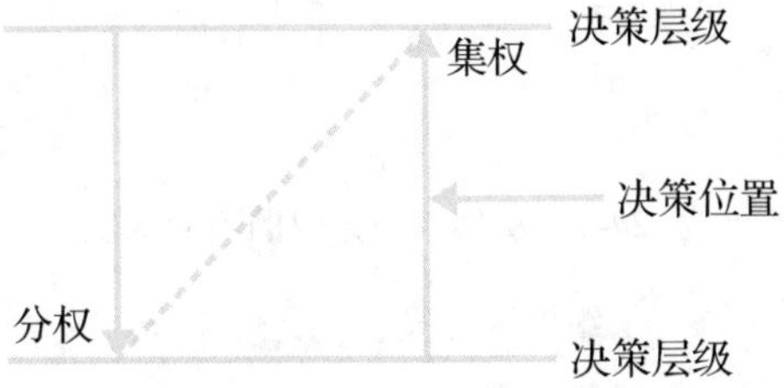

图 24-10　纵向管理层级之间的决策位置

第一，责任。权力跟着责任走。责任下移，权力也随之下移。不能出现责任下移而权力居上的责权不对等现象。

第二，信息。谁拥有决策所需信息，谁就拥有更多决策权。有些企业之所以强调“让听得见炮火的人指挥”，就是因为越贴近前线者，对战场的信息掌握越充分。

第三，时间。组织较低层级的决策通常要比上层快。较高层级决策所需信息往往需要靠下级传递上来；同时决策程序相对复杂，常常影响决策效率。

第四，能力。这里包括决策所需的知识、认知能力（思维能力）和冷静、果断、勇气、直觉等领导者素质。就能力因素而言，很难认定上一层级决策者和下一层级决策者哪一个更强、更具优势。从正面看，上一层级有可能高瞻远瞩，下一层级有可能贴合实际；从负面看，上一层级有可能固执自负，下一层级有可能无知闭塞。因此这一因素对决策位置的影响是个性化和情境化的。

第五，文化。上下层级如果文化的一致性程度高，则权力可以下移。换句话说，组织文化的统一是企业分权的必要条件。在上下理念一致的情形下，放权既能激活组织，又不会产生失控的风险。

决策位置如何衡量呢？我们借鉴杰克 · D. 奥斯本（Jack D. Orsburn）和琳达 · 默兰（Linda Moran）的员工参与模型[①]，从下一层级参与决策的程度角度，划分决策位置高低的几个档次（见表 24-1）。

表 24-1　从集权到分权的不同层次

下一层级参与状况	决策位置描绘
1. 上级决策，通知下级；下级执行	完全集权
2. 下级参与决策讨论，但决策由上级做出，下级执行	高度集权
3. 上级将非重要的、不影响全局的事项交由下级决策	基本集权
4. 上级只做目标和行为框架层面的决策；大部分决策事项由下级决策	基本分权
5. 下级决策，通知上级；自组织运行	完全分权

多层级组织的权力配置从趋势看是逐渐下移的。一方面，需要减少决策层级，缩短决策路径；另一方面，需要下移决策层级之间的决策位置。

但是不能把分权绝对化。不同的产业背景、市场环境、竞争态势下，集分权的平衡点是不同的。互联网、人工智能、区块链等领域的未来具有不确定性，只能通过低层级组织（团队）的试错来寻找方向。这种情形下只有分权，低层级组织（团队）才有自主探索的体制机制保证；同时也只能分权，因为上层决策者往往无法做出判断。但在一些技术发展路径及产业格局相对比较稳定的领域，从产业大视

① 杰克 · D. 奥斯本，琳达 · 默兰. 自我管理型团队. 北京：人民邮电出版社，2004：36.

野出发，以民主集中制做出决策，实际效果可能更好。从企业角度看，民主集中制的含义是：决策前广泛听取下级以及各方面意见，决策时由企业高层以协商或投票方式做出决定。但无论如何，扩大组织的参与程度，使员工和顾客参与决策是企业管理变革和创新的基本方向。

多层级组织权力配置的工具：确权（分权）手册

先讲一个故事。2008 年美的集团收购无锡小天鹅公司（洗衣机）。一年后业绩大增。当时任制冷集团总裁的方洪波（现任美的集团董事长）在回答记者对相关问题的提问时称，我们是“两本书”闹革命。一本书是“经营责任书”，一本书是“分权手册”。前者确定了各下属业务机构（分厂、车间、销售组织等）的目标责任（销量、利润、品质、安全等考核指标），后者明确了各层级管理者在经营要素（人、财、物等）和价值链各环节（产品开发、采购、制造、销售等）上所拥有的权力。企业组织责任、权力、利益以及能力四位一体的机制一旦构建并运行，就会迸发出巨大的能量（见图 24-11）。

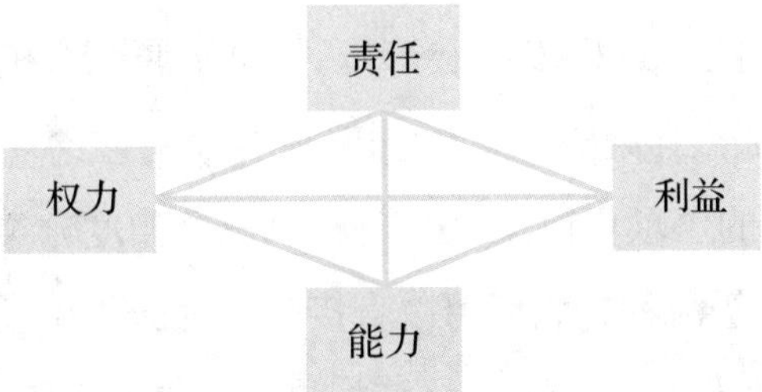

图 24-11　企业组织的动能机制

企业分权手册的一般形式如表 24-2 所示。

表 24-2　企业分权手册

事项		股东会	董事会	总裁/总经理/CEO	职能部门					下属二级机构
					财务	人力资源	总裁办	信息	…	
分类A	事项 a_1		（4）知情	（3）批准	（2）审核					（1）建议
	事项 a_2									
	⋮									
分类B	事项 b_1									
	事项 b_2									
	⋮									
⋮	⋮									

表 24-2 中的“（1）建议”“（2）审核”“（3）批准”“（4）知情”只是示例。（1）（2）（3）（4）代表权限行使和流转的顺序。如果企业是设有事业部的双层经营组织，表中的下属二级机构可以置换为事业部（事业部内部也有分权手册）。如果企业是未设事业部的单层经营组织，下属二级机构通常指具有清晰责任边界、有一定自主权限的生产板块（分厂、车间）、销售板块（销售部 / 销售公司 / 营销中心等）和研发板块（研发部 / 研发中心等）。如果下属二级机构内部也有多个管理层级，那么其内部亦需有分权规定。

表 24-2 中的事项可以从人、财、事三个角度分类。第 5 章列示了企业 26 项一级流程，它们可以直接转换为分类事项。为便于读者直观理解分权手册，我们将一级流程再作合并和调整，形成 12 类关键事项（见图 24-12）。读者在运用分权（确权）手册这一工具时，可根据本企业实际情况对事项做出界定（未必是 12 类）。

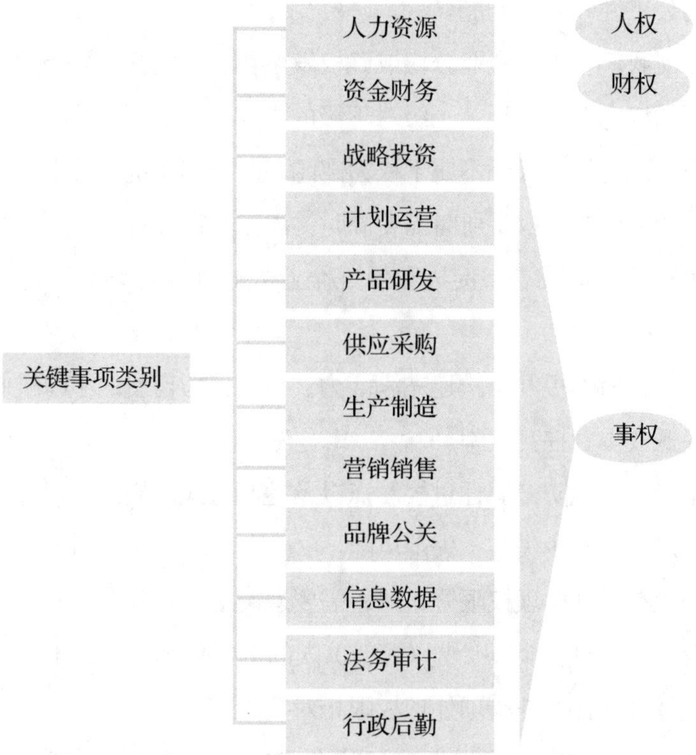

图 24-12　企业分权手册的关键事项分类

需要指出的是，有些读者将各类权限在职能部门之间的分布理解为横向分权，这其实是不太准确的。从理论上说，职能管理部门属于参谋机构，可以有建议权、审核权、知情权，但通常不具有决策权和批准权。职能部门拥有那几个权限，不能说是分权，而是对直线决策/批准的辅助。在现实中，许多企业的职能部门常常决定、批准许多事项，有些情形下是经过企业决策层授权的；但是有些情形下则意味着企业权力配置不当。职能管理部门成了决策/批准部门，势必导致官僚主义；这还不是最致命的，关键问题在权责不对等。职能管理部门不承担或较少地承担经营责任，如果权力过多、过大，必然影响企业组织的公平性和内在动能。

在此我们重申：企业分权或确权发生在纵向的管理层级之间；组织协同的权力机制表现在上级对下级的指挥。企业不能政出多门、权分四方；职能管理部门不属于权力部门，而是服务机构及平台。

企业在编制分权手册时需要同时关注三个目标：

第一，业务成长。促进和保证企业战略性业务增长和竞争优势提升。

第二，效率提升。构建充满活力、自动自为自发的组织机制，有利于降低成本、提高效率。

第三，风险防范。通过控制点以及控制方式的嵌入，保障组织的安全和规范，减少失控、失范风险。

企业在设计各项权限分布时，需要遵循三个原则：

第一，事项分类。计划（预算）内的例常事项处理权限下移，减少审批程序；计划外事项处理权限相对集中。

第二，责权对等。根据责任分布确定权力分布。本章前面已有说明。

第三，控放平衡。权限下放和有效管理有机结合，使组织运行在一定的边界和约束之内。

总部与事业部权力配置

事业部制是常见的组织形态（见第 17 章）。这种双重经营主体体制需要解决的一个重要问题是企业总部和事业部之间的权力配置，也就是人们常说的总部和事业部之间的分权。

总部和事业部之间的权力连接方面，权力强度到什么程度，权力重心在哪个位置，事业部自主权限有多大，取决于总部对事业部的管控模式。一种管控模式是战略管控，另一种管控模式是运营管控。前者只控制事业部的业务定位和方向，关注事业部经营目标的达成，而后者则会介入事业部的价值链（至少一个环节，否则不能称作运营管控）。如果是战略管控，事业部有较大的自主权，基本上独立经营；如果是运营管控，事业部则拥有不完全的自主经营权。美的集团的事业部管理体制是较为典型的战略管控；华为则属于战略管控 + 运营管控（市场部门统筹相关产品销售）。

战略管控和运营管控的选择取决于许多因素。企业如果规模较大、发展成熟、业务多元，常常采用战略管控模式；反之则偏向于运营管控模式。同时，业务属性、商业模式、资源模式等因素在一定程度上直接决定管控模式（经济基础决定上层建筑）。某些经营要素（资源）具有规模经济效应、某些经营环节集合运作具有共享价值时，运营管控往往是合理的选项。可以这样说，当企业业务发展的价值大于资源共享的价值时，战略管控较为合适；反之，运营管控较为合适。此外，企业的文化传统、领导者的管理风格等因素对两种管控模式的取舍也有重要影响。

战略管控模式下，企业总部的决策点（控制点）主要有：

第一，事业部战略规划。控制事业部业务定位和发展方向。

第二，事业部年度计划和预算。为事业部构造约束框架和目标责任机制。

第三，事业部重要干部任用。这方面总部的权限有一定弹性。可以只任命事业部总经理一人（人事放权幅度较大），也可以将任命权延伸至事业部内部部门负责人以上级别干部（人事放权幅度较小）；还有中间选项（比如任命事业部副总以上层级干部）。

第四，投资项目。按不同类别的投资项目，企业总部分别规定事业部决策权限（金额边界），超过边界的项目，事业部需报总部批准。

第五，大额资金支出。对超过一定限度的大额资金支出（主要用于购买原材料、零部件等）总部审核或知情。

运营管控模式下，企业总部除战略管控模式下的五个决策 / 控制点，还会控制至少一个经营要素和环节。比如对某些大宗原材料集中采购，再以调拨、交易等方式移交事业部使用。再如，对重要顾客，总部统一谈判、确定交易条件；对重大技术开发项目，总部集中各事业部资源统一攻关；等等。当然，即便运营管控，也不能介入事业部所有的价值链环节，否则事业部二级运营主体地位就不复存在了。

25

第 25 章

朝向事情本身：流程机制

流程的责任主体

权力机制的主要弊端有：第一，被连接（指挥）者不向成果和完成任务负责，只向其上级负责。第二，上级（尤其是高层）有可能脱离实际，瞎指挥或不指挥。第三，有些事项需要快速决策时，层层上报，层层批准，常常造成拖延和低效。

和权力连接不同，流程连接是横向的组织协同，是组织单元（最小的组织单元是职位；向上集合职位，则组织单元扩大）之间自主、自发的合作。我们前面的章节说明流程时，没有涉及流程内部各环节的责任主体。现在我们将“事情 – 组织”匹配起来，形成流程、流程运行、流程连接的完整图景（见图 25-1）。

图 25-1 中，“目的”是流程运行的方向，也是流程运行的结果；是流程快车所要到达的车站。“事项”是流程内部有顺序的各项（类）分解活动：讨论、开会、做出决策、完成某个动作、执行某个指令……（它们可以用不同的图形来表达；流程软件中的图形很多，最常见的是长方形和表示决策、审批含义的菱形）。事项之间存在多方向的联系。“责任主体”是和事项相对应的承担完成该事项责任的组织单元（职位、团队、部门以及更大的组织板块）。有些事项的内容

是讨论和决策，涉及多个责任主体，需要多个责任主体共同完成。出现这种情形，在流程设计时需事先明确讨论议事规则以及决策机制。“时间规定”是每个事项完成的时间要求，这是保证流程快速运行的重要手段。“操作要求”是责任主体完成事项时的操作规范、方法以及所需具体技术、工具（如表格、表单）等。

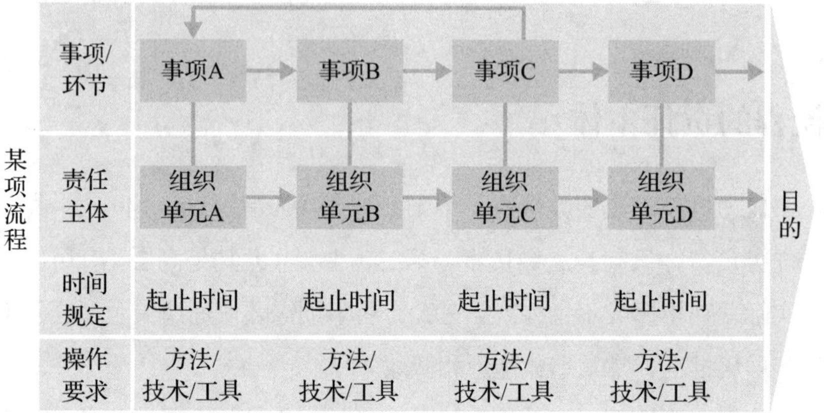

图 25-1　流程要素

从上面的分析可知，粒度最小的流程是责任主体为职位的流程。下面我们给出基于职位的流程图（见图 25-2）。

通过图 25-1 和图 25-2 可以看出，流程连接是指围绕一个统一的目的，各个组织单元及职位在事项划分的基础上，按事情本身的进展逻辑完成规定的工作任务，并在事项之间进行指令、信息及其他要素（如生产线上的半成品等）的传递。权力连接是向上级负责、向上级的命令负责，而流程连接则是向自身的任务负责以及向下游事项/环节负责。流程中分项任务的完成者未必是层级较高的管理者，很可能是普通职位的员工。驱动流程连接的不是权力，而是分解性的任务；从操作角度看，是描绘、定义、说明、检测任务的信息和数据。因

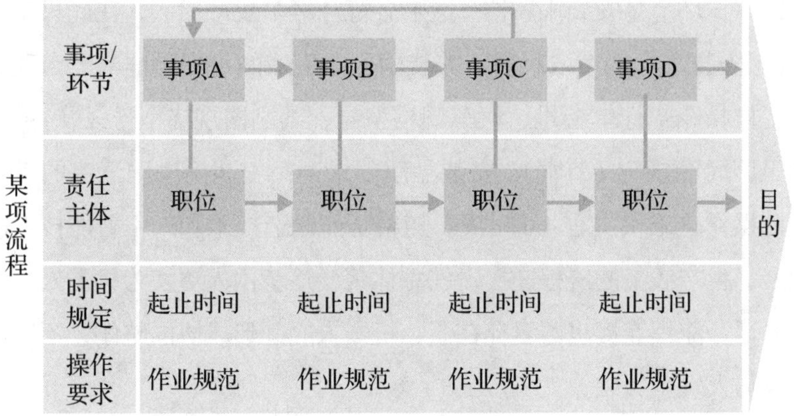

图 25-2　基于职位的流程

此，在信息化、智能化的价值流中，信息和数据连接是流程连接的前提和组成构件（见图 25-3）。

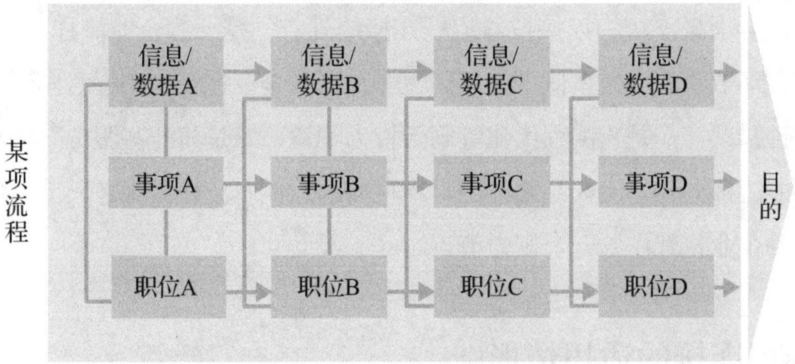

图 25-3　信息 / 数据驱动的流程

图 25-3 中，信息 / 数据规定了每个事项 / 环节（任务）的参数、标准及要求，从事各个职位 / 岗位的人员据此工作，在大多数情形下也就不需要上一层级的指令了——如果出现了例外的情况则可能需要权力连接。有些企业提出去中间层、去审批，就是基于流程化连续生产及流程化连接机制的。例如在汽车生产流水线上，本环节是安装车

灯，下一环节是安装雨刷器（这未必符合汽车生产惯例，在此只是示例）。安装车灯工序结束后，安装雨刷器工序的可视化屏幕上自动出现工作指令：订单编号、汽车规格型号、雨刷器规格型号以及数量、本工序时间规定（节奏）、安装品质要求……安装雨刷器工序的工人据此操作。未来工业 4.0 时代，随着智能制造技术和人工智能技术的发展，生产线上的流程连接责任主体将会逐步由人更换为机器人。这样的话，流程连接也不复存在了：机器人之间形成协同整体，不再需要人与人发生关联。

流程连接和权力连接并非截然分离。许多流程内部都有权力行使的事项和环节（建议、审核、批准等）。它们既属于权力连接，也属于流程连接。更确切地说，是权力连接嵌入了流程连接。正因为如此，某些企业才会出现表面上是流程建设和优化，实际上是权力扩张的诡异现象。权力连接披着流程连接的外衣，是一些企业流程冗长、审批环节众多、效率低下的原因之一。不少企业在梳理流程时出现了两种错误：一是将流程优化等同于权力配置；二是将一些服务环节和功能泛权力化。比如品质部门对原材料的检测本应属于服务环节，但有的企业将其作为一个权力节点。

流程连接的适用情形

企业的价值创造活动，可以分为流程性活动和非流程性活动（见第 6 章）。流程性活动是一条连续流动的河，不能人为切断。任正非曾将流程性活动比喻成高铁。从北京开往广州的高铁，几千千米的距离，途中有桥、有坡、有涵洞、有地质不稳定的地带、有停靠的车站……调度和控制点非常多；中间要经过北京铁路局、郑州铁路局、武汉铁路局、广州铁路局等。如果每次指令都由局长通知站长、站长通知调度是完全不可行的；火车一两分钟就呼啸而来了；同时局长、站长们也不可能 24 小时充当一线调度。这种情形下只能依靠流程运行。每一车次都有事先制定好的精准运行图，每个运行区段的调度人员根据运行图，结合实际情况，按照操作规范向列车发出指令。在长长的列车运行过程中，调度行为就像是一场接力赛。

在企业研产销价值链中，同样有这样的情况：研发人员进行产品规划时，需要与营销部门人员讨论顾客需求；到了试制阶段，需要与生产部门人员一起研究工艺方案……所有这些行为发生在同一条价值流上，不可能都由研产销各部门的领导出面协调，流程连接是最方便、快速、高效的。丰田汽车将生产过程安排成“一条流”，产品按节奏依次流出。同时“一条流”上开多种“船”：多品种、小批量。在这条价值流上，合理设计前后相连的工序及工位，依次排列机器设备，下道工序接受上道工序指令，同时对上道工序任务完成的品质进行检查。这也是一种生产系统内部的流程连接。

流程连接除了适用于价值流场景、情境以及更广泛的流程性活动，还适用于两种特定的组织形态。

第一，矩阵式。这种组织形态具有多维度的管理方向，权力关系比较模糊（见第 17 章）。例如，一个产品研发小组既属于研发机构，也属于产品（业务）部门（如产品事业部、虚拟产品事业部），两边领导的话都要听。有的时候要向研发机构负责人汇报，有的时候要向产品（业务）负责人请示，究竟该怎么办？在多管理维度、多权力方向的情况下，只能用流程来协调。也就是说，流程规定哪个环节和哪个责任主体协调。通俗地说，事情到了这一步，该由研发的领导决策，就去找研发的领导；事情到了那一步，需由产品的领导出面，就去找产品的领导。无论是研发机构的负责人还是产品部门的负责人，都需要接受流程的规定。矩阵式组织的连接以流程连接为主，权力连接为辅；权力连接是连接机制中的小部分。

第二，平台式。在事业部制或分布型组织结构（见第 18 章）下，总部的各种赋能部门、服务部门并非权力机构，其与前台经营机构的连接不可能是权力连接，只能是流程连接或交易连接（见第 26 章）。平台部门作为利益主体向前台卖出服务获取收益的情形（前台经营机构将有关职能外包给平台部门）存在，但彼此之间更多的还是流程连接。

流程式组织：流程连接的优化

凡是按照流程横向运行打破内部组织边界的组织就是流程式组织；凡是大部分事务、事项不需要权力干预就能自发运行的组织就是流程式组织；凡是流程简单、运行高效的组织就是流程式组织。

企业成为流程式组织的关键在于流程连接的优化。除了整个流程体系大厦的宏观优化，连接优化包含两个微观层次：一是每个单项流程的优化；二是跨部门流程衔接的优化。本节我们说明前一种优化。

按照流程要素（见图 25-1）对单项流程进行优化，应遵循、依照以下理念和原则：

第一，流程的目的是高速、安全、准时到达目的地，而不是设立红灯——当然必要的红灯（审批、监督、检查环节）是需要的。人的天性是要享有一定权力、提高影响力的。因此无论在制定流程还是在执行流程时，都会有放大权力的倾向。本来流程内部每一个环节的责任主体都是提供服务的，是应该尽快地为列车放行的。但有些人及机构偏偏不这么认为。他们未必是想寻租，而是感觉我这一环很重要，也担心出问题，有免责的愿望，觉得不检查不行。还有人会想，不检查不能体现个人、职位以及机构的存在理由和价值。那就让列车先停一停，研究研究、考虑考虑再做决定。当然，可能也有一些道德境界不太高的员工，跟司机说可以不停，也可以不检查，但下次要带几条烟或者送点猪头肉、弄两瓶老酒。这样一来，流程蜕变成一种高度分散的权力制（权力制本来是强调集中的，通过集中指挥来解决问题），搞成了“小鬼当家”。因此，务必减少审核、审批环节，原则上百亿以下的企业绝大部分事项权力环节在董事会以下层级不超过三个（含发起建议环节）。知情、参与讨论的部门、机构以及委员会可以多一些，但是真正签字决策的层级要少一些。

第二，归拢责任主体，以此减少流程环节。人们在设计流程时，往往有将简单问题复杂化的倾向：环节越分越多、越分越细，一个流程上分布了众多的责任主体。有些企业部门内部也用流程化的方式运行，使流程变得非常漫长。比如下属分厂（车间）要招一个工程师，要去人力资源部走程序，从招聘专员、招聘主管到招聘经理，再到编制专员、编制主管、编制经理……找五六个（甚至更多）审核节点上的人去签字。其实完全可以把人力资源部封闭起来，输入一个招聘工程师需求，在规定的时间内输出审核结果。人力资源部内部如何连接，由其负责人决定：可以是流程连接，也可以是权力连接。人力资源部部长可以召集相关人员开会，在会上大家把需要定下来的事情议议，经理做出决定。也可以授权招聘经理直接定夺，通知下属分厂（车间）。下面我们看看如何“归拢”（见图 25-4）。

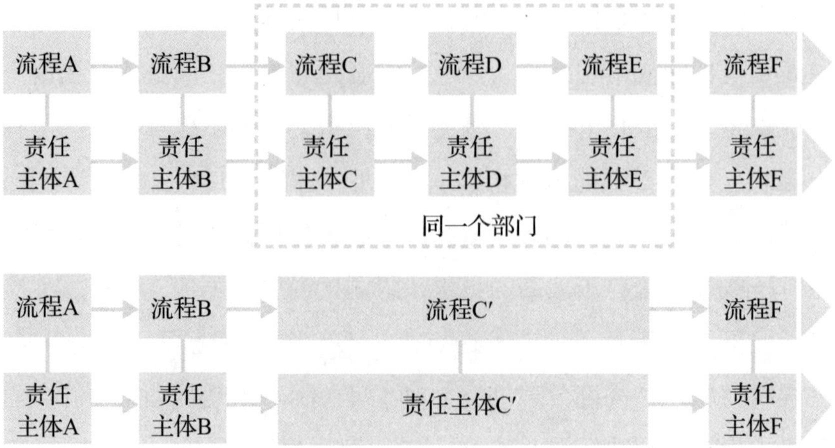

图 25-4　责任主体合拢和流程简化

从图 25-4 可以看出，原来同一部门内部的责任主体 C、责任主体 D、责任主体 E 合并为一个主体，流程 C、流程 D、流程 E 合并为一个流程。如果部门内部流程 C，D，E 依然运行的话，则成为下一层级流程。其他相关部门、机构以及上一管理层级可以对其知情。我们前面所说的“把部门封闭起来”，指的是权力和流程而不是信息。

第三，缩短流程时间，提高流程运行速度。想把总流程时间缩短，只有两种途径：一是减少流程中的事项和环节，二是压缩每个环节的起止时间。除了训练每个环节的流程主体使之操作更熟练，对一些需要花费较长时间调研、讨论、决策的环节，应将一些工作内容（信息收集、整理，文件准备，沟通讨论等）前置化，相关责任主体提前做好准备。据笔者观察，许多企业流程走得慢，时间规定不明确、不坚决是一个原因，而更重要的原因在于企业决策层在相关事项上的拖延。有时是举棋不定，有时是左右为难，更多的时候是情况不明。我们可以经常看到这样的情形：企业开会讨论时，几乎所有人都在帮助老板等高层熟悉情况、建立事实背景。应通过流程设计和工作安排为高层决策者创造条件，使之能按流程的时间要求快速决策或做出决定。

部门之间的流程对接

打破部门“墙”（边界），实现流程无缝对接，是许多企业倡导的管理理念、但实际效果并不理想。部门内的流程还算顺畅，跨部门流程一到两个部门的对接处，就走得磕磕绊绊。怎么办？根据经验，笔者这里提三个建议：

第一，在价值流主流程上，几大串联流程两边的责任主体双向融入对方的流程（见图 25-5）。

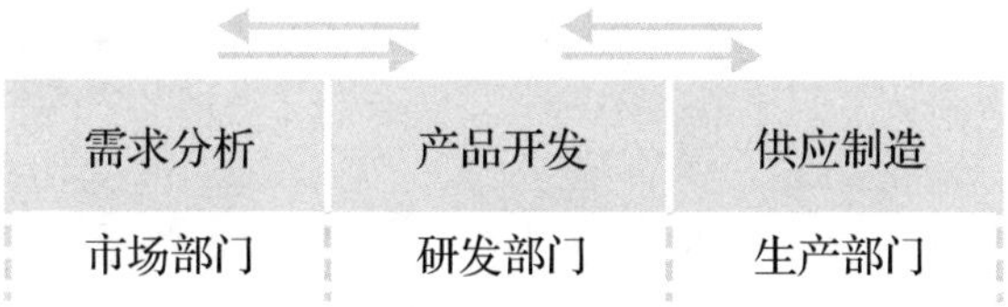

图 25-5　价值流流程的双向融入

图 25-5 的意思是，研发部门参与市场部门主办的市场调研、需求分析活动；而市场（营销）部门则介入产品开发（尤其是其中的产品规划等与需求分析紧密相连的环节）。同样，产品开发阶段，生产部门前向融合，参加试制，对外部供应链以及技术工艺参数、设计文件等发表意见；产品进入制造阶段，开发部门继续提供服务和辅导，帮助生产部门改进工艺品质，提高生产效率。双向融入意味着流程边界和组织边界的双重模糊化，也意味着小组制组织方式和非权力、非流程的小组内部心理连接对流程连接一定程度的替代。

第二，在产销双方、研产双方容易产生争议、在博弈中不易找到平衡点的环节，将责任主体矩阵化：既属于A部门又属于B部门。比如产品企划环节的责任主体既属于市场（营销）部门，又属于研发部门。再如，将企业销售计划和生产计划流程环节合二为一，生产计划部门和销售计划部门也就合为一体了：是生产计划部，也是销售计划部。这样做的好处在于原先部门间的协调、平衡在部门内部完成了。尽管矩阵式机构有两个汇报方向，内部有时也会存在不同意见，但毕竟协调的范围变窄了，责任更加明确了。

第三，如果两个流程环节正好对接于两个部门/机构之间，则应事先制定细致、清晰的前环节交付标准和后环节验收办法，确保流程顺畅地运行。

26 第26章 将市场机制引入组织内部：交易机制

信息不对称的难题

企业管理中最难解决的问题有两个：

第一，信息不对称情形下的管控。某些价值创造活动，与之相关的信息不公开、不透明、不确定（经常变化），比如采购、产品定价、渠道利益补偿等。采用流程管理，代价大、效率低，效果未必好。同样，权力控制也不能真正奏效，何况权力本身容易滋生灰色、腐败现象。比如采购一批原材料，从供应商选择到招投标，再到签订合同、执行合同……把权力交给老总或者分管采购的副总，效率和速度通常是有保证的。但这些决策者未必真正了解原材料行情，未必真正专业，同时也容易产生道德风险。如果改成漫长的流程运作，要供应商管理部门负责人签字、采购部门负责人签字、成本稽核部门负责人签字乃至审计部门负责人签字……又不能对原材料市场做出敏捷反应。尤其一些原材料价格波动很大，正在走流程的时候，价格可能就已经涨上去了。此外，这么多人签字，可能反而找不到真正的责任者。

第二，特定情形下矛盾变量、指标的平衡。企业在经营过程中常常需要对一些相互矛盾的变量、指标进行权衡，根据实际情形做出选择。比如生产领域的成本与品质、速度与稳定、使用人力还是使用机器等；营销领域的自营和代理、保利（价）和保量等；研发领域的领先还是跟随、单品（爆品）还是品种丰富、样式从众还是风格化等。平衡、解决这些矛盾的决策，不可能由当事者的上级做出，也不可能由众人依据流程做出，只能由最了解实际情况和特定情形的当事者在自身责任和利益的约束下相机做出。请注意，自身责任和利益的约束非常重要，它是当事者理性决策的前提。没有这种约束，当事者不可能持续做出最优选择。

除了上面谈到的两个难题，企业还有一个非核心的问题：一些辅助性的服务活动，比如食堂服务、车队服务、绿化卫生服务等，费用总额不太大，但管理对象与企业主要活动相比有显著差异，管理有一定的难度（通常也存在不同程度的信息不对称）。对这些活动，权力连接和流程连接都不太合适：要么管理成本过高、效率偏低；要么效果不佳，难以触及关键因素。

解决以上三方面难题，只能设计和导入企业内部交易机制，即通过市场化交易使组织单元连接起来。这里的组织单元，大的可以是事业部及分子机构，小的可以是班组以及较低层级的组织单元（如食堂、车队等）。它们都有清晰、明确的责任（任务）边界（以收入、利润、资产收益等关键性业绩指标来表示和衡量），有与责任相匹配的权力（见第 24 章），有独立的组织地位（独立核算）和利益诉求，有利润获取及分享机制，可以得到部分乃至全部经营性收益。它们按照一定的价格标准，通过与企业外部顾客以及企业内部其他组织单元的交易获得价值（见图 26-1 ）。

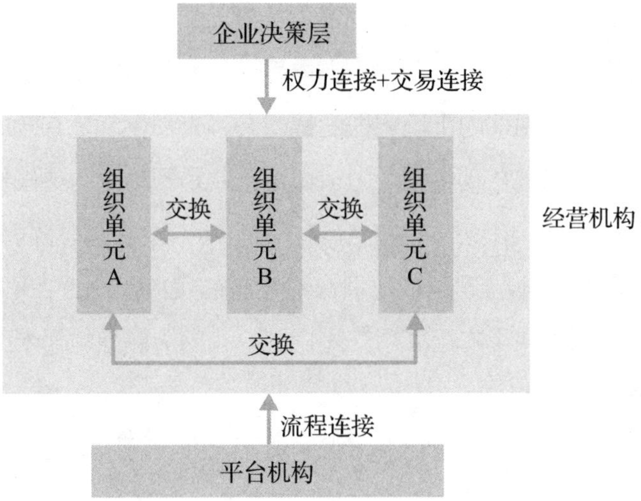

图 26-1　企业内部的连接机制

企业决策层对具有相对独立交易主体地位的组织单元（下辖机构）的管理，有一定的权力连接的性质——通常情况下，决定下属组织单元的目标、方向和计划（战略管控）；有时甚至介入下属组织单元的某些经营环节（如原材料统一采购、产品统一销售等）。如果没有权力连接，下辖的组织单元和外部供应商以及合作伙伴就没有差异了。但是，企业决策层和下属组织单元之间存在两个利益主体的平等交换关系。对决策层来说，给予下属组织单元一定的资源支持和宽松的责权利机制，是希望得到自身应有的利益（所谓“交足总部的，剩下的是自己的”）。对承担业绩责任的下属组织单元来说，则通过自身的业绩承诺，换来可以建功立业的机制和分享利润的权利。

图 26-1 中，有的组织单元直接面向外部顾客销售产品（服务），有的组织单元则只与内部顾客发生交易关系，有的组织单元既面向内部顾客又面向外部顾客。如果组织单元数目在一定的限度之内，比如十几二十个，这就是事业部架构；如果组织单元较多，则是分布式

（单元式 / 小微组织式）架构。

权力连接和交易连接存在一定的替代关系。交易连接作用程度越广、越深，企业内部的市场化程度就越高。交易机制是有效的激励机制，能激发组织内在动力和活力；交易机制是硬约束的责任机制，能促进企业业绩增长；交易机制是自我平衡的自律机制，能简化管理关系，减少管理成本。近年来业绩快速增长的美的集团，在笔者看来，主要的成功因素在于广泛采用交易机制。我们所熟悉的阿米巴模式也包含交易连接的内容。

在交易连接下，上级和下辖组织单元之间、组织单元之间信息不对称的弊端消除了，因为上级和其他组织单元已无须关注那些很难了解的信息；矛盾指标的平衡问题也解决了，因为各组织单元在一定的范围内根据目标和客观条件做出选择；有些辅助的服务性活动以市场化方式购买，花费更少，品质更好，效率和满意度更高。

人们常把企业内部机构分为成本中心和利润中心。凡是以交易、价格机制获取利益的组织单元都是利润中心。总的来说，利润中心的范围有扩大的趋势：营销（销售）机构是，生产机构是，研发机构也是（详见本章后面的分析）。

组织协调和交易协调：相互关系的重新思考

交易连接和交易机制成为企业组织内在的协调、协同方式，对传统管理学和经济学构成了挑战。美国企业史学家小艾尔弗雷德 · D. 钱德勒（Alfred D. Chandler，Jr.）在其名著《看得见的手——美国企业的管理革命》中提出了这样的观点：随着大型工业组织的发展，“管理上有形的手取代了市场机制看不见的手”。他认为，“当管理上的协调比市场机制的协调能带来更大的生产力、较低的成本和较高的利润时，现代多单位的工商企业就会取代传统小公司。”“内部化给扩大了的企业带来很多好处。由于单位间交易之例行化，交易成本即降低……”① 他非常相信管理层级制和职业经理人的作用。

美国经济学家罗纳德·科斯（Ronald Coase）也认为，“企业的本质特征是对价格机制的替代”。他提出了著名的企业边界假说：“企业将持续扩张，直到在企业内组织一项交易的成本，等于通过公开市场上的交换方式进行同一交易的成本或在另一企业内组织它的成本。”②

显然，钱德勒和科斯都认为资源配置的两种机制（管理/组织机制和市场价格机制）之间存在替代关系。但是，交易连接（机制）在企业内部已很常见且有适用范围扩张的趋势，这在一定程度上否定了他们的观点。交易机制具有双重属性：既是组织的，也是市场的；既是管理机制，也是价格机制；既是内部的，也是外部的。而且这些属性交融在一起，很难拆解和分离。这样一来，组织边界打开了；从社会角度看，市场和组织一体化了。

科斯认为，企业组织是有规模边界的。随着规模扩大，内部协调成本也会增加。用系统论的话说，就是“熵值”（复杂度、混乱程度）增加。当企业大到一定程度，管理可能就无济于事了。但是，饶有意味的是，我国许多企业规模不大甚至刚刚起步时就导入内部交易机制。这里反映出什么样的组织机理和组织演化趋势？有什么样的时代和文化背景？

---

① 小艾尔弗雷德·D. 钱德勒. 看得见的手：美国企业的管理革命. 北京：商务印书馆，1987：6-7.

② 罗纳德·科斯. 企业的性质 // 路易斯·普特曼，兰德尔·克罗茨纳. 企业的经济性质. 上海：上海财经大学出版社，2000：79，87.

第一，随着竞争加剧和环境不确定性增加，企业组织需要有更强的内在动力，同时需要有更大的弹性和灵活性。交易连接恰好满足了这两个方面的要求。企业内部形成多层次、多类型的经营主体，利益机制比其他连接方式及组织形态更加强劲；更能感知外部市场的压力，适应环境的能力也会在交易机制的责任硬约束中培育和提升。同时，内部不同的经营主体很可能在动态竞争中为企业成长探索出新的方向和路径。

第二，互联网技术的应用，使企业价值流以及价值创造活动的各类信息更加透明、更加扁平、更加准确。这样为统一管理、避免诸侯化提供了条件。换句话说，由于不必过度担心企业内部离散度提高，交易机制才有可能扩大适用范围。企业完善的信息流和数据流既是交易机制发挥作用的依据，也是监督交易条件是否合理、交易运作是否正常的手段。

第三，交易机制的导入和应用大大简化了企业运营层面的计划、协调复杂度，与之相关的自律机制和利益分享机制也大大降低了企业激励 / 约束管理和控制的难度。这有利于企业决策层真正回归战略管理和文化管理层面，有利于企业的战略转型升级和组织文化变革。

第四，交易连接和中国文化传统较为契合。在研究中国企业的管理实践时，笔者发现中国员工不太适应和倾向流程连接，更喜欢权力连接和交易连接（企业二级经营主体内部通常是权力连接和流程连接并存，小型组织以权力连接为主）。中国企业里，有人喜欢这样说："这个事情你交代给我，我保证完成，下面的兄弟我搞定。"下面的人也呼应说："头儿，我们跟着你干！"这跟中国农业文明下的熟人社会、自然的社交网络有一定联系。宁为鸡头，不为凤尾。交易连接正好满足了人们的权力动机和利益动机。

交易连接比较容易出现的问题在于：企业内部多个经营（利益）主体在关键经营变量（价格、成本、利润）上相互博弈，当博弈造成的摩擦、冲突超过了博弈带来的利益（责任明确、活力增强等）时，有可能造成价值链的割裂和总成本上升（总效率下降）。此外，各个经营（利益）主体自主、自为运行、发展，有可能偏离企业整体战略目标和方向，有可能形成不听指挥、各自为政的诸侯化局面。解决这些问题的方法是：首先，强化企业战略管理职能，保证企业战略管理能力和效力不削弱，不流失。其次，重视价值观管理和组织文化建设，提高各级管理者的文化统一性和理念的内化程度。再次，通过平台部门、机构向经营部门、机构的赋能服务，密切平台和经营主体之间的联系，增加经营主体对平台的依赖和彼此的黏性。最后，聚焦、调度知识、信息、资金、技术等资源，形成资源池，构建内部云，提高共享程度。

交易连接的不同形态

从理论上说，凡是不确定的、无标准的、信息不对称的领域，都有可能导入内部市场化机制即交易机制。交易机制本身是有不同形态的，它们体现了不同的内部市场化程度或者说不同的交易机制强度。例如，企业内部的生产制造系统既面向外部顾客，也面向内部顾客，以同等的交易条件（价格、交期、品质等）承接内外部顾客的订单，这是市场化程度最高的交易机制。美的集团有一个压缩机事业部，既给内部制冷（空调）事业部供货，也给其他空调厂家供货。如果市场化制造系统只承接内部生产任务，以内部价格和下游销售部门结算，则是有一定市场化含量的交易机制。下面我们列出若干个体制机制变量，说明交易机制强度的不同阶梯（见图 26-2）。

专业性经营机构	虚拟经营实体	事业部/分支公司
成本/费用中心	虚拟利润中心	利润中心
承接内部任务	承接内部订单	承接外部和内部订单
内部调拨	采用内部价格结算	采用市场价格结算
业绩考核和激励	分享利润	分享利润
－ （低）	交易机制的强度 内部市场化程度	＋ （高）

图 26-2　不同形态的交易连接

凡是定位为利润中心以及虚拟利润中心的组织单元，其与企业内外部的连接必然具有交易的属性。连接时必然采用价格手段，否则无法核算利润，所分享的利润来源于本组织单元的内部。换句话说，本组织单元是利润中心。组织单元的主体（团队及员工）可以分享自身创造的利润（部分乃至全部）。而这正是交易（市场 / 价格）机制同时属于自律机制的原因。简言之，创利润，有分享，即自律。

有一些经营性组织单元定位为成本 / 费用中心，意味着它们不是企业的二级经营实体（一级经营实体就是企业总体），而是专业职能（研发 / 采购 / 生产 / 销售等）机构。如果根据这些机构的绩效给予其销售提成或盈利分享激励，那么它们与企业决策层及其他机构 / 部门就发生了间接的交易连接，因为彼此之间有了一定的交易属性。

需要指出的是，企业价值流上的研产销等专业性经营机构，既可以定位为利润中心，也可以定位为成本费用中心。不同的定位，意味着连接机制的不同选择。

采购活动的交易连接

我们通过实例来做说明。某饲料企业，成本中最主要的部分是外购玉米成本，占到饲料产品成本的 **70%** 以上。企业设立了全资的采购（贸易）公司，独立核算，自负盈亏。采购公司购进玉米之后再出售给企业内部的使用单位（工厂）。当然，采购公司有一定的毛利要求。

采购公司有了利润之后，其经营团队及员工可以分享其中的一部分（甚至全部）。这种机制下，采购人员面临一个权衡：是从供应商那里获取回扣，还是从经营成果中得到收入？对大多数人来说，肯定会选正当的获利途径，哪怕少一些，但是安全、体面。有的读者可能会问：玉米采购机构是一个利润中心，如果它追求高毛利、高利润，那么使用玉米的工厂不是受到损失了吗？既然是交易机制，那就把市场化规则推及其他相关主体：使用玉米的工厂有权自行采购玉米，但是要求采购价格低于总部玉米采购公司内部供货价格、品质不低于总部玉米采购公司供给的产品（总部质量管理部门统一检验）。这样的机制设计，对总部玉米采购公司构成了坚硬的制约：如果采购的玉米价格偏高、质量较低，就没有存在的理由了。

采购公司有了较大的吞吐规模后，与上游供应商打交道时就有了较高的谈判地位。采购公司利用这一优势，扩大顾客范围，向公司以外其他需要玉米的企业（甚至包括同行）供货。“销售规模扩大－交易条件优化”的互动增强机制，使采购公司的业绩增长有了保证。随着采购公司销售规模增长，其独立性越来越强。

这家饲料企业如果规模不太大，可以不设采购公司。一种选择是，采购部门成为虚拟利润中心，在玉米购进和供货之间设置内部差价；只向内部供货，且分享虚拟利润。另一种选择是，不把采购部门当作经营实体（包括虚拟经营实体），将其定位为专业职能机构和成本费用中心，为企业内部玉米使用机构服务。但是，可以设立一种分享式的激励机制：采购部门承诺使玉米在产品成本中的比例下降；达成目标了，则从玉米成本下降所带来的利润增量中提取一部分作为奖金池（采购部门内部根据事先确定的规则再做二次分配）。这种做法也有一定的市场化含量，但交易连接的强度要弱一些。

产品研发活动的交易连接

我们常见的产品研发活动的管理方式是：制定产品研发规划和计划（预算），项目立项并获批准后向项目拨款，对项目完成情况进行审批并予以激励。这是简化的产品研发管理流程。实践证明，产品研发机构和人员如果远离市场，感受不到市场竞争压力，不能分享市场成果，就不会迸发出强劲的动能，通常不可能有出乎预期的市场效果。因此，我们主张将产品研发机构定位为利润中心。

有些读者可能对产品研发机构的利润中心定位有些不理解。其实，企业在产品研发活动上的支出，就是对研发成果的购买。对于研发活动，比较有效的管理、激励方式是：将预算细化至具体的项目层面（其中包括人员费用）。项目研发团队提前完成任务，则给予奖励；反之，则予以负激励。项目研发团队节约下来的开发费用，可以作为团队成员奖金，也可以用于团队成员的培训及文化活动等。同时，根据研发成果（新产品）的市场表现，以阶梯累进方式激励：新产品达不到一定的销售要求（例如盈亏平衡点销量），没有奖金提成；超过这个边界至下一更高的计划目标之内，按照一定的提成系数（比例）从销售额（或毛利以及净利）中提取奖金总额，以此类推（见图 26-3）。

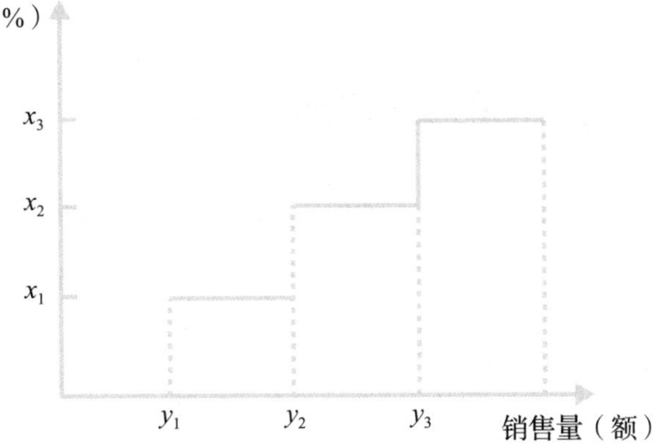

图 26-3　阶梯式累进奖金提成系数

图 26-3 中，y 是事先设定的阶梯目标任务，x 是与 y 相关联的奖金提成系数。当然，这只是一种业绩（利润）分享方式，在实践中还有其他方案，这里不一一说明。下面我们举例说明。

某空调企业今年共要研发 10 款分体空调，每一款设立一个开发项目小组。每款空调的研发费用是 50 万元，其中包括人员费用、材料费用、设备费用、检测费用、试制费用等。项目小运作过程中，如果费用超支（超过 50 万元），项目小组就自己垫。如果按期完成任务，50 万元里有节约，项目小组用以发放奖金。同时，项目小组与其主管机构签订一个协议：开发出来的新产品，首先要达到基础销量 50 万台，在此之内没有奖金。如果新产品销量为 50 万～ 200 万台，每台奖励20元；如果超过200万台，但在500万台之内，每台奖励40元……每台奖励标准是根据提成系数推算的。美的等企业采取这种市场化机制，产品研发取得了良好的效果。它促使开发人员面向市场，融入顾客，认知和理解顾客的动机和愿望，直接感知市场竞争，设计、开发出符合市场需要的畅销产品。互联网时代，爆品、大单品的生成，更是依赖于市场化的开发模式。

生产制造活动的交易连接

在传统企业中，生产制造系统往往被定位为成本中心，并没有被视作经营主体。委托加工模式出现、富士康等企业发展起来之后，人们开始将制造视作独立的、平台型的、有战略意义的商业模式。有些企业将生产制造系统（机构）独立、封闭起来，变为一个内部水平分工型事业部或准事业部（事业部较常见的类型是垂直价值链型）。这也意味着，生产制造部门成了利润中心或准利润中心。

生产制造部门具有事业部及利润中心属性时，其利润与产品内部（假定不对企业外部提供产品）交易价格有关。而产品内部交易价格又取决于企业的利润设置。根据企业的利润设置方式，生产制造体系产品内部交易的价格有三种形态：

第一种，将利润设置在后端生产制造部门，产品内部交易价格就是企业对外部顾客的供货价格。这种情形下，销售部门不可能是真正的利润中心（研发部门更不是），在销售费用预算框架内它可能有一定的自主空间。这种模式的主要问题在于生产制造部门通常没有定价权（销售部门对定价有更大的影响力和建议权），因此无法真正保证利润的实现，对其进行利润考核也不太公平。

第二种，将利润设置在前端销售部门，产品内部交易价格就是生产制造系统的成本价格（通常按上一计划期数据确定）。这种情形下，生产制造部门不是真正的利润中心（可称为准利润中心），其利润空间是内部交易价格和产品实际成本之差，也就是本计划期成本节省的余额。也有企业将生产制造部门的加工费用作为产品交易价格的内容。

第三种，将利润在生产部门和销售部门之间分割（一般平均分割），一部分归生产系统，一部分归销售系统。这样做的目的在于调动生产、销售两边的积极性，使双方都去关注产品价格和毛利，都能分享利润增长的收益。但这样做管理难度较大。也有少数企业把利润放在产品企划甚至产品开发部门，例如在生产部门、销售部门之间成立平台型产品事业部，生产部门、销售部门都是成本 / 费用中心或者准利润中心。

无论何种产品内部交易价格形态，生产制造系统都是拥有一定经营自主权的二级经营主体，都能在不同程度上感受市场的压力和脉动。海尔的“人单合一”更是主张生产制造体系平台上的“小微组织”（完成产品价值流的群体 / 团队）直接与市场需求对接。这也是一种连接机制的创新。

销售活动的交易连接

企业销售活动的交易连接（指企业内部连接）和体制设计，可以分为两种模式。

一是整个营销 / 销售系统（从总部营销 / 销售机构到区域分支机构）总体是一个交易（经营）主体，与企业研发、生产系统及决策层发生直接或间接的交易关系。

二是企业总部营销 / 销售机构全部定义为专业职能管理部门，赋予区域市场管理机构（命名为区域销售公司或中心）经营属性，使其成为具有管理、经营双重属性的经营主体。在分销模式下，这些区域销售公司就成了替代社会批发商的专用批发机构；在直营零售模式下，它们则成了开设、运营、管理零售网点（终端）的零售运营商。企业总部和区域销售机构之间是买卖关系。

还有一种做法，将上面两种模式结合起来：总部营销 / 销售机构和区域市场管理机构都是相对独立的经营主体，彼此之间以交易 / 价格机制连接。

第一种模式下，如果企业利润设置在营销 / 销售环节，那么营销 / 销售系统则具有定价权，其进价（生产制造系统按生产成本价格供货）和对外销售价格之差就是企业业务毛利的来源。如果企业利润设置在生产环节以及其他环节，那么营销 / 销售系统（机构）的基本管理架构是销售额扣点制。即按一定的点数（比如 30 或 40 个百分点）从销售额中提取营销 / 销售系统（机构）的收入（从企业总的视角看，则属于销售费用）。营销 / 销售系统（机构）扣除各项费用支出之后的余额就是它的利润。这种情形下，营销 / 销售系统（机构）基本上没有定价权，只有产品价格的执行权。有时，为增强营销 / 销售系统（机构）的活力，允许它在一定的限度内上浮对外供货价格（价格下浮通常由企业决策层决定）。企业决策层一般情况下不考核营销 / 销售系统（机构）的利润（或者只要求自负盈亏），主要考核指标是销售（额 / 量）任务完成情况和库存周转率等。营销 / 销售系统（机构）如果有了利润，可以自行分配或使用。

第二种模式下，区域销售机构的管理体制与第一种模式下的销售扣点制基本相同，只不过扣点要小得多。相比而言，总部对区域销售机构的管理，在某些方面更加细致一些：为了优化区域销售机构的产品销售结构，不同的产品品类、品种分别设定不同的销售扣点；在区域销售机构应得的扣点中，规定各类费用的比例（例如，人工费用不得超过 2 个点）……

区域销售机构在扣点收入空间和支出限定下有一定的自主权，体现了激发活力和风险控制的平衡。在现实中，这一体制的主要问题有：一是区域销售机构负盈不负亏。盈利了可以分享，但亏损了无人真正承担责任。二是不能有效控制库存。由于负盈不负亏，对库存就没有硬约束；有时反而因为担心断货（这会影响盈利）而有增加库存的冲动。此外在"总部 – 区域销售机构"结构下，区域分支机构无法抵御总部强大的压货压力。为解决这两方面的问题，有的企业强化了库存周转率的考核；有的企业则设立并实施合伙人计划（销售团队参股区域销售公司），构建其内在的自我平衡、自我约束机制。

下面，我们用图表简要说明某民用建材企业区域销售公司的管理架构案例。

第一，基本交易关系（见图 26-4）。

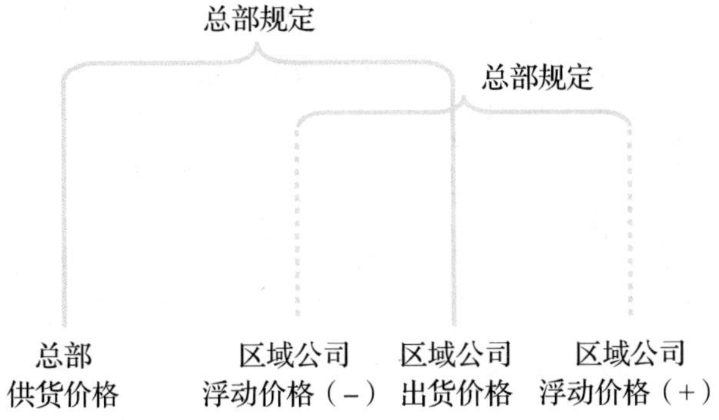

图 26-4　总部和区域销售公司的价格权限

在这个案例中，区域销售机构（公司）是自负盈亏的法人（或虚拟）经营主体，业务性质属于分销批发和零售服务，在总部限定的收入范围内自主经营。

第二，区域销售机构的费用和利润（见图 26-5）。

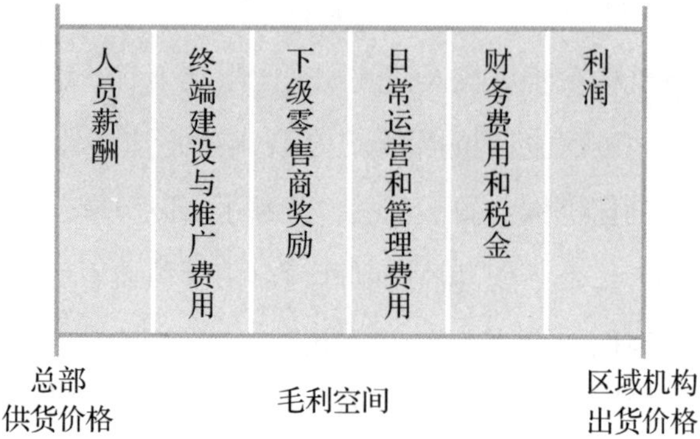

图 26-5　区域销售机构毛利中的费用和利润构成

区域销售机构毛利参照社会代理商平均毛利确定。其经营目标为微利。对区域销售机构利润，总部不抽成；区域销售机构负责人及团队可分享 20% ～ 30%；剩余部分转为市场投入和团队建设费用。

第三，区域销售机构的职责（见图 26-6）。

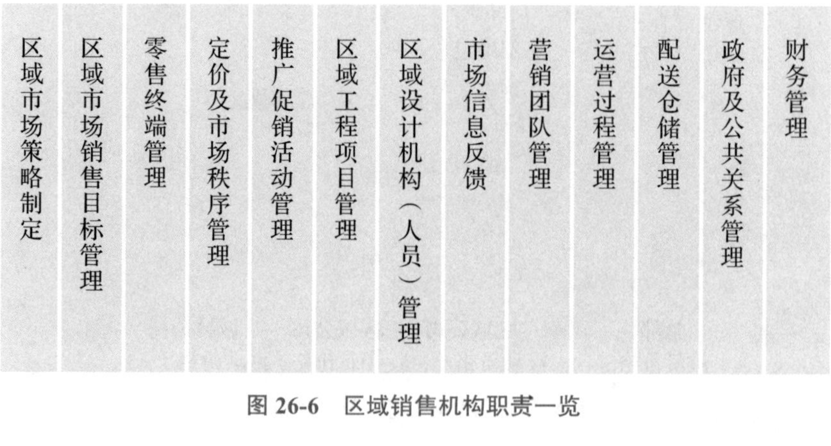

图 26-6　区域销售机构职责一览

可以看出，在区域市场上区域销售机构是全能型的经营、管理双重责任组织。

第四，总部对区域销售机构的控制点之一：人事（见表 26-1）。

表 26-1　总部和区域销售机构人事分权

事项	总部	分公司
（1）人员编制和结构	批准	决定
（2）人员跨分公司调动	决定	建议
（3）区域经理、部门负责人及以上级别任用	批准	建议
（4）大学生直派	决定	知情
（5）薪酬、考核制度	审核	建议
（6）奖金分配方案	批准	建议
（7）分公司内部培训学习方案	知情	决定
（8）考核及分配结果	知情	执行

这一案例中，总部在人事上管控程度较深；区域销售机构对直接管理的下一层级干部有提名权，但无决定权。

第五，总部对区域销售机构的控制点之二：资金和物流（见表 26-2）。

表 26-2　资金、物流要素控制要点

基本控制点：资金财务	基本控制点：物流仓储
（1）收支账号分离，收入统一管理 （2）财务人员由总部直派 （3）执行总部财务制度	（1）严格仓储管理，定期盘点，账实合一 （2）仓储主管由总部直派 （3）控制仓位，减少压货 （4）借助第三方物流

对于资金、货品等关键要素，总部直派人员进行管理，体现了总

部规避和管控风险的管理理念。

第六，区域销售公司体制特点（见表 26-3）。

表 26-3 区域销售公司体制优缺点对比

优点	缺点
（1）分公司机制灵活，动力较强，权限较大，反应快速 （2）向市场要资源，向管理要效益，提升经营力 （3）有利于服务中小顾客 （4）减少公司总部和分支机构之间的管理复杂性 （5）有利于培养一线营销管理人才和经营人才	（1）总部和分支机构形不成制衡，责任边界不是十分清晰，容易过度压货 （2）市场变化、预算无法执行时，总部需要承担责任 （3）财务管控复杂度高 （4）对营销团队（尤其是负责人）要求高

总的来说，在区域市场设立公司型经营管理机构，有利于控制流通价值链和培养团队。当社会渠道商的实力、能力不能满足生产商要求时，这种模式几乎是生产商的必然选择。

上面介绍的是我国家电、快消品等行业常见的做法。它并非唯一，更不是标准，但其中机制设计的智慧值得我们借鉴。目前随着产业链分工的加深和商流（资金流）、物流、信息流服务平台的涌现，许多企业的营销 / 销售组织（尤其是区域营销 / 销售组织）的功能和形态正在发生变化，体制机制创新亦会层出不穷。总的来说，在数据流的支持下，内部市场化机制将会进一步强化、细化；专业化服务能力提升将成为企业营销 / 销售系统发展进化的主题；营销 / 销售团队凭借特殊的人力资本将通过多种方式和途径分享利润。

27

第 27 章

任务型团队和自组织的连接

不同组织形态的连接机制组合

任何企业，内部连接机制都是复合和立体的。不同的组织形态（见第 17 章）意味着不同的连接机制组合。

第一，直线职能制（权力 + 流程）。这是传统的集权型组织形态和管理体制，基本连接方式显然是权力机制。但是，职能制结构下，为打破部门 / 机构之间的阻隔，企业常常会设立跨部门 / 机构的任务型项目小组（团队）。而这种常见的次级组织形态内部，既存在权力连接，也存在流程连接。

第二，事业部制（交易 + 权力）。这是双层经营主体结构，也是一种分权体制。由于事业部作为企业中的“企业”，有清晰、明确的责权利边界，因此与之相关的连接方式主要是交易机制。但是，企业总部对事业部在战略、计划、人事、资源等要素和环节上拥有不同程度的指挥权和控制权，因此事业部体制中权力机制也在相对宏观的层面发挥作用。事业部内部类似一个完整的企业，权力连接、流程连接、交易连接并存。

第三，矩阵制（流程 + 权力）。这是多个权力方向的组合结构。最常见的专业职能和产品（业务）两维度矩阵组织的运行机制是：一方面按照顾客价值方向破除职能部门边界依据流程运作；另一方面两个维度的权力在有关事项（环节）、要素上会不同程度地介入。也就是说，在流程连接过程中存在权力连接。

第四，分布制（交易＋权力）。又叫单元制、平台制。每个单元团队或微型组织自主独立经营，其连接方式以交易机制为主，权力机制为辅。和事业部制差不多，但由于机制更加灵活，因此交易连接的成分更多一些。

任务型团队的分类

目前，任务型团队已成为许多企业尤其是新兴企业的基本组织形式。它们有的跨部门，有的不跨部门；有的内部存在强权力关系（团队负责人能充分行使权力），有的内部只存在弱权力关系（团队负责人有一定的影响力）；有的内部分工明确、职位网络清晰，有的内部分工不太清晰，甚至没有分工；有的内部有角色的设定，有的连角色设定也付之阙如……

按照任务型团队内部职位规范程度和权力关系强度，可以将任务型团队分为四类（见图 27-1）。

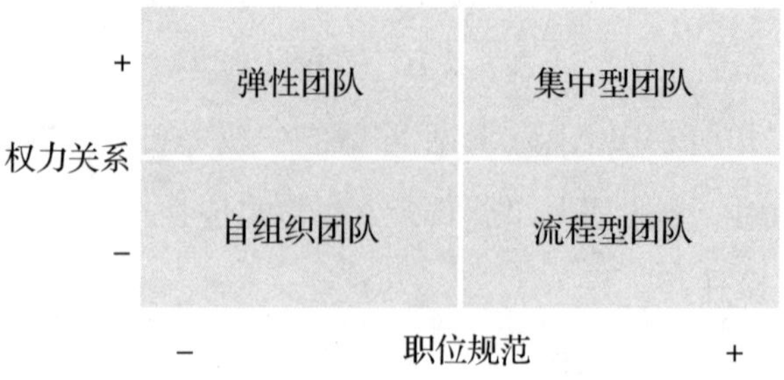

图 27-1　四类任务型团队

图 27-1 中，职位“+”意味着职位职责明确，职位体系（横向、纵向结构）清晰、规范；职位“-”则含义相反，团队内部的分工更加灵活、更加模糊，团队不是按照职位而是按照角色组合起来，甚至连角色也没有预先设定。权力“+”代表权力强连接，即权力具有高权威性和有效性；权力“-”代表权力弱连接，决策、指挥中心基本上不存在。

流程型团队无须权力协同，自动、自发地连接流程运行（例如，飞机飞行航线上接力指挥的空管员团队、高考阅卷的教师团队、企业流水线上的团队等）；集中型团队分工规范、责任分明，听从指挥（例如，企业工程项目建设团队、演奏乐曲的交响乐团队等）。这两种团队的连接机制无须再做说明。

弹性团队内部存在强权力关系，权力集中，指挥有力，但内部结构却不固化。有些弹性团队弹性大一些，内部成员有相对确定的角色定位；有些弹性团队弹性小一些，连角色都是特定情境中按需要设定的。例如在全攻全守战术下，足球队的每个队员事先可能有前锋、后卫等位置（角色）安排，但一旦进入比赛，队员的位置（角色）动态变化：需要进攻时进攻，需要防守时防守，做到攻守兼备。有些伟大的球星既是得分尖兵，又是中场枢纽，还是防守中坚。足球比赛过程中，双方球队常常需要根据场上局面调整战术，实现的手段往往是队员交叉换位。因此，队员需要具备踢多个位置（扮演多种角色）的能力。在企业中，弹性任务团队主要是研发、创意团队。

企业中真正的自组织团队并不多见，通常产生于不确定程度高的领域（新技术研发、创业等）。有些社会公益组织成员，在强劲的价值观驱动和牵引下，在没有特定领导、没有事先任务描绘、数据信息展现和工作准备的情形下，面对突发事故、事件，依靠信任、默契相互配合取得成果，难能可贵。

弹性任务团队连接方式实证分析：篮球队员是如何协同的

篮球队是典型的任务型团队，目的在于夺取比赛的胜利。有人做过对比，相较于棒球和橄榄球，篮球是对球员之间的协同性和相互依赖性要求更高的运动。比赛开始后，球员们处于对抗激烈、快速变化的环境中，他们是如何协同的？连接他们的纽带是什么？这里有三个关键因素：战术、球星和团队文化。

战术是教练布置的。战术因素的背后是教练。教练是制定战术的人，对球员拥有指挥权。战术安排是教练行使权力的途径和手段。对不执行教练战术安排者，教练可以通过替换下场、不安排上场等方式行使权力。我们可以把战术协同理解为权力协同。

但是，教练并非球场上唯一的指挥者。当教练场面控制能力、战术能力较弱时，他可能选择放权给有天赋的控球者，让他在场上掌控大局。篮球战术越丰富，球场上的局势越变幻莫测，场上的指挥官——控球后卫的作用也越重要。有人称，这是一个控卫盛世。

理论上说，教练有权指挥球员，但实际上并不尽然。有些球员在球队的地位常常会高过教练。有一种我们称为“铁打的球星，流水的教练”的现象。如果球星与教练之间有矛盾，或者战绩未达预期，被炒掉的很可能是教练而不是球员。这不仅是出于商业上的考量，更因为在实际比赛中球星往往是制胜的关键。

比赛过程中，大部分情形下球队会按照既定的比赛计划进行。但比赛是不可控的，对手也在不断寻求变化；有时会出现队员受伤、犯规过多以及没有暂停等情况。这时比赛的走势很大程度上就仰仗于核心球员或者球星了——球星拥有最多的球权，其他球员根据球星的状态进行调整。尤其当球队陷入困境时，拥有超强个人能力的球星往往会顶住压力扛着球队前进——不知道球怎么打，把球交给他就是了。

球星对球队拥有巨大的影响力，也属于权力连接的一种方式。但是有时这不仅是权力在发挥作用，还有隐性的文化及价值观因素。一些领袖级的球星往往是球队价值观的载体，是精神力量的象征。球星及球员们长期训练、生活在一起，彼此之间形成了深厚的心理默契：相互信任，相互赋能；胜利时举杯相庆，危难时拼死相救。当然反过来，如果球队不团结、不合作，球星孤军作战，最终也是孤掌难鸣。目前，球员在场上的位置（角色）越来越模糊，每个球员的任务因战术不同而变化；“把机会给最合适的人”是篮球传递的终极目标。这对球员之间的协同配合提出了更高的要求，而价值观和心理契约也就越发重要。

当然，文化及价值观的连接不仅发生在球星和球员之间。球队的所有人，包括教练、球员以及其他相关人员，彼此交流越深入，越了解对方，球队的内在统一性就越高。在社会学家和文化学家看来，文化或价值观也是一种权力，它不属于强制性权力而属于共识性权力。这种权力是隐性、长期的，是人们自愿认同的。与其称之为权力，不如称之为影响因素。团队文化是球队成为长期共同体的纽带，也是共同体的产物。可以这样说，正是有了深厚的团队文化和稳固的价值观，球队才真正成为共同体。

一群没有"领导"的鸟儿为何能飞到万里之外

生物界的自组织现象是神奇的。一群候鸟，没有导航，没有指挥者，飞越数千乃至上万千米，到达它们憧憬已久的目的地。没有"领导"安排队形，但根据天空气流、光线、云层、雷电等因素，动态调整、保持最佳结构；没有"领导"指定领飞，但每隔一段时间，就有体力强劲者自觉地来到队伍的前面；没有"领导"关怀，弱幼自然被保护在最安全的位置……

生物学家发现，鸟群内部存在信息交互以及正负反馈机制。这是鸟群自组织协同的重要条件和手段。鸟群在飞行过程中有共同遵守的规则，例如飞行时不能遮住其他鸟儿的视线；一旦遮住，迅速离开……读者可能会问：这些规则是如何形成的？进而言之，鸟群自组织协同的内在原因是什么？进化理论给出的答案是，鸟群在长期自然发展以及适应环境的过程中，形成了一些生存和竞争的本能，沉淀和隐藏在基因之中。

在企业实践中，自组织现象并不多见。有些企业构建了分布式、原子式结构，但并不是真正的自组织。自组织必定是分布式（去中心化的分布式结构是自组织的必要条件），而分布式未必是自组织。后者意味着分布式组织的自我、自发协同。结合互联网空间内自组织运行的一些案例，下面介绍几种自组织形态。

（1）平台上的自组织。这里的平台是社交网络的基础，包括互联网技术基础、社交通信基础以及叠加其上的规则基础。在这个平台上因主题、功能聚焦大量的发生横向联系（社交）的人群，自发地根据任务聚焦，因任务完成而解散。社交网络中没有绝对的中心，任务可由任何人发起；任务小组中可能有大家推举的协调人，但其并无激励、约束的手段，因此除了一定的影响力，权力的成色不足。例如，网络上喜欢翻译的朋友因某本书形成翻译小组，某领域的专业人士因某个知识服务项目组建研究小组等。

（2）特定情境下的自组织。这里的特定情境是指突然发生、猝不及防的事件：小至局部灾祸，大至社会灾难——当然未必全部是负面、不幸的事件。在突发事件面前，相关当事人自发组织起来应对；等事件过去、情境消失，这些组织不复存在。自发组织起来的小组、团队中，有自然形成的领导者，但他们并无正式的权力来源，只是凭个人魅力影响周围。事件涉及空间范围越大，影响时间越长，这样的自发小组数量就越多。

（3）分布式结构下的单元团队自组织。分布式结构下，每个具有独立责任、权力、利益边界的小组 / 团队，如果可以自由对接和组合，整个组织就有了自组织的属性。自由组合的结果可能是良币驱逐劣币，分布式结果趋于优化；但也可能是劣币驱逐良币，分布式结构趋于恶化。这也提醒我们，自组织未必是最优化的系统演变方式。

自组织的连接机制，显然是共识、价值观、兴趣爱好、文化传统等心理因素。平台上的任务小组基本上靠志趣爱好相互连接；特定情境下的自组织（如救灾志愿团队），往往靠使命、责任相互连接；分布式结构下单元团队的重组、重构，主要依赖的是彼此共同的目标追求、相互欣赏和信任。而公开、透明、共享的信息是组织连接的前提、基础和必要条件；也可以将其作为自组织连接机制的组成构件。

目前，区块链技术方兴未艾。对这一新生事物，人们的认识分歧殊大。有的人认为，去中心化、分布式的结构以及自组织机制将导致未来人类社会生产关系、社会结构发生巨大变化；有的人则认为，这就是一场炒币闹剧。目前连接组织单元的主要是利益（买卖比特币等），彼此之间存在交易机制。未来结果如何，我们拭目以待。

自组织连接属于文化连接和共识性权力连接。共识未必都是高尚的。如果参与自组织的个体 / 团队 / 机构，目的是利益，那么自组织连接也有一定的交易属性。从全社会看，市场经济是最大的自组织机制。

后　记

2017年10月底，在华夏基石管理咨询集团举办的十月论坛上，笔者做了“如何构建企业管理体系大厦：教你做管理架构师”的演讲，首次提出“管理架构师”的概念。不久笔者又在华夏基石“洞察”管理思想高级群做了一次专题分享。听众或读者的反应是比较热烈的。有些朋友希望能将演讲、分享内容扩展成为一部专著；笔者母校的出版社中国人民大学出版社工商管理分社的丁一也向我约稿。于是，我搁置了其他写作计划，全力以赴，用3个月的时间完成了书稿。

感谢邢雷、樊宏对本书的重要贡献。他们对部分章节提供了学术及资料支持。

感谢赵启杉、胡红卫、徐卫平、潘晋、范建绽、王晓春、管竹笋、刘健兆、郭策、刘孟超、尚艳玲对本书部分内容的建议。

感谢孙波、苗兆光、夏惊鸣、陈明、张小峰参与本书架构的讨论。

感谢宋劲松为本书相关内容讨论、分享提供帮助。

感谢王亚红在本书文字处理、校对等方面的辛勤劳动。

感谢吴林君、张锦志、黎志锋、段皎、陈诗曲、王波、张倩、周建荣为本书付出的努力。

感谢笔者的博士研究生导师陈荣秋教授。他和胡蓓教授及部分博士研究生共同完成的《即时顾客化定制》(科学出版社，2008)，是笔者写作本书时的重要参考文献之一。

感谢笔者的硕士研究生导师孙光德教授。在校学习期间以及毕业之后，她都给了笔者令人感动的关怀和教诲。

感谢陈春花教授、彭剑锋教授、黄卫伟教授、杨杜教授、吴春波教授等。他们的思想和理念经常给笔者教益和启发。

最后，依然要感谢父亲母亲、太太和儿子。长期奔波在外，无暇陪伴他们，歉意由此而生。

迄今为止，连同本书在内，笔者已出版了五部原创性管理著作。本书落下了最后一个文字，新的任务又在前面等着了。